AF545584

Michaela Lindinger

# Hedy Lamarr

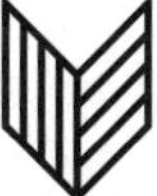

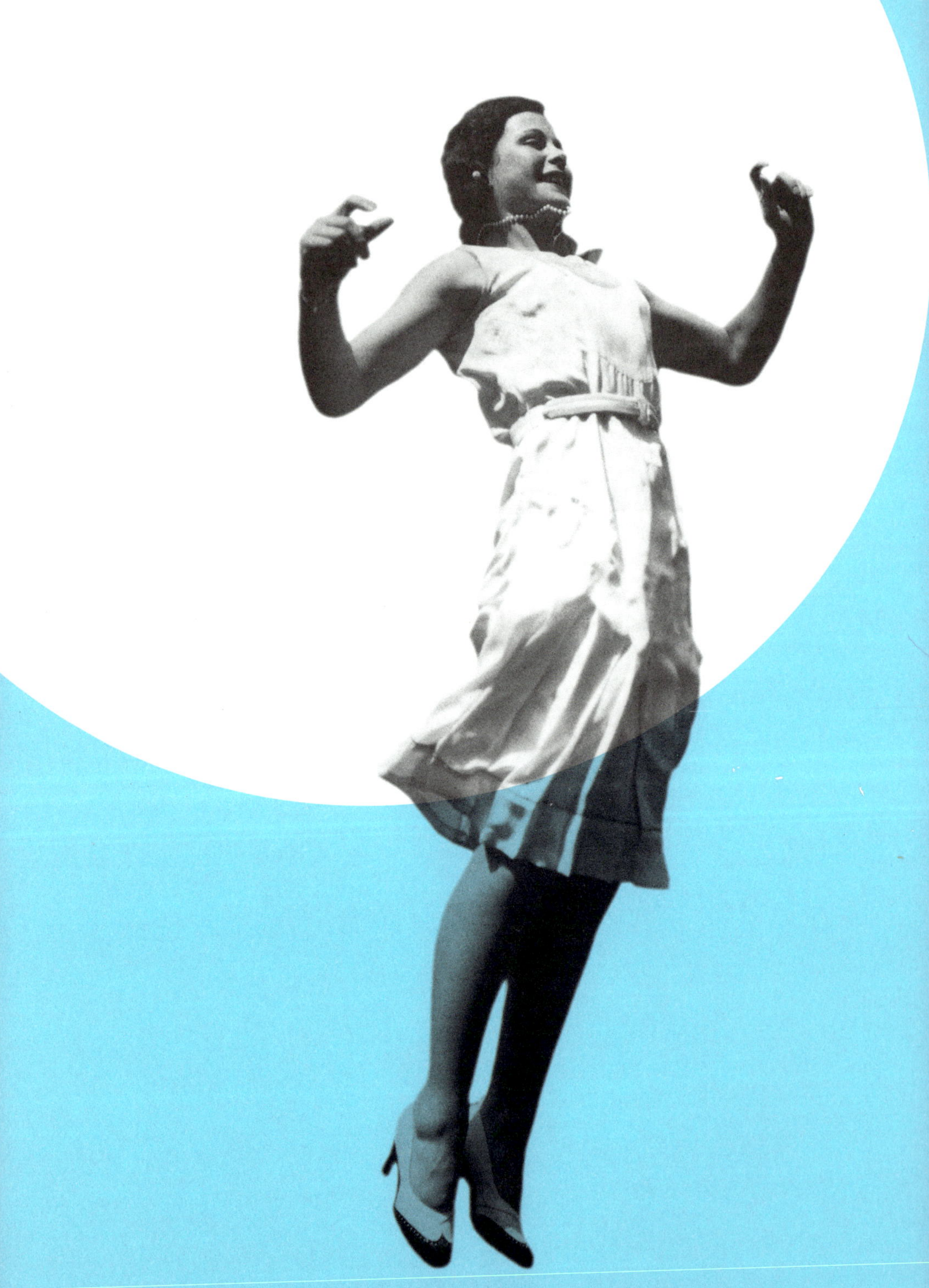

Michaela Lindinger

# Hedy Lamarr

Filmgöttin

Antifaschistin

Erfinderin

Die Biografie

MOLDEN

Für „Gina“
in liebender Erinnerung

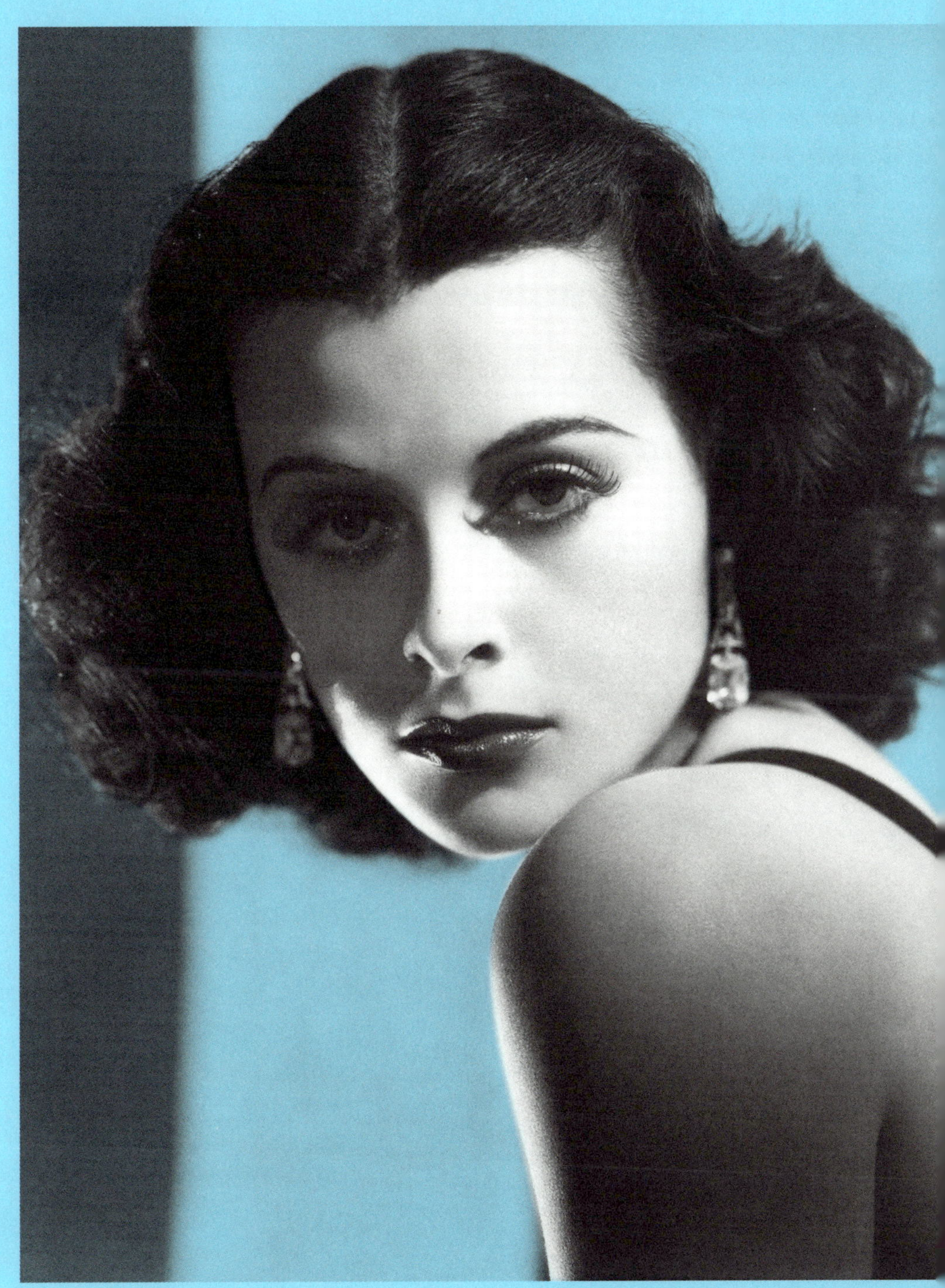

Hedwig Kiesler (1914–1932)

Hedwig „Hedy“ Eva Maria Kiesler (1932–1933)

Hedwig Mandl (1933–1937)

Hedy Lamarr (1937–1938)

Hedy Kiesler Markey (1939–1941)

Hedy Lamarr (offiziell ab 1941)

Hedy Lamarr Loder (1943–1947)

Hedy Lamarr Stauffer (1951–1952)

Hedy Lamarr Lee (1953–1960)

Hedy Lamarr Boies (1963–1965)

Hedy Lamarr (1965–2000)

# Vorspann

## Der Tod und die Lady

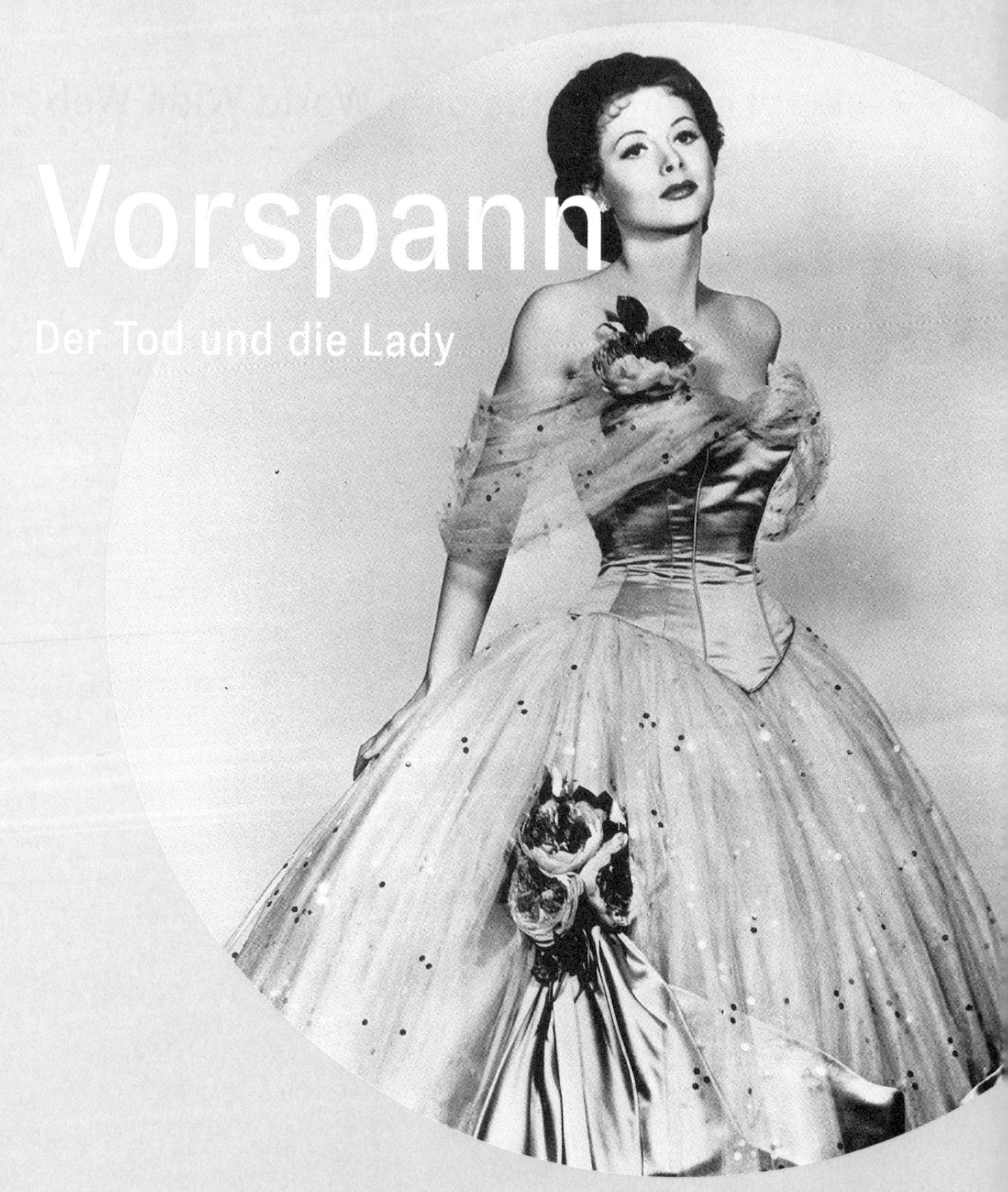

In ihrem letzten Interview wurde die 84-jährige ehemalige Hollywood-Schauspielerin Hedy Lamarr gefragt, mit welcher historischen Person sie sich am meisten identifiziere. Ihre Antwort lautete: Elisabeth von Österreich. Das Interview der einflussreichen US-Mode- und Lifestyle-Zeitschrift „Vanity Fair“ fand in Form eines „Proust“-Fragebogens im April 1999 statt. Benannt war diese Art von Fragebogen nach dem französischen Schriftsteller Marcel Proust (1871–1922), der seinen zahllosen berühmten Bekannten gern verschiedene persönliche Fragen stellte, um sie (und auch sich selbst) besser kennenzulernen. Das Beantworten von Fragebögen in illustrer Runde avancierte in den Jahren um 1900 zu einem beliebten Gesellschaftsspiel.

Eine weitere Frage, die „Vanity Fair“ Hedy Lamarr stellte, bezog sich auf ihre „größte Leistung im Leben“, die sie mit „Elternschaft“ beantwortete. Sie vermied offenbar absichtlich den Ausdruck „Mutter sein“, denn sie war in ihrem langen Leben fast immer Alleinerzieherin gewesen und musste ihren Kindern den Vater „ersetzen“.

Auf die Frage, wann sie in ihrem Leben am glücklichsten gewesen sei, meinte sie: „Zwischen den Ehen.“ Und auf die Frage, wer die Liebe ihres Lebens gewesen sei, antwortete die Ex-Ehefrau von sechs und Geliebte von – nach eigenen Angaben – über 100 Männern: „Mein Vater.“

Hätte Hedys Identifikationsfigur Kaiserin Sisi einen solchen Fragebogen ausgehändigt bekommen, hätte sie wohl ähnlich geantwortet. Die Ehe hatte Elisabeth als „widersinnige Einrichtung“ bezeichnet. Ihrem Vater, dem exzentrischen und freigeistigen Herzog Max in Bayern, eiferte sie in vielem nach, insbesondere in der Auswahl ihrer Hobbys – dem Reitsport, dem Reisen und Dichten – sowie in der hohen Kunst der Provokation.

Wie Elisabeth war auch Hedwig Kiesler ein Sonntagskind. Sie erblickte am 9. November 1914, einem Sonntag, in Döbling das Licht der Welt. Mit dem Leben der legendären Kaiserin Elisabeth kannte sich schon die junge Hedy Kiesler gut aus, spielte sie doch als auffallend schöne 18-Jährige (1933) in Fritz Kreislers Singspiel „Sissy“ die Titelrolle der jungen Herzogin in Bayern, die bald Kaiserin von Österreich werden sollte. Ihr erster Ehemann Fritz Mandl, den seine Zeitgenossen den „Kaufmann des Todes“ nannten, wurde auf Hedy als „Sissy“ aufmerksam und schickte ihr körbeweise Blumen in die Künstlergarderobe.

li.: Hedwig Kiesler trat 1933 in der Rolle der Kaiserin Elisabeth auf.
Später bezeichnete sie die legendäre Monarchin als ihre Identifikationsfigur.

Seit 1998 wird in den deutschsprachigen Ländern Europas an jedem 9. November der Tag der Erfinderinnen und Erfinder gefeiert – Hedy Lamarr zu Ehren.

Ebenso im Jahr 1998 hätte die Schauspielerin noch nach Wien kommen sollen, um eine wichtige Auszeichnung entgegenzunehmen, die der Österreichische Innovatoren-, Patentinhaber- und Erfinderverband in unregelmäßigen Abständen für besonders innovative Leistungen auf unterschiedlichen technikbezogenen Gebieten vergibt. Doch die alte Dame in Florida hatte bereits seit längerer Zeit Probleme mit dem Herzen und es war ihr der lange Flug in ihre Heimatstadt nicht mehr zuzumuten. Ihr Sohn nahm die Viktor-Kaplan-Medaille, benannt nach dem steirischen Ingenieur und Erfinder der „Kaplan-Turbine", an ihrer statt in Eisenstadt entgegen.

Hedwig Kiesler aus Wien, die in Hollywood als „schönste Frau der Welt" vermarktet worden war und heute als Pionierin der gesicherten Funkübertragung gilt, schloss in der Nacht zum 19. Jänner 2000 ihre weltberühmten und mehrfach operierten Augen für immer. Ihr Nachbar fand sie vollständig geschminkt, geschmackvoll gekleidet und mit „Fendi"-Parfum beduftet auf ihrem Bett liegend vor. Sie trug eine Schlafmaske. Der Fernseher lief bei voller Lautstärke, denn Hedy war in ihren letzten Jahren schwerhörig geworden. Unterhalb der Leiche fand sich das Testament der Schauspielerin. Freunde, die Hedys Gewohnheiten kannten, wunderten sich nicht nur über den Fundort des Testaments, sondern auch über die so sorgfältig zurechtgemachte Tote, denn Hedy schminkte sich vor dem Zu-Bett-Gehen stets ab. Gut möglich, dass Hedy Lamarr ihr Lebensende nahen spürte. Sie war Zeugin des gesamten 20. Jahrhunderts geworden. Kurz vor ihrer Geburt 1914 in Wien hatte der Erste Weltkrieg begonnen; Franz Joseph I. regierte noch als Kaiser der österreichisch-ungarischen Monarchie. Als sie starb, hatte praktisch jeder ein Mobiltelefon, Internet und GPS erleichterten den Alltag der Menschen.

Hedys Tochter Denise („Deedee", geb. 1945) kam aus Seattle und suchte die Begräbnisgarderobe für ihre Mutter aus. Sie wählte eher maskulin inspirierte Kleidung, wie Hosen-Fan Hedy sie auch im Leben bevorzugt hatte: Khakihosen, eine weiße Bluse, einen dunkelblauen Blazer und einen von Hedy gern getragenen Reithut aus Samt. Die blondierten

Haare wurden wie in Hedys Alltag hinter den Ohren fixiert und sie trug ihre geliebte pinkfarbene Sonnenbrille.

Die ihr ganzes Leben den Blicken der Menschen so stark ausgesetzt gewesene Filmdiva durfte im Sarg nicht mehr fotografiert werden. Ihr Sohn Anthony („Tony", geb. 1947) drohte jedem mit einer Gerichtsklage, der sich dem Kondukt mit einer Kamera nähern sollte.

Zur Feier der Jahrtausendwende hatte Hedy Lamarr eine Flasche Dom Pérignon gekauft, die sie jedoch bis zum 19. Jänner 2000 nicht geöffnet hatte. Die Trauergesellschaft, zu der auch Hedys Börsenmakler (sie hatte zum Beispiel in Microsoft-Aktien investiert) und ein Vertreter aus der „alten Heimat" Österreich gehörten, stieß nun mit Champagner auf jene Hollywood-Ikone an, die sich immer als Wienerin gefühlt und sich im fortgeschrittenen Alter sogar einen „typisch" österreichischen Spitznamen verpasst hatte: „A toast to Miss Hedelweiss!"

## *Sonntagskind*

*„Ich bin ein Sonntagskind, ein Kind der Sonne;*
*Die goldnen Strahlen wand sie mir zum Throne,*
*Mit ihrem Glanze flocht sie meine Krone,*
*In ihrem Lichte ist es, dass ich wohne,*
*Doch wenn sie je mir schwindet, muss ich sterben."*

Kaiserin Elisabeth von Österreich, Oktober 1887

# I
# Legenden aus dem World Wide Web

## Graswurzeln

„Ich hasse Konventionen."

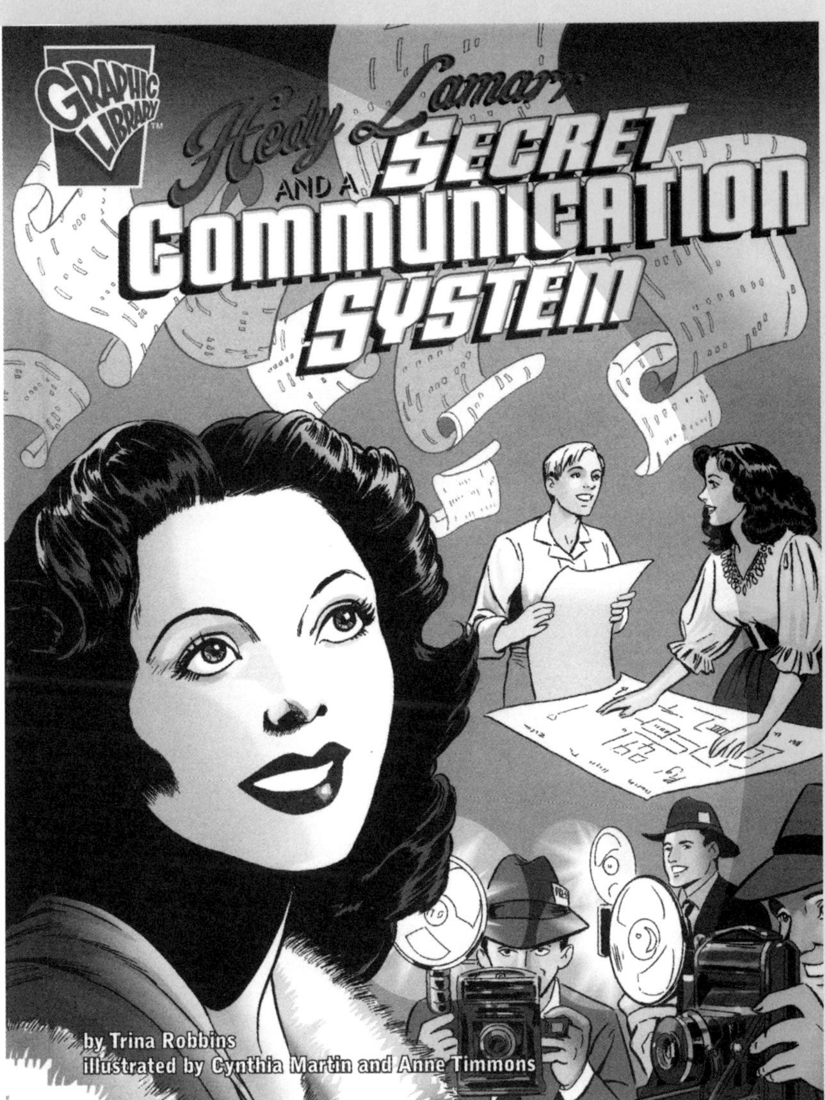
GRAPHIC LIBRARY
Hedy Lamarr and a Secret Communication System
by Trina Robbins
illustrated by Cynthia Martin and Anne Timmons

Statt „The ‚Ecstasy'-Girl“ nennt man sie heute „Mrs. Bluetooth“. (Fast) vergessen scheint der größte Sex-Skandal der Filmgeschichte, den Hedy Kiesler 1933 mit dem tschechischen, beinahe dialogfreien Arthouse-Streifen „Ekstase“ ausgelöst hatte. Doch begann die zweite Laufbahn der Schauspielerin erst mit sehr großer Verspätung. Und auch in diesem Fall half die Filmkarriere, denn jener Mann, der sich so stark für die Wahrnehmung und Anerkennung von Hedys Erfindung aus den 1940er-Jahren einsetzte, war in seiner Jugend ein großer Verehrer ihrer Kunst gewesen. Nun ist er weit über 80 und sitzt in typischer „Texas-Montur“ in einem Raum voller Computer. Er wird soeben für den Film „Calling Hedy Lamarr“ (Regie: Georg Misch) über Hedys Lebenswerk interviewt. Am Telefon erklärt er der kleinen Tochter aus Hedys ehemaliger Nachbarsfamilie das „Frequenzsprungverfahren“, das Hedy Lamarr erfunden hat:

„Was für ein brillanter Kopf Hedy war! Eine Methode zur Fernsteuerung von Torpedos, sodass sie vor Störungen sicher sind. Spreizband-Technologie und Frequenzsprung-Technik sind sehr kompliziert, schwierig zu verstehen. Es war ein Mittel zur geheimen militärischen Kommunikation. Früher wurde nur auf einer Frequenz gefunkt. Also: Wie hindert man den Feind daran, abzuhören, was gesagt wird? Und da kommt Hedy die Idee: Frequenzsprünge! Man verwendet einfach eine Vorrichtung, die das gewünschte Signal aufnimmt, von Frequenz zu Frequenz springt und in rascher Folge sendet. Und am anderen Ende hat man eine Vorrichtung mit demselben Code, die das Signal empfangen kann. Somit ist man nicht immer auf nur einer Frequenz. Das Signal kann nicht gestört oder unterbrochen werden. Dass man von einer Frequenz zur anderen springt, ist so revolutionär, dass einem die Spucke wegbleibt. Heute gibt es moderne Versionen. Die Japaner verglichen Hedy mit Mata Hari, der Spionin aus dem Zweiten [sic] Weltkrieg. Hedy hatte technisches Denkvermögen. Sie bekam zwar nie einen Oscar, aber plötzlich viele Wissenschaftspreise, unter anderen den Preis des amerikanischen Erfinderclubs. Auf ihrer Erfindung basiert eine milliardenschwere Technologie: Digital

S. 13: Die Tüfteleien von Hedy Lamarr und George Antheil, die zu einem verschlüsselten Kommunikationssystem führen sollten, gibt es in den USA sogar als Comic.

Spread Spectrum, Frequency Hopping, das ist alles ihre Idee. Schnurlostelefone, kabellose Lautsprechertelefone ebenfalls. Kabellose Headsets. Es ist überall. Die ganze Handyindustrie, das neue Bluetooth (der Film stammt aus dem Jahr 2004, Anm.), kabellose Satellitenverbindungen, das kabellose Internet, kabelloser Datenverkehr. Ein billionenschweres Business. Die schöne Helena ist jene Frau, deren Schönheit 1000 Schiffe in See stechen ließ. Doch Hedy Lamarr ließ Millionen Chips vom Stapel. Hedys Erfindung ist die Basis für GPS, sie steckt sogar im Lenksystem der Cruise Missile."

Die niederländische Tänzerin Margaretha Geertruida Zelle, die sich Mata Hari nannte, war zwar Spionin im Ersten Weltkrieg und wurde aus diesem Grund bereits 1917 hingerichtet, aber das spielte für den US-Internet-Fan, der Hedys Erfindung aus dem Zweiten Weltkrieg publik machen wollte, vermutlich eine eher marginale Rolle … In einer weiteren Szene des Films erläutert ein US-Soldat, dass die Präzisionsbomben der US-Armee, die zum Beispiel im Irak-Krieg eingesetzt wurden, auch das von Lamarr entwickelte „geheime Kommunikationssystem" verwendet hätten. „Hedy steckt in all dem", meint der uniformierte Army-Angehörige voller Stolz.

## „Missel-Gided Torpido"

Der eingangs erwähnte ältere Mann in seinem texanischen Outfit trägt anstatt einer Krawatte einen massigen Türkisklunker in Form von Stierhörnern am Hemdkragen und auf seinem Kopf sitzt ein enormer Cowboyhut. Er war viel in Sachen Hedy Lamarr unterwegs. Sein Name ist David R. Hughes, sein Beruf: Ex-Colonel der US-Armee. Schon als Bub war er in die Hollywood-Hedy verliebt. Nach seinem Ausscheiden aus der Armee begann er, sich für das soeben in größerem Ausmaß Platz greifende Internet zu interessieren. Seine Recherchen zu den Bereichen Funktechnologien und drahtlose Übertragungstechniken sowie seine Verbindungen zum US-Militär dürften dazu beigetragen haben, dass er eines Tages auf das US-Patent „No. 2292387" vom 11. August 1942 gestoßen ist, ein „geheimes Kommunikationssystem" („Secret Communication System"), eingereicht von Hedy Kiesler Markey und ihrem damaligen Erfindungskollegen, dem Musiker George Antheil.

Mr. Hughes begann, in den Vereinigten Staaten für Hedy Lamarr, die für ihn eine so große Bedeutung als Idol gehabt hatte, die Werbetrommel zu rühren. Viele Jahre lang betrieb er Lobbying für die „geniale Göttin“, die den Leuten in den 1980er-Jahren nur noch als abgetakelte Ex-Diva beziehungsweise durchgeknallte Ladendiebin, wenn überhaupt, geläufig war. Schließlich brachte „Forbes“, ein weltweit einflussreiches Wirtschaftsmagazin, im Jahr 1990 ein Telefoninterview – wohl noch am Festnetz – mit Hedy, von der man bald sagen sollte, sie habe unter anderem das Handy erfunden. Sie klang verbittert: „Ich verstehe nicht, warum es keine Namensnennung gibt, wenn das System weltweit verwendet wird. Kein Brief, kein Dank, kein Geld. Ich verstehe es nicht. Ich nehme an, sie nehmen es (= das Patent, Anm.) einfach und vergessen die Person, die es erfunden hat.“

Der pensionierte Ex-Colonel Hughes stand für das genaue Gegenteil von Hedys Äußerungen. Er tat alles, um Hedy als Erfinderin bekannt zu machen, nicht zuletzt wohl, um auch selbst eine Art früher Internet-Star zu werden und mit seiner Website, einer der ersten der USA, Geld zu verdienen. Den Co-Autor des Patents „No. 2292387“ erwähnte er hingegen kaum – wer kannte schon Georges Antheil. Der wilde surrealistische Komponist aus den 1920er-Jahren hätte auch kein werbewirksames Gesicht abgegeben, das man in Zeitschriften hätte abdrucken und in der Internet-Kommunikation verwenden können. Eher klein gewachsen und unscheinbar, wäre Antheil weder ausreichend attraktiv noch interessant genug gewesen. Genutzt hätte es ihm freilich auch nichts mehr, der Musiker war seit 1959 tot.

Folgt man dem US-Technologie-Magazin „Wired“, war David R. Hughes Mitte der 1990er-Jahre, als viele schon ein Handy besaßen und das Internet langsam, aber sicher Einzug in die Privathaushalte hielt, die bekannteste Online-Persönlichkeit der USA. Die amerikanische Technik-Auszeichnung, die Hedy Lamarr bald bekommen sollte, hatte Hughes im Jahr 1993 selbst erhalten. Sein Verdienst? Er war „Grassroots-Evangelist“ – also ein Mensch, der andere ohne finanzielle Interessen nur im persönlichen Gespräch von einer Idee oder Sache zu überzeugen sucht. Hughes plante beispielsweise, Schulen in ländlichen Bereichen

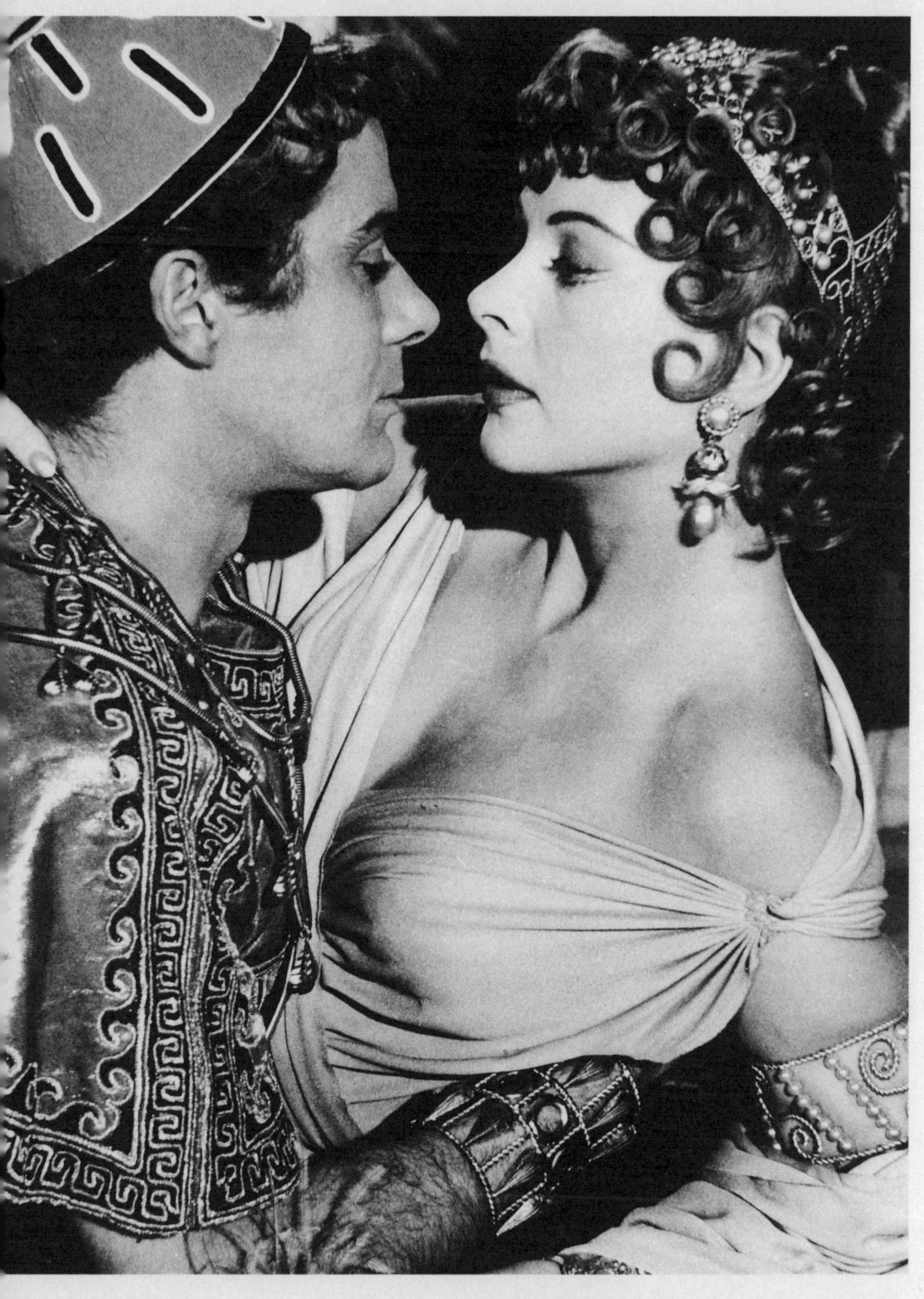

Hedy Lamarr als „Schöne Helena“ im von ihr selbst produzierten Film „L’amante di Paride“ (1954).

der Vereinigten Staaten mit Computern auszustatten, um der offenbar rückständigen Landjugend Anschluss an die großen restlichen USA zu ermöglichen. Findet also ein solcher Evangelist durch seine mündliche Überzeugungskraft weitere „Evangelisten", so tragen diese die Idee weiter und scharen so eine immer größere Anzahl von Anhängern um sich. Die weltweit bekannteste IT-Firma Apple soll ursprünglich auf solche Weise begonnen haben und der frühere dortige „Chef-Evangelist" Guy Kawasaki meinte, es gehe bei jener Art Werbung darum, dass jeder Einzelne die Welt zu einem besseren Ort machen könne. Übrigens soll auch der Aufstieg des Kaffeeriesen Starbucks auf derartige „Evangelisten" zurückzuführen sein. Ein paar wenige, die unbedingt Kaffee in Plastikbechern durch die Gegend tragen wollten, überzeugten andere, dass die Welt mit Kaffeebechern in der Hand erst lebenswert sei.

David R. Hughes arbeitete in den 1990ern also an der Computervernetzung „aller Menschen, die guten Willens sind" und brachte so ganz nebenbei Hedy Lamarr noch einmal internationalen Ruhm, denn sein Einfluss in der stetig wachsenden Online-Community war nicht zu unterschätzen. Er besaß eine frühe Domain, die er „The Well" genannt hatte, und steuerte über diese Community die Kampagne zur Bekanntmachung von Hedys Patent. Und so kam es, dass die vom Magazin „Playboy" unter die „100 sexiest film stars of the 20th century" gewählte Wienerin 1997 einen Technik-Oscar erhielt – denselben wie vier Jahre vorher ihr Propagandist David R. Hughes: den amerikanischen Electronic Frontier Foundation (EFF) Pioneer Award. Dieser Preis geht vor allem an Einzelpersonen, die sich um die individuelle Nutzung von Computern verdient gemacht haben. Als weiterer Österreicher wurde 2016 der Salzburger Datenschutzaktivist Max Schrems mit einem EFF Pioneer Award bedacht.

Wie die österreichische Kaplan-Medaille nahm auch den EFF-Preis Hedys Sohn Tony Loder entgegen. Er hatte seine Rede so choreografiert, dass während seiner Dankesworte sein Handy klingelte. Auf diese Weise wollte er erneut auf die Erfindung seiner Mutter aufmerksam machen. Außerdem spielte er anrührende Worte der alten Hedy („Ich bin froh, dass es nicht umsonst gewesen ist.") ein, die er auf einem Diktiergerät aufgenommen hatte.

Nun behauptete allerdings Hedys Tochter Deedee, dass ihre Mutter „vollkommen untechnisch“ gewesen sei. Als ihr diese zum ersten Mal von ihrer patentierten Erfindung erzählt habe, habe Deedee nur abgewunken: „Yes yes, sure, Mum“, habe sie gesagt. Erst nachdem „Mum“ ihr das Patent unter die Nase gehalten habe, habe sie es glauben können. Dann sei sie aber ganz ehrfürchtig gewesen. Sie freue sich, wenn Hedys „Beitrag zur Wissenschaft“ (Zitat Deedee) zur Kenntnis genommen werde, aber ihre Mutter habe zum Schluss das Internet gehasst. Hedy Lamarr selbst fasste ihre Ansicht so zusammen: „Filme haben zu einer bestimmten Zeit einen bestimmten Platz. Aber Technologie ist für immer.“ Diese Aussage steht heute auf ihrem Grabstein auf dem Wiener Zentralfriedhof. Hedy Lamarr dürfte erst spät in ihrem Leben zu dieser Erkenntnis gelangt sein.

Als in den 1960er-Jahren von Filmstar-Ruhm und Traumgagen keine Rede mehr war, musste die Schauspielerin anderweitig Geld verdienen und beschloss, der Welt ihre Autobiografie vorzulegen. Ihre Lebenserinnerungen, die 1966 auf den Markt kamen, nannte sie „Ecstasy and Me“. Das Buch war ein Riesenerfolg und führte schon kurz nach seinem Erscheinen die Bestsellerlisten an. Ein Mitbegründer des amerikanischen Verlags Random House meinte einmal, wenn ein Hollywood-Buch alle Verkauferwartungen übertreffen könnte, dann wäre das „‚My 39 Ways of Making Love‘ by Hedy Lamarr“. Er sollte recht behalten, brach das Werk doch alle Rekorde. Über weite Strecken liest sich der von zwei Ghostwritern verfasste Text wie „Mutzenbacher goes to Hollywood“ – was gut passt, hat doch der (vermutliche) Autor des Jahrhundertwende-Erotik-Klassikers „Josefine Mutzenbacher“, Felix Salten, auch die Geschichte vom Rehlein Bambi verfasst, das durch den US-Trickfilmgiganten Walt Disney auf der ganzen Welt bekannt wurde.

Indes haben Hedys Anstrengungen als Erfinderin keinen Eingang in ihre Memoiren gefunden. Sie berichtet zwar von ihrem Engagement für die US-Soldaten in der „Hollywood Canteen“, aber dass sie die US-Army mit einer von ihr und George Antheil entwickelten geheimen Kommunikationsmethode unterstützen wollte – darüber verliert sie kein einziges Wort. Erst im Jahr 1969 wandte sie sich in ihrem noch immer ausbaufähigen Englisch brieflich an einen Navy-Offizier, den sie von früher kannte: „Washington Patter (Patent, Anm.) Office has an Invention of mine. ‚Missel-Gided Torpido‘ [sic]. Maybe you can get it.“ Später schrieb sie dem Bekannten: „Dearest Tom, I love you and think of you and would have liked to be married to you …“

Selbst wenn Hedy Lamarr dem neuen IT-Zeitgeist der ausgehenden 1990er-Jahre wenig abgewinnen konnte: Sie verdiente gut mit den neuen Möglichkeiten. 1998 klagte Hedy, die bereits Urgroßmutter war, die kanadische Softwarefirma Corel, weil diese für die Vermarktung ihres Grafikprogramms CorelDraw mit dem Gesicht der jugendlichen Hedy Lamarr geworben hatte. Dank David R. Hughes verfügte Hedy ja nun über den Ruf einer Computerpionierin und wurde daher von den Marketing-Leuten von Corel als ideale „Markenbotschafterin“ angesehen. Nur hatte man „vergessen“, die alte Lady um Erlaubnis zu fragen.

Kaum eine Schauspielerin hatte wohl so viel Zeit vor Gericht verbracht wie Hedy, aus unterschiedlichsten Gründen. Sie verklagte Regisseure, Produzenten, angebliche Juwelendiebe und vermeintliche Vergewaltiger; sie war Hauptdarstellerin zahlreicher Scheidungsprozesse; man beschuldigte sie mehrfach des Ladendiebstahls. Zum Spektakelregisseur Cecil B. DeMille („Samson und Delilah“) sagte sie selbstironisch, ihre befriedigendsten Auftritte habe sie in Gerichtssälen absolviert. Man spiele immer. Vor Gericht sei sie am natürlichsten und am überzeugendsten gewesen. Sie prozessierte hauptsächlich, um zu Geld zu kommen, gelegentlich nutzte sie ihre oft denkwürdigen Gerichtstermine auch für Publicity in eigener Sache – so schickte sie einmal ihr Film-Double zu einer Scheidungsverhandlung.

Jedenfalls führte der Prozess gegen Corel dazu, dass Hedys Vermögen sich um fünf Millionen Dollar vergrößerte. Sie hatte die Firma zwar auf 15 Millionen geklagt, aber für eine alte Frau, die nur noch knapp über ein Jahr zu leben hatte, waren auch fünf Millionen Dollar eine schöne Summe. Corel erhielt dafür das Recht, Hedy Lamarrs Konterfei fünf Jahre lang als Werbung für das Produkt CorelDraw einzusetzen. Die „Abfindung“ ging im November 1998 auf Hedys Konto ein. Sie war damals zwar nicht mittellos und pleite, wie sie gerne mitleidheischend in der Öffentlichkeit behauptete, aber definitiv war sie auch nicht mehr die Hollywood-Millionärin der 1940er-Jahre. Zweifellos konnte sie das Geld gut gebrauchen. Ihre Nachbarin hatte immerhin mitbekommen, dass

Hedy sich auch im hohen Alter „die allerschönsten Kleider von Nordstrom und Neiman Marcus“ – großen amerikanischen Kaufhäusern mit bekannten Abteilungen für Designermode – kommen ließ, „viele Teile gleich in zwei- oder mehrfacher Ausfertigung“.

Ihr Testament machte sie ziemlich genau ein Jahr nach dem Corel-Prozess, im November 1999. Bei ihrem Ableben im Jänner 2000 waren noch etwa drei Millionen Dollar vorhanden. So konnten ihre Kinder zunächst einmal die noch ausständigen Anwaltshonorare der Mama begleichen. Es soll sich um eine sechsstellige Summe in beträchtlicher Höhe gehandelt haben.

## Hedy heute

Die Ausstellung „Sex in Wien“, die 2016 im Wien Museum gezeigt wurde und in deren Räumen Ausschnitte aus Hedy Lamarrs Skandalfilm „Ekstase“ zu sehen waren, förderte im Gespräch mit Besucherinnen und Besuchern interessante Ergebnisse zutage. Bei jungen Interessierten und/oder feministisch eingestellten Studierenden ist die Erfinderin Hedy Lamarr heutzutage fast bekannter als der Glamour-Star aus Hollywoods goldenen Jahren. Kaum jemand unter 30 konnte einen ihrer Filme nennen. Oft hingegen hörte man: Hat sie nicht das Handy erfunden? Oder gar das Internet?

Man könnte vielleicht sagen: Hedy Lamarr hat nicht das Internet erfunden; aber dank David R. Hughes hat das Internet die „Erfinderin Hedy Lamarr“ erfunden. Gerade im Internetzeitalter sind Gerüchte und Legenden schwer aufzuhalten.

An Hedy Lamarrs Wiener Grab wird an ihre beiden Tätigkeitsfelder erinnert: „Actress, Inventor“ liest man dort unter ihrem Namen und ihren Lebensdaten. Ein abstrakt gehaltenes Kunstwerk deutet ihr einst weltberühmtes Gesicht sowie das Frequenzsprungverfahren an. Man sollte sich daher die Frage stellen: Hat Hedy Lamarr nun tatsächlich etwas erfunden? Und wenn ja, worum hat es sich genau gehandelt? Welche Bedeutung könnte diese Erfindung heute haben?

# II
# Telefone

## Geheime Kommunikation

„Den Wert des Geldes habe ich erst erkannt, als ich keines hatte.“

Aug. 11, 1942. H. K. MARKEY ET AL 2,292,387

SECRET COMMUNICATION SYSTEM

Filed June 10, 1941 2 Sheets-Sheet 1

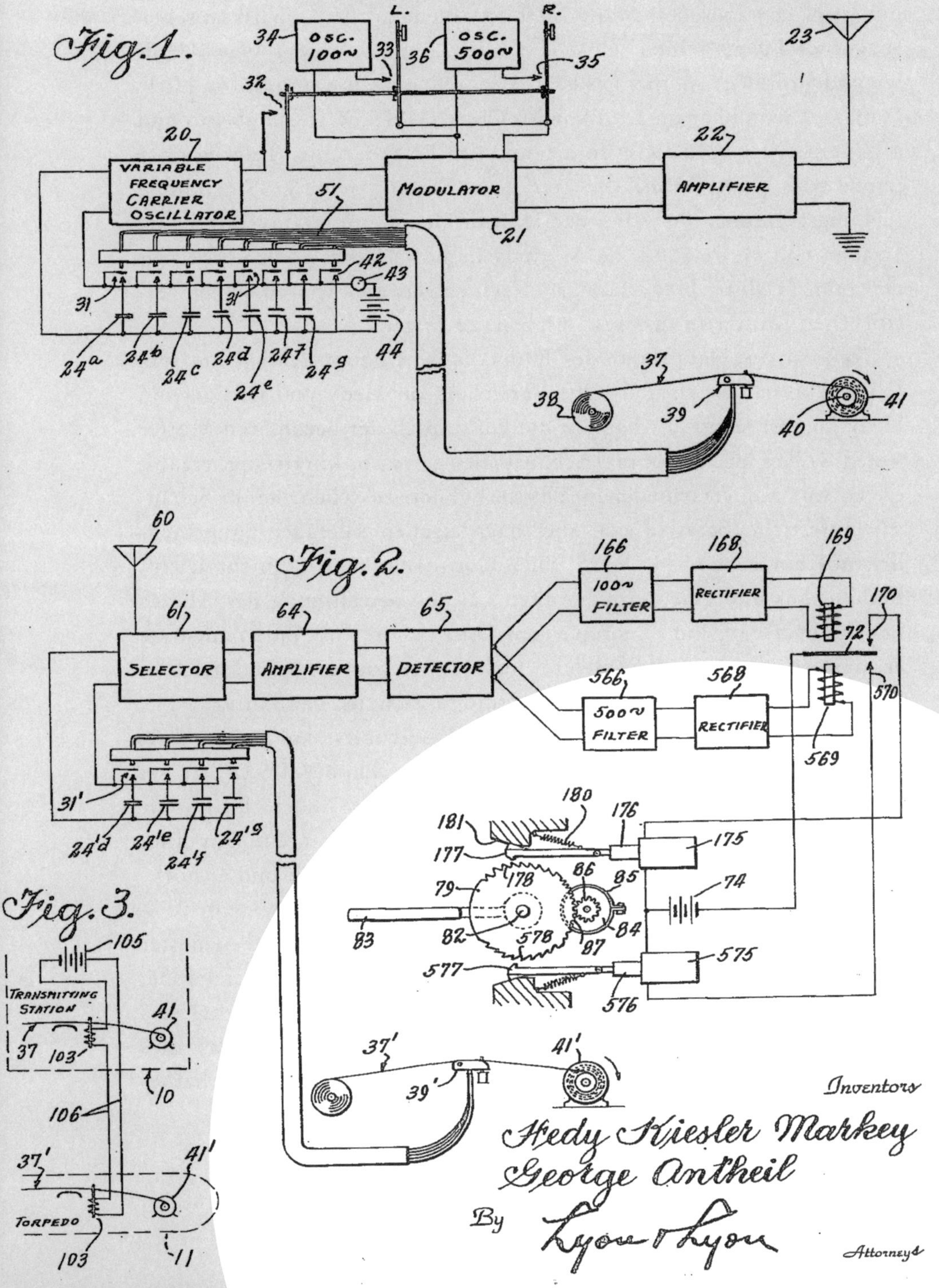

Fig. 1.

OSC. 100~

OSC. 500~

VARIABLE FREQUENCY CARRIER OSCILLATOR

MODULATOR

AMPLIFIER

Fig. 2.

SELECTOR

AMPLIFIER

DETECTOR

100~ FILTER

RECTIFIER

500~ FILTER

RECTIFIER

Fig. 3.

TRANSMITTING STATION

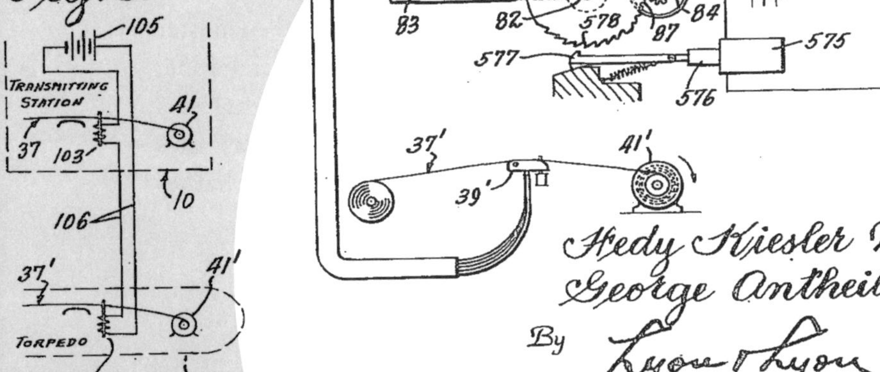

Ein groß gewachsener Mann sitzt in einem großen amerikanischen Wagen und singt seinen selbst verfassten Song „I Wish I Was a Hollywood producer in the 1940s“: „I would play my guitar for Hedy Lamarr, I would sit on a table with Clark Gable. With sunglasses and a big cigar, I would swim in a pool with Betty Grable. Talking on a phone with C. B. DeMille ...“ etc. usw. Er trägt seine groß geblümte Lieblingskleidung, ein Oversize-Hawaii-Hemd, und fährt durch die Straßen von Hollywood. Es ist Hedy Lamarrs Sohn Tony Loder; für den Film „Calling Hedy Lamarr“ versucht er, den Spuren seiner verstorbenen Mutter in der Traumfabrik zu folgen.

Tony ist die Hauptfigur des Films, es geht hauptsächlich um sein (Nicht-)Verhältnis zu und seine Verehrung für Hedy und weniger um Hedy Lamarr selbst. Er habe in die Fußstapfen der berühmten Mutter treten wollen und sei einmal Schauspieler gewesen, kurzfristig, erzählt er. Er war auf verschiedenen Theaterbühnen zu sehen, nahm Schauspielunterricht, befasste sich aber nach eigenen Aussagen hauptsächlich mit Sinnsuche. Als Sohn einer Göttin hat man es nicht leicht. Buddhismus und Scientology sollten bei der Bewältigung des Alltags helfen, diverse obskure Lehren zogen Tony magisch an. Bald realisierte er, dass er von der Schauspielerei nicht leben konnte, daher strich er Wohnungen, verlegte Fliesen und verdingte sich als Taxifahrer.

Doch jetzt steht er vor einem kleinen Geschäftslokal voller Werbeschilder, die größte Aufschrift verkündet: „Phones USA.“ Er sei nämlich nun im Telefon-Business tätig, so Tony Loder. Es sei für ihn tragisch, Telefone und Telefonsysteme zu verkaufen. Das alles würde ihm gar nichts bedeuten. Tony will Filme machen und er hofft, dass er es schafft. Er ist allerdings bereits über 60. In seinem Telefongeschäft zeigt er auf die gut bestückten Regale voller neuester Kommunikationstechnik: Tastentelefone, Handys, Schnurlostelefone, kabellose Lautsprechertelefone, kabellose Headsets. Er erwähnt das kabellose Internet und die digitalen Satellitenverbindungen. Das alles basiere auf der Erfindung seiner Mutter Hedy Lamarr. „Sie hat es

S. 23: Im August 1942 erhielten Hedy Lamarr und George Antheil ihr Patent für das „Secret Communication System“.

verschenkt“, sagt Tony Loder. „Sie hat nichts damit verdient.“ Ihr ganzes Leben lang sei sie ungerecht behandelt worden. Hätte sie die ihr zustehende Anerkennung erhalten, so Tony, wäre sie die reichste Frau der Welt gewesen.

Tony Loder muss es wissen, lebt er doch in seinem mittelmäßig erfolgreichen Telefonladen zwischen unzähligen, bis zum Rand vollgestopften Kunststoff-Kisten, die das Leben seiner Mutter enthalten: Fotos, Briefe, Zeitschriften. Ihre Filme bewahrt er in Form von Videokassetten im Kühlschrank auf, wie sich das gehört. Er macht den Eindruck eines fanatischen Lamarr-Fans, doch erklärt er, er müsse seine „Mum“ für sich selbst rekonstruieren. Denn er kenne sie ja kaum.

Zu seinen Erinnerungen an die meist abwesende Mutter gehören die vielen Telefongespräche, die sie zeit ihres Lebens geführt hat. Sie telefonierte gern mitten in der Nacht und schüttete dann ihren Bekannten das Herz aus. Ob der Gesprächspartner am anderen Ende Zeit oder Lust hatte – solche Skrupel tangierten Hedy nicht. Der frühere Diplomat und USA-Korrespondent des österreichischen Massenblatts „Kronen Zeitung“, Hans Janitschek, sprach oft mit ihr am Telefon. Er sei nie mit ihr in einem Raum gewesen, aber man habe sie in endlos langen Telefongesprächen gut kennenlernen können. Er habe sie mit „Miss Lamarr“ oder mit dem typisch Wienerischen „Gnädige Frau“ angesprochen. „Bis sie einmal sagte: ‚Warum nennen Sie mich nicht Hedy?‘ – Von da an sind wir wirklich gute Freunde geworden.“

Ihre Nachbarsfamilie in Florida rief sie immer dann an, wenn sie irgendetwas benötigte. Und das kam häufig vor. Sie sei sehr fordernd gewesen. Dann verlangte sie in gebieterischem Tonfall, dass der Nachbar einen Schaden in ihrem Apartment reparierte, ihr Cranberrysaft brachte oder dass er mit ihr zum nächsten Drive-in auf einen Milkshake fahre. Hedys Tochter Deedee berichtet, sie wüsste nicht mehr genau, wie oft ihre Mutter sie anrief. Aber wenn es so weit war, wollte sie mindestens eine Stunde lang reden. Hans Janitschek bestätigt Hedys Telefoniersucht. Sie sprach oft mehr als zwei Stunden mit ihm, „sie war nicht zu stoppen“. Der kleinen Tochter von Hedys Nachbarsfamilie kam es vor, als rede sie 16 oder 18 Stunden lang, ununterbrochen. Eine Freundin aus Hedys Jugendjahren in den USA erinnerte sich, dass die Schauspielerin vormittags sogleich nach dem Aufwachen im Bett zu telefonieren begann. Bis es „dann so weit kam“, dass sie um drei oder vier Uhr morgens anrief. Oder dass sie wütend wurde, wenn Tochter Deedee sie unterbrach und sagte, sie müsse zur Arbeit. „Ja, da wurde es schlimm. Sie sagte: ‚Du hast keine Zeit für deine Mutter.‘ Und knallte den Hörer auf. – Ja, sie war diese Art Mutter.“

Der mittlerweile verstorbene Journalist Janitschek hatte im Jahr 2004 noch die vielen Telefonbücher vor Augen, die Hedy besaß und von denen sie ihm erzählte. Es handelte sich dabei um kleine Notizbücher voller berühmter Namen, von „Playboy“-Gründer Hugh Hefner, den sie als „Heffner“ notiert hatte, bis zu längst verstorbenen Größen wie Orson Welles und JFK, den Schauspielkolleginnen und -kollegen Bette Davis, Charlie Chaplin oder Bob Hope. Als Hedy starb, hatte sie den Telefonhörer neben sich im Bett und eines ihrer Telefonnummernbücher lag auf ihrem Bauch. Ihr Telefon war mit Kurzwahlnummern ausgestattet, sodass die sehbehinderte und schwerhörige Ex-Diva ihre Nachbarn und ihre Kinder, die sie alle mehr oder weniger als Dienstboten betrachtete, rasch mit einem Knopfdruck erreichen konnte. Ihre letzten Lebensjahre verbrachte sie praktisch am Telefon und vor dem Fernseher. Sie besaß einen Videorekorder, bei dem die Aufnahmetaste mit rotem Nagellack markiert war, damit sie sie schneller finden konnte. Diese Geräte waren die ihr verbliebenen „Fenster zur Welt“. Sie sah bis tief in die Nacht fern, schlief sehr spät ein und wachte gegen Mittag auf – um den täglichen Telefonmarathon zu beginnen.

Erst in Amerika hatte Hedy angefangen, regelmäßig zu telefonieren. Ende der 1930er-Jahre versuchte sie auf Geheiß ihres Arbeitgebers, des Filmmoguls Louis B. Mayer, die Angewohnheiten typisch amerikanischer Mädchen und junger Frauen anzunehmen. Als Erstes schwor sie dem in Europa unter der fortschrittlich eingestellten weiblichen Jugend so populären Bubikopf ab und ließ die Haare wachsen. Bei jungen Amerikanerinnen auf Männerfang war ein eher konservativer Look gefragt. Dazu gehörte – wie übrigens bis heute – längeres Haar. Weiters trug sie in Hollywood weniger Schmuck als im eleganten Wien – „casual“ hieß das Zauberwort; sie lernte die amerikanische „soft ice cream“ lieben und führte lange Telefongespräche, wie es unter den „young girls“ üblich war. Denn in Amerika hatte zu dieser Zeit praktisch jeder Privathaushalt bereits einen Telefonanschluss.

## „Heureka!“

Wie sich das Radio, die Schallplatte oder das Telefonieren hierzulande entwickelt hat, kann man im Wiener Phonomuseum nachvollziehen. Der 2016 verstorbene Schauspieler Gerhard Tötschinger präsentierte dort für die ORF-Fernsehsendung „Heureka!“ die Erfindung des Frequenzsprungverfahrens. Zu diesem Zweck steht er vor einer Wiener Telefonzelle aus den 1930er-Jahren, hält ein Smartphone in die Kamera und meint, dass auch die Filmdiva Hedy Lamarr einst – wie Archimedes in Syrakus – „Heureka“ hätte ausrufen können, als sie gewissermaßen „ihr Prinzip“ gefunden hatte. Das von ihr mitentwickelte Frequenzsprungverfahren sei essenziell für viele technische Geräte, die uns heute im Alltag umgeben. Wichtig sei es für das GPS – die Navigationssysteme; in der Telefonie; auch WLAN funktioniere mit diesem Frequenzsprungverfahren. Und eben auch im Smartphone finde diese Technik gegenwärtig Verwendung. Somit wird landläufig gern behauptet, Hedy Lamarr sei die Erfinderin des Handys.

Doch worum ging es genau im Kriegsjahr 1941, als sie die heute als „Frequenzsprungverfahren“ bezeichnete, damals von ihr selbst „Geheimes Kommunikationssystem“ genannte Erfindung zusammen mit dem Musiker George Antheil beim US-Patentamt einreichte?

Als die USA im Dezember 1941 nach dem japanischen Angriff auf Pearl Harbor dem Kaiserreich Japan den Krieg erklärten und somit in den Zweiten Weltkrieg eintraten, hatte Hedy Lamarr von Hollywood aus den Krieg in Europa schon lange in den Medien mitverfolgt. Die Horrormeldungen überschlugen sich beinahe täglich. Hedy zitterte um ihr altes Heimatland, das seit 1938 nicht mehr existierte. Jüdische Nachbarn und Freunde aus ihrer Jugend waren verschwunden. Eine Schauspielerin, die als Double mit der jungen Hedy in Berlin zusammengearbeitet hatte, war von den Nationalsozialisten hingerichtet worden. In den US-Zeitungen las sie Berichte über das Novemberpogrom („Reichskristallnacht“), vom Überfall der Deutschen auf Polen, von den Konzentrationslagern. Gerade in Hollywood lebte sie in engem Kontakt mit vielen deutschen und österreichischen „Emigranten“ – wie man sie euphemistisch genannt hat und teilweise noch immer nennt: Lotte Lenya, Kurt Weill, Fritz Lang, Billy Wilder, Peter Lorre, Otto Preminger und Lilli Palmer wohnten in Hedys nächster Nachbarschaft. Die Frau des Wiener Komponisten Erich Wolfgang Korngold, Luzi, formulierte es so: „Wir dachten, wir sind Wiener. Hitler machte uns zu Juden.“

Ausgewandert waren die Emigranten nie aus freien Stücken; sie wurden von den Nationalsozialisten vertrieben. In fremde Länder gezwungen, unter anderem in die USA, deren Sprache sie nicht verstanden, deren Kultur ihnen teilweise lebenslang fremd blieb, in denen sie keine Arbeit oder nie Anerkennung fanden. „Zwischen unserem Heute, unserem Gestern und Vorgestern sind alle Brücken abgebrochen“, schilderte Stefan Zweig sein Gefühl der Wurzel- und Heimatlosigkeit im brasilianischen Exil. Der Wiener mit jahrelangem Domizil in Salzburg gehörte zu den auflagenstärksten und meistübersetzten Autoren seiner Zeit. Sogar in Brasilien kannte man die populären erotischen Novellen und inszenierten historischen Ereignisse dieses Superstars der Weltliteratur. Zweig hatte bereits 1936 vorübergehend in dem südamerikanischen Land gewohnt. In Rio de Janeiro stellte man ihn den führenden Politikern vor, er besuchte das (mittlerweile zu einem großen Teil abgebrannte) Nationalmuseum und hielt seine Eindrücke folgendermaßen fest: „In Rio bin ich sechs Tage lang Marlene Dietrich gewesen.“ Dem manischen Vielschreiber diente das Tagewerk des Schreibens als Therapie gegen die Verzweiflung. Seine Depression, die ihm schon jahrzehntelang zu schaffen machte, verstärkte sich in der von deutschen Einwanderern erbauten kaiserlichen Sommerfrische Petrópolis, wo er seit 1941 in einem kleinen Bungalow mit schöner Aussichtsterrasse lebte. Die heute gerade in den USA wegen vieler Parallelen zu aktuellen Ereignissen wieder viel gelesene, berühmte „Welt von Gestern“ verfasste er dort in nur einem Monat. Doch längerfristig kam Zweig im tropischen Paradies in Südamerika nicht zurecht, sein Erfolg stagnierte und er beging zusammen mit seiner jungen Frau Lotte Selbstmord – ein gar nicht so seltenes Emigrantenschicksal.

In den USA Fuß zu fassen war für jede und jeden enorm schwierig, gerade im Filmbusiness, da der deutsche Akzent für fast alle Rollen ein kaum zu bewältigendes Hindernis darstellte. Hedy Lamarr gehörte zu den ganz wenigen, die „es" nicht nur schafften, sondern denen die neue Heimat kollektiv zu Füßen lag. Trotzdem: In den Werken über die zahlreichen Emigranten in Amerika fehlt der Name Hedy Lamarr zumeist. Denn die Schauspielerin erreichte New York bereits im September 1937. Sie dürfte wohl geahnt haben, was auf Österreich zukommen sollte. Dennoch floh sie damals hauptsächlich vor ihrem ersten Ehemann Fritz Mandl und nicht vor einem Regime, das sie aufgrund ihrer „rassischen" Herkunft bald verfolgen würde.

Obwohl sie sich bis zu ihrem Lebensende nach eigener Aussage nie als Amerikanerin gefühlt hat, war sie dem Land unendlich dankbar, das ihr nicht nur ein gesichertes freies Leben, sondern eine geradezu astronomische Karriere ermöglicht und auch ihrer Mutter Trude – der Vater war bereits 1935 gestorben – eine zweite Heimat geboten hatte. Jahrelang war eine von Hedys schlimmsten Belastungen das ungewisse Schicksal ihrer Mutter gewesen, die aus einer jüdischen Familie in Budapest stammte. Hedy versuchte alles, um ihr eine Einreise in die USA zu ermöglichen, doch dauerte es vier Jahre, bis Trude Kiesler endlich ihre lange Flucht aus Wien bei ihrer Tochter in Los Angeles beenden konnte. Das Wiedersehen der beiden Frauen nach fünf Jahren Trennung ließ Hedy von einer Schar von Fotografen und Journalisten dokumentieren. „Family Life" spielte sich bei Hedy hauptsächlich vor Pressekameras ab. In Wahrheit pflegte sie weder zu ihrer Mutter noch später zu ihren Kindern enge und liebevolle Beziehungen. Hedys Mutter hatte viel Zeit im von den Deutschen bombardierten London zubringen müssen und wartete schließlich in Kanada auf die ersehnte Einreise in die USA. Im Februar 1942 wohnte sie kurze Zeit bei Hedy, nahm sich aber bald ein eigenes Apartment.

## Hedys Mission

Hedy selbst wurde in den Jahren 1942 bis 1945 nicht müde, auf die Geschehnisse im „Dritten Reich" hinzuweisen. Als Wienerin sei ihr die Bedeutung von Freiheit viel klarer als fast allen in Amerika geborenen Menschen, sagte sie vor amerikanischen Soldaten, die in den Krieg zogen. Amerikaner würden ihre Freiheit als verbrieftes Recht, als eine Selbstverständlichkeit ansehen. Doch sie habe in Europa genug erlebt, um zu wissen, dass Freiheit keineswegs selbstverständlich sei. Im Jahr 1931 war Hedy nach Berlin gegangen, um im Zentrum des deutschsprachigen Films ihre Karriere als Jungschauspielerin voranzutreiben. Zweifellos erlebte sie zwei Jahre vor Hitlers „Machtergreifung" die aggressiven Aufmärsche der nationalsozialistischen Verbände in den Straßen und auf den Plätzen der zukünftigen „Reichshauptstadt". Auf dem „Ku'damm" etwa lief man Gefahr, von einer SA-Horde verprügelt zu werden, der man nicht „arisch" genug aussah. Tagtäglich mussten Hedy und ihre Kolleginnen und Kollegen antisemitische Parolen in der NS-Presse lesen und waren als Schauspielerinnen und Schauspieler den ständigen Angriffen auf das „jüdisch dominierte" Film- und Kulturleben der Weimarer Republik ausgesetzt. Sie hatte nichts davon vergessen.

Für die Freiheit müsse man kämpfen, sagte sie in den USA, man müsse sie erringen und dann müsse man sie verteidigen. Sie wisse um die Politik der Nationalsozialisten und sie werde alle Bemühungen unterstützen, das NS-Regime aus der Welt zu schaffen. Dementsprechend berichtete die Zeitschrift „Hollywood Citizen-News" bereits 1941 über Hedys Anstrengungen, den USA bei der Verteidigung der Freiheit zur Seite zu stehen. Aufmerksam verfolgte die Ex-Gattin des bedeutendsten Waffenhändlers im Europa der 1930er-Jahre die Entwicklung des Atlantikkrieges. Die europäischen Alliierten waren dringend auf Nahrungsmittellieferungen, Waffen und Soldaten aus den USA angewiesen. Im Winter 1942 standen deutsche U-Boote kurz davor, die Lebenslinien zwischen Großbritannien und den USA zu durchtrennen. Die Torpedos der deutschen U-Boote versenkten Tausende Handelsschiffe. 75.000 Mann starben, Millionen Tonnen an Lebensmitteln versanken auf dem Meeresgrund. Churchill wird später sagen, seine größte Sorge seien die Angriffe der deutschen U-Boote gewesen. Für den Gegenangriff entwickelten die Alliierten möglichst präzise Torpedos, doch nach dem Abschuss war der Kurs eines

Torpedos kaum mehr veränderbar. Eine Möglichkeit zur Lenkung des Torpedos erkannte man in einem auf Funk basierenden Leitsystem, das sich jedoch der Störung durch den Feind entziehen musste. Hedy war der Ansicht, sie habe eine Lösung für die US-Militärs gefunden. Sie begab sich auf die Suche nach einer Person, die ihr bei der Umsetzung ihres Gedankens behilflich sein könnte.

## Wild Child

Vor Kurzem hatte Hedy den selbst ernannten ehemaligen „Bad Boy of Music", George Antheil, kennengelernt. Der in den USA geborene Musiker hatte in Europa studiert, seine Eltern waren deutsche Einwanderer gewesen. Das spektakuläre Werk „Ballet Mécanique" wurde in mehreren Städten Europas aufgeführt und machte den schillernden Komponisten und Konzertpianisten schlagartig berühmt. Es war nicht als Tanz für Menschen, sondern für selbstspielende Klavierautomaten (Pianolas) gedacht. Ähnlich wie Hedys Film „Ekstase" führte Antheils etwa 30-minütige atonale Komposition zu einem Aufruhr in der Kulturszene. Das von Igor Strawinskys „Le sacre du printemps" inspirierte Stück für 16 automatische Pianolas wurde von Blechblasinstrumenten ergänzt, fiel aber vor allem durch den „Begleitlärm" von Propellern, Ventilatoren, später sogar Düsenjägern auf. Die Kakophonie wurde gelegentlich von 20 Sekunden Totenstille unterbrochen. Als das „Ballet Mécanique" 1926 in Paris vor großem Publikum seine Premiere feierte, brach mehr oder weniger die Hölle los. Antheils Unterstützer aus der Surrealistenszene wie Marcel Duchamp oder gute Bekannte wie James Joyce, T. S. Eliot oder Ezra Pound versuchten, die Unmutsbekundungen von anderen Konzertbesuchern zu übertönen. Zischen, Buhen, Pfeifen und Johlen sowie wilder Applaus beherrschten die Szenerie. Die Aufführung ging trotz Streitereien zwischen Freund und Feind munter weiter, und als die Propeller einsetzten, spannten Leute im Publikum Schirme auf und stellten ihre Krägen hoch. Manche waren der Ansicht, dass ihr Gehör durch den noch nie da gewesenen Krach dauerhaft Schaden nehmen könnte, und versuchten, die Vorstellung zu verlassen. Das Toupet eines Herrn flog wegen des Propellerluftzugs durch den Raum. Der Tumult hatte bald saalschlachtartigen Charakter erreicht und führte dazu, dass der Amerikaner Antheil bei seinen späteren Konzerten immer eine Pistole auf seinem Flügel liegen hatte, um sich gegebenenfalls den Weg nach draußen freischießen zu können, sollte man ihn wegen seiner Kompositionen angreifen. Jedenfalls war er bald das Stadtgespräch von Paris und das Publikum erwartete mit gespannter Vorfreude den nächsten Skandal.

Das „Ballet Mécanique“ wurde bei manchen Aufführungen auch von einem dadaistischen Film begleitet, der bereits 1924 von den Fotografen Man Ray und Dudley Murphy sowie dem kubistischen Maler Fernand Léger gedreht worden war. Der 1975 wiederentdeckte und mittlerweile restaurierte Film wurde Mitte der 1920er-Jahre auch in Wien gezeigt. Er enthält bereits die 1925 durch Sergej Eisenstein weltberühmt gewordene Montagetechnik, wie sie im Film „Panzerkreuzer Potemkin“ beispielgebend zu sehen ist. Interessanterweise wurde die Wiener Aufführung des Films von einem Namensvetter Hedy Lamarrs, dem später als Visionär bezeichneten Bühnenbildner und Architekten Friedrich Kiesler, arrangiert und in Szene gesetzt. Kiesler war ein großer Name in der Wiener Theaterszene, er stand für ein völlig neues Bühnendesign. Obwohl viele Kieslers aus der heutigen Ukraine stammten, war Friedrich Kiesler (aus Czernowitz) nicht mit Emil Kiesler (aus Lemberg), dem Vater von Hedy Lamarr, verwandt. Bereits 1926 emigrierte Friedrich Kiesler nach New York. Weithin bekannt ist er heute vor allem aufgrund seines Lebenswerks: In Jerusalem errichtete er 1965 den einzigartigen „Schrein des Buches“, in dem die Bibelschriften vom Toten Meer („Qumran-Rollen“) verwahrt werden und auch ausgestellt sind.

Mitte der 1920er-Jahre war es auch, dass George Antheil die aus Ungarn stammende Kunstkritikerin Böski Marcus kennenlernte und bald darauf heiratete. Das Paar kehrte zurück in die USA. Böski war eine Nichte Arthur Schnitzlers, was wiederum auf Hedy großen Eindruck machte, die sich in Amerika nach dem vergangenen Glanz der alten Kaiserstadt Wien sehnte. Doch so sehr sich Antheil auch Mühe gab, seine Erfolge und Skandale aus Europa zu wiederholen – es wollte ihm nicht gelingen. Nur wenige Monate vor seinem ersten Treffen mit

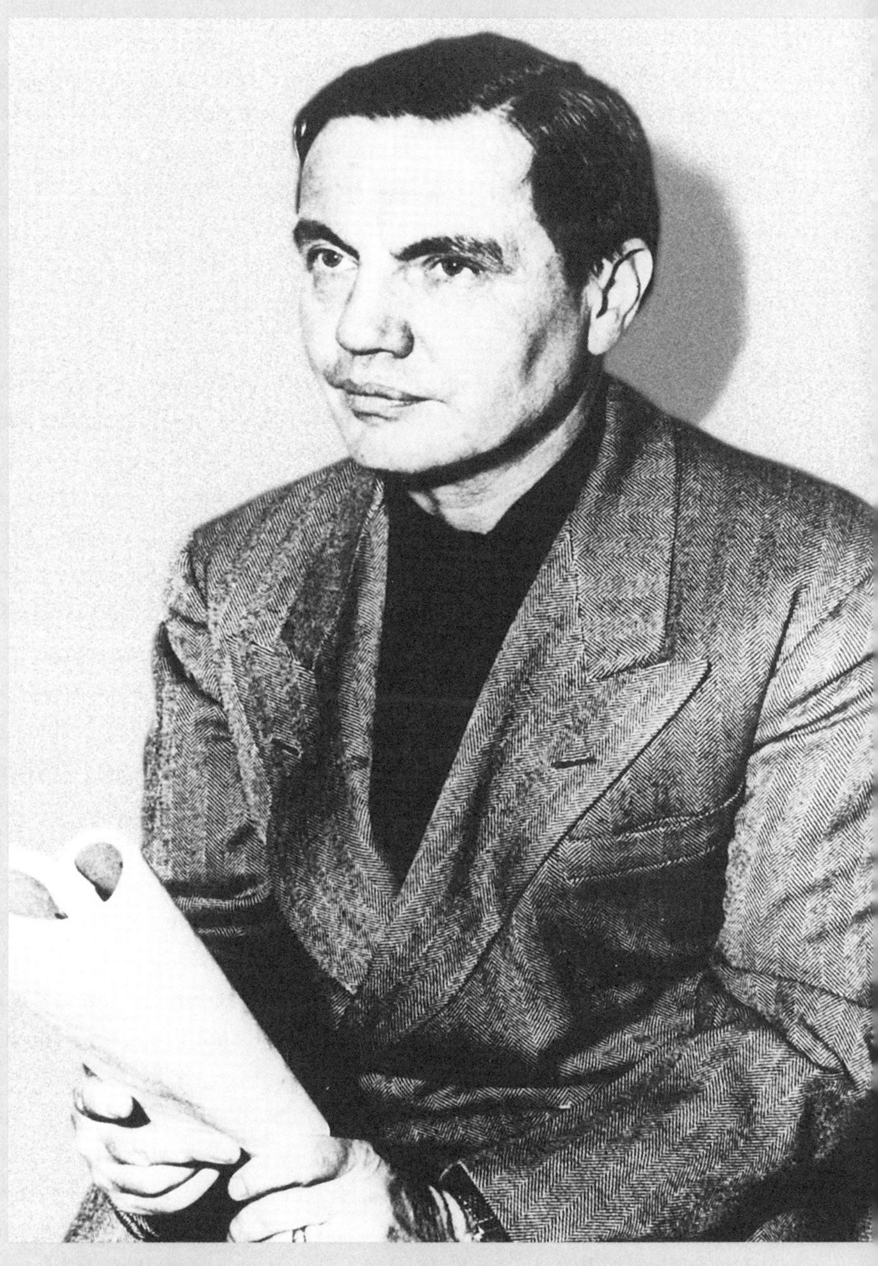

Zusammen mit dem früheren Skandalmusiker George Antheil dachte Hedy Lamarr über ein kriegswichtiges Frequenzsprungverfahren nach.

Hedy bezeichnete er sich selbst als einen „Totalversager“ („I could label myself a complete failure“). Vielleicht dachte er in New York an ein Treffen im fantastischen ligurischen Küstenort Rapallo zurück, wo er im Frühjahr 1929 unter anderen mit Ezra Pound und dem irischen Schriftsteller William Butler Yeats zusammengesessen war.

## Selbstoptimierung durch Hormone

Die Herren werkten an einem Krimi-Plot, in dem der in den USA grassierende „Drüsenwahnsinn“ eine zentrale Rolle spielen sollte. Hauptfigur dieses „Trends“ war wiederum ein Österreicher, der aus Vorarlberg gebürtige, aber in Wien praktizierende Mediziner Eugen Steinach. Er war damals berühmt und berüchtigt als „Verjüngungsarzt“. Bis heute sehen viele in ihm einen Begründer der modernen Hormonforschung. Elfmal war er für den Nobelpreis nominiert, erhalten hat er ihn jedoch – vermutlich wegen der Kontroversen um seine Thesen – nie. Gerade im jugendverrückten Amerika stieß Steinachs frohe Kunde auf offene Ohren. Seiner Meinung nach müsse nur die „Pubertätsdrüse“ angekurbelt werden, um die Jugendlichkeit eines Menschen reaktivieren zu können. Somit ließen zahlreiche Männer über 50 ihre Samenleiter abbinden, um mit dieser Methode die Produktion des Hormons Testosteron anzuregen. Eine Überproduktion des Hormons habe einen verjüngenden Effekt, meinten Steinachs Anhänger. Die Operation hieß im Alltag „Sich-Steinachen-Lassen“. Wobei Steinach selbst den Eingriff nie am Menschen vornahm, er forschte nur an Ratten. In den USA jedoch ließen sich zahlreiche Ärzte „nach Steinach“ ausbilden und führten die an sich einfache Operation gegen gutes Geld an vielen Männern durch. In Zeitungen, Romanen und Filmen wurde das „Steinachen“ thematisiert und ein Mitglied der Abendgesellschaft in Rapallo begab sich 1934 unters Messer: Der Womanizer W. B. Yeats, der nach der Operation schwärmte: „Nicht nur meine Kreativität wurde wiederbelebt, sondern auch mein sexueller Appetit. Und dies wird wahrscheinlich bis an mein Lebensende so bleiben.“

George Antheil dachte ebenso über eine gewinnbringende „Hormonkarriere“ nach, allerdings nicht in der Art des ersten irischen Literatur-Nobelpreisträgers. Antheil verlegte sich aufs Schreiben. Er erlangte eine gewisse Berühmtheit mit seinen Kolumnen im amerikanischen Männermagazin „Esquire“: „Glandbook for the Questing Male“ hieß etwa ein solcher Beitrag oder „The Glandbook in Practical Use“. In seinen Beiträgen, alle erschienen Mitte der 1930er-Jahre, also in der Hochblüte des „Drüsenwahnsinns“ in den USA, teilte Antheil Frauen in bestimmte „Hormontypen“ ein, die man als Mann je nach Gang, Körperbau, Größe und Oberweite der Frau erkennen könne und unterschiedlich zu behandeln habe. Kennt man den „Hormontyp“ der gewählten Frau, geht man mit ihr ihrem Typ entsprechend um und behandelt sie „typgerecht“, so könne man mit Sicherheit bei ihr „landen“, belehrte George Antheil via „Esquire“. Auch steuerte er zu dem genannten Magazin eine Sex-Kolumne bei, die „Boy advises Girl“ hieß. Ebenso erkundigte man sich offenbar bei dem Ex-Skandalmusiker, wenn es um die Frage ging: „She Is No Longer Faithful If …“

Hedy Lamarrs Kostümdesigner Gilbert Adrian („Adrian“) – er entwarf 1939 Judy Garlands legendäre „Ruby Shoes“ für den Film „The Wizard of Oz“ – kannte Antheil und wusste auch über Hedys „geheime“ körperliche Problemzone gut Bescheid: Schon der Produzent des Films „Algiers“, der Hedy Lamarr in den USA schlagartig bekannt machte, hatte gemeint: „Hedy hat kleine Brüste, aber ein großartiges Gesicht.“ Louis B. Mayer fiel dieser „Makel“ ebenfalls sogleich auf und er empfahl ihr von Anfang an in seiner durchaus professionellen, aber nichtsdestotrotz beleidigenden Art, sie solle doch bald etwas wegen ihrer kleinen Brüste unternehmen. „Die Größe der Brüste kann das Leben eines Mädchens verändern“, insistierte Mayer. Und er musste es schließlich wissen. Hedy Lamarrs Vorgängerinnen hießen Jean Harlow oder Mae West, ihre Konkurrentinnen Jane Russell oder Rita Hayworth. Hedy überragte mit ihren 170 Zentimetern zwar viele andere Schauspielerinnen, doch sie trug 70-A-BHs – eine für eine Hollywood-Schauspielerin um 1940 auffallend kleine Größe. Die beständige Debatte um ihren Busen ermüdete Hedy und sie kommentierte einmal süffisant, amerikanische Männer hätten nur zwei Dinge im Kopf: Geld und Brüste. Um der Karriere willen wäre sie durchaus bereit gewesen, etwas an ihrer Oberweite zu ändern, denn Hedy war ausgesprochen ehrgeizig. Ihren Glamour teile sie mit niemandem, war einer ihrer Standardsprüche.

Als ihr Adrian von George Antheil, dem „Hormonspezialisten", erzählte, war sie einverstanden, ihn zu treffen. Antheil war viel mehr als das, er war geradezu begeistert, Hedy „Glam-arr" – wie die Presse sie oft nannte – zu begegnen. Seine Vorfreude wurde nicht enttäuscht. Adrian und seine Frau richteten ein Dinner in Hollywood aus und luden George Antheil, der unter anderem versuchte, in der Filmmetropole als Filmkomponist Fuß zu fassen, und Hedy Lamarr ein. Antheil erinnerte sich: „Da war sie, die schönste Frau der Welt. Ich konnte die Augen nicht abwenden. Manche Filmstars sehen ja im wirklichen Leben nicht so toll aus wie auf der Leinwand. Aber Hedy sah noch besser aus als im Film."

Doch der Grund des Treffens war ja eine zukünftige Brustvergrößerung für Hedy, also richtete Antheil seine Aufmerksamkeit auf die weibliche Anatomie der Diva. Er fand die angeblich zu kleinen Brüste „fine", war sich jedoch sicher, dass „jeder Filmstar größere Brüste wollte." Hedy meinte, dass Adrian ihr Antheil als „wonderful" beschrieben habe. Also: Was könne er nun wirklich für sie tun? Könne er ihren Busen vergrößern? Die ersehnte Antwort lautete: „Yes, much much bigger!" Hedy streckte die Brust raus. „So ungefähr?" – „Yes, yes, yes, yes, yes!" Die Frau von W. B. Yeats, Georgie, die ebenfalls in Rapallo mit dabei gewesen war, dürfte Antheil von Anfang an recht zutreffend eingeschätzt haben: „Er war ziemlich verrückt, sehr mühsam und anstrengend, hysterisch; außerdem klein, untersetzt, er hatte eine gebrochene Nase und war zweifelhaft rasiert. Unter seinen Fingernägeln sah man viel Schwarz."

## „Call Me!"

Vielleicht wurde es Hedy an jenem Abend bei Adrians auch bald zu viel, jedenfalls verließ sie die „Kennenlern"-Party vor dem aufgeregten Antheil. Als dieser in der Nacht zu seinem Auto zurückkehrte, entdeckte er Hedys geheime Telefonnummer, die sie mit knallrotem 40er-Jahre-Lippenstift über seine Windschutzscheibe gekritzelt hatte. Der Dada-Musiker war elektrisiert. Nervös rief er an und wurde zum Abendessen zu Hedy bestellt. In seinem besten Anzug stand er schließlich wie ein Schulball-Debütant vor Hedys Hollywood-Villa. Hedy meinte, die Unterhaltung bei Adrians sei ja ausgesprochen anregend gewesen, und sie wolle nun erfahren, welche Art von Hormoninjektionen es gäbe und wie diese das Brustwachstum stimulieren könnten. Antheil, ganz Gentleman, antwortete, dass ihre Brüste perfekt aussähen und wozu sie das alles nun wirklich wissen wollte. Hedy winkte ab: „Ach, nur für eine Freundin."

Als das Thema „Hormone" keine weiteren Sensationen mehr für Hedy bereithielt, unterhielten sich die Schauspielerin und der Komponist über den Weltkrieg. Unmittelbarer Anlass für Hedys Überlegungen, die sie Antheil unterbreitete, war der Fall des Passagierdampfers „Volendam", der sich 1940 auf einer Fahrt nach Kanada befunden und evakuierte Kinder an Bord hatte. Das Schiff wurde von einem deutschen U-Boot torpediert, konnte aber zur schottischen Isle of Bute gelangen und wurde dort wieder instand gesetzt. Der deutsche Torpedo wurde analysiert und die Presseberichte darüber erinnerten Hedy an einige abendfüllende Diskussionen ihres ersten Ehemanns Fritz Mandl mit seinen Gästen. Man sprach über aktuelle Entwicklungen in der Waffenbranche, wobei U-Boote, die „Zielunfähigkeit" von Torpedos und die neuesten Möglichkeiten, diese per Funk zu steuern, um sie zielsicherer zu machen, häufig debattiert wurden.

Hedy musste an solchen Abend-Unterhaltungen immer teilnehmen, da der reiche Mandl den „Ekstase"-Star wie seinen wertvollsten Besitz vorführte, aber keinen Gedanken daran verschwendete, dass die kaum über 20-jährige Hedy den Gesprächen zuhören oder ihnen gar folgen könnte. Die Deutschen verfügten bereits in den 1930er-Jahren über die Fähigkeit, bis zu 18 Raketen zeitgleich auf verschiedenen Frequenzen zu steuern. Der Hamburger Erfinder und U-Boot-Entwickler Hellmuth Walter („Walter-Turbine") besuchte 1936 Mandls Firma im niederösterreichischen Hirtenberg. Beim folgenden Abendessen erfuhr Hedy wahrscheinlich eine Menge über die geplanten ferngesteuerten Torpedos. Diese sollten quasi unaufspürbar sein. Und sie entwickelte eine Idee, wie das funktionieren konnte. Ein ferngesteuerter Torpedo sollte vor feindlichen Störsignalen geschützt werden, indem man ständig die Funkfrequenz, auf der die Steuersignale gesendet wurden, änderte. Der durch seine musikalische Arbeit mit zahlreichen ferngesteuerten Pianolas (einer Selbstspielapparatur für Klaviere) mit gewissen Bereichen der Steuertechnik vertraute Antheil hielt Hedys Idee für „genial". Sie sei eine „sehr, sehr schlaue Frau" gewesen, „gemessen an anderen Hollywood-Stars ein geistiger Gigant". Zusammen gedachten sie nun, das „Dritte Reich" in die Knie zu zwingen.

## Actress goes Inventress

Hedy Lamarr wollte sich ab sofort ganz auf ihre Karriere als Erfinderin konzentrieren und plante bereits ihren Abschied aus dem ohnehin nie geliebten Hollywood. Ein Ausstieg aus ihrem Vertrag mit MGM (Metro-Goldwyn-Mayer) und ein Umzug nach Washington sollten die Voraussetzungen sein, um sich beim soeben gegründeten amerikanischen „National Inventors Council" zu verdingen. In ihrer Vorstellung sah das so aus: Sie könnte einfach dort sein und man könnte sich an sie wenden, wenn man eine „Erfindung" benötigte. Erfindungen fielen ihr ganz leicht, sollte sie später in einem Interview sagen. Es komme „ganz natürlich", ohne dass sie viel nachdenken müsse. „Staatliche Erfinderin" mit Sitz in der US-Hauptstadt wollte sie sein. Sie meinte all das vollkommen ernst.

Zum Leidwesen der Böski Antheil war die schöne Hedy nun ständig bei ihrem Mann George zu Besuch oder dieser wurde zu Hedy geladen – ausdrücklich ohne Begleitung. Man müsse schließlich arbeiten, erklärte Antheil seiner misstrauischen Frau. Der Komponist berichtet in seinen Memoiren von der eifersüchtigen Böski, die sich erkundigte, woran denn bitte er und Hedy so intensiv werkten:

„‚Wir erfinden ein ferngesteuertes Torpedo.' – Darauf Böski eisig: ‚Unbedingt.' – Antheil: ‚Es stimmt.' (Jeder, der mich kennt, wird Ihnen erzählen, dass ich Böski niemals anlügen würde.)"

Tatsächlich ließ Hedy den Musiker so lange nicht in Ruhe, bis er einwilligte, den Gedanken der „Frequenzsprünge", wie sie es nannte, mit ihr weiterzuentwickeln. „Wir sitzen hier und verdienen Geld, während in Europa der Faschismus alles zerstört. Wir müssen etwas tun“, verlangte sie. Sie sprach ständig davon, wie amerikanische Schiffe vor deutschen U-Booten geschützt werden könnten und in weiterer Folge der Atlantikkrieg von den Alliierten unter Führung der USA gewonnen werden sollte. Antheil leuchtete ein, dass die Idee, schnell von einer Funkfrequenz zur nächsten zu springen, auf die gleiche Art koodiniert werden könnte wie damals seine Pianolas im „Ballet Mécanique“. Nur: Das war schon 15 Jahre her. Laut dem Patent-Entwurf der beiden Künstler sollte eine Papierrolle in den Transmitter und in den Empfänger des Torpedos gesteckt werden. Jede Papierrolle enthielt das gleiche Lochmuster für den Wechsel der Kommunikationsfrequenzen. Da wie dort würden die Papierrollen auf Automaten synchron abgespielt, wodurch Transmitter und Torpedo immer auf derselben Funkfrequenz eingestellt wären. Dem Feind wäre es unmöglich, ein Signal über die wechselnden Frequenzen zu verfolgen, um den Torpedo zu stören. Der Frequenzwechsel – eine störungssichere Erfindung, so dachte Hedy. Als finalen Entwurf reichten Lamarr und Antheil 88 Frequenzen beim Patentamt in Washington ein, denn sie entsprechen der Tastenanzahl auf einem Klavier (und deswegen finden Sie in diesem Buch acht Kapitel).

Nun kam die Presse ins Spiel. Vielleicht hatten Hedy oder ihre PR-Leute selbst die Journalisten informiert, jedenfalls hieß es im Herbst 1941, dass eine Erfindung des „dekorativen Kopfs“ von Hedy Lamarr „großes Potenzial für die USA“ hätte. So bedeutend für die Landesverteidigung sei diese Idee, dass keine Details publiziert werden dürfen, sondern das Ganze sogleich als „red hot“ qualifiziert und der Öffentlichkeit entzogen worden sei. Es seien schon über 100 Erfindungen von US-Bürgern, die die Kriegsanstrengungen unterstützen wollten, akzeptiert worden, aber nur ein halbes Dutzend sei als „red hot“ eingestuft worden. „HEDY LAMARR INVENTOR“, brüllten Riesenlettern vom Titelblatt der „New York Times“. Der Co-Erfinder George Antheil wurde kaum erwähnt. Ohnehin nahmen nur wenige Leserinnen und Leser die Neuigkeit ernst. Man hielt es wohl für einen PR-Gag der Schauspielerin.

Einen Bewunderer hatte Hedy in der Person des Chefingenieurs des neuen National Inventors Council, des Armeeangehörigen Colonel L. B. Lent. Es könnte genauso gut Lent gewesen sein, der die Medien von

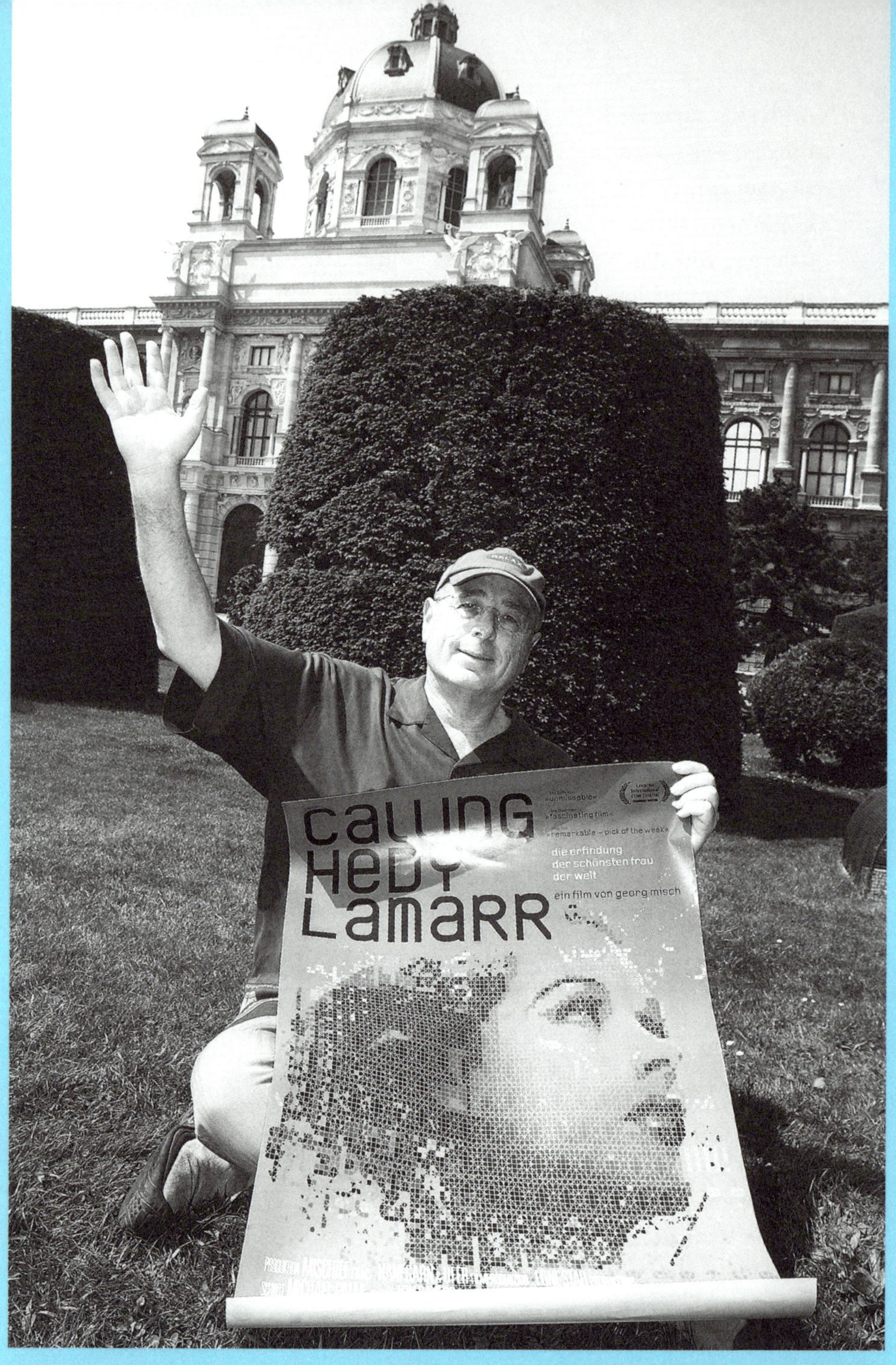


Hedy Lamarrs Sohn Tony Loder auf Werbetour in Wien.
Er spielte eine wichtige Rolle im Film „Calling Hedy Lamarr".

der Erfindung in Kenntnis gesetzt hatte. Immerhin war das Inventors Council genau aus diesem Grund gegründet worden: um „Entrepreneurship“ zu fördern, um Einzelpersonen anzuregen, ihre womöglich kriegswichtigen Gedanken dem Staat zur Verfügung zu stellen. Gab es dafür eine bessere „Botschafterin“ als Hedy Lamarr? Sie war die damals berühmteste Schauspielerin, die „schönste Frau der Welt“, eine Person mit höherem Promifaktor war kaum denkbar. Und der Überraschungseffekt war geradezu sensationell. Eine märchenhaft aussehende Filmschauspielerin, die noch dazu intelligent war. Sie sprach die Männer an – und die Erfindungsbehörde hatte wohl nicht in erster Linie Frauen im Blick, als sie die Amerikaner um Ideen ersuchte. Man wandte sich hauptsächlich an Ingenieure, Techniker, Fachleute an technischen Schulen und Instituten. Schon allein die Installierung einer solchen Behörde gehörte zur Kriegsmobilmachung in der Heimat.

## Dampfmaschine und Computer

Die nicht zu unterschätzende Propagandawirkung der ehemals „nackten Kanone“ Hedy Lamarr bestätigen auch zwei Experten aus dem Technischen Museum Wien: der Kommunikationswissenschaftler Wolfgang Pensold und der Theoretische Physiker Otmar Moritsch. Sie betreuen den Sammlungsschwerpunkt Information und Kommunikation. Moritsch ist auch auf den Spezialgebieten Informatikgeschichte und Kryptologie tätig.

Nach einer gründlichen Begutachtung des Patents „Secret Communication System“ von Hedy Lamarr und George Antheil halten die Kommunikationstechnik-Experten fest, dass der Einsatz von Papierrollen, also praktisch der alten Lochkartentechnik aus dem 19. Jahrhundert, im Jahr 1941 „natürlich ein alter Hut gewesen“ sei. Die Papierrollen-Steuerung, wie sie Antheil bei seinem „Ballet Mécanique“ im Einsatz gehabt hatte, um die automatischen Klaviere zu synchronisieren, stammt aus dem Bereich der Mechanik und hat weder etwas mit geheimer Kommunikation noch mit der Steuerung von Lenkwaffen zu tun. Das Patent bleibt eher vage, wenn es um die Frage geht, wie der Konnex zwischen den synchron laufenden Lochkarten und der Fernsteuerung der Torpedos von einem Schiff aus tatsächlich realisiert werden soll.

Otmar Moritsch formuliert es so: „Lamarr und Antheil haben praktisch versucht, mit einer mechanischen Dampfmaschine einen elektronischen Computer zu bauen.“

Von zentraler Bedeutung ist in diesem Zusammenhang die völlig neue Art der Kriegsführung im Zweiten Weltkrieg. Während die Waffentechnik im Ersten Weltkrieg weitgehend „stromfrei“ arbeitete, begann um 1940 das Zeitalter der Elektronik auf breiter Basis. Die mechanische Epoche gehörte bereits endgültig der Vergangenheit an. Zu Anbeginn der Informatik, während des Zweiten Weltkrieges, gab es etwas, wovon heute viele träumen: mehr Programmiererinnen als Programmierer. Damals galt Programmieren als einfache Tätigkeit, die Frauen überlassen wurde. Frauen arbeiteten auf dem ersten elektronischen Rechner, dem Mark I, der von der Computerpionierin Grace Murray Hopper (1906–1992) für die US-Marine programmiert wurde. Hopper verfasste das erste Benutzerhandbuch und sie schuf auch die Programmiersprache Flow-Matic. Obwohl sie nie auf einem Kriegsschiff im Dienst war, erlangte sie als erster weiblicher Konteradmiral einen der höchsten Ränge der amerikanischen Marine. Es war durchaus üblich, dass Frauen ihre männlichen Nachfolger einschulten, denn sie hatten damals das nötige technische Know-how.

## Frauen in der Computertechnik

Als die Informatik in den 1950er- und 1960er-Jahren bedeutender wurde, kehrte sich das Verhältnis um. Die Männer lösten die Frauen ab, weil sie weitere Managementaufgaben in die Branche brachten, höhere Positionen und mehr Geld erhielten. Heute sind qualifizierte Fachkräfte in der Tech-Branche stark nachgefragt und mehrere Initiativen bemühen sich darum, den Anteil an Frauen in den Mint-Berufen, also Mathematik, Informatik, Naturwissenschaften und Technik, zu erhöhen. Erstmals befand sich 2018 in der Lehrlingsstatistik ein technischer Beruf, jener der Metalltechnikerin, unter den Top-Ten-Berufen der Mädchen. Henrietta Egerth, Geschäftsführerin der Forschungsförderungsgesellschaft, riet in einem „Standard“-Interview im Herbst 2018 Berufseinsteigerinnen, sich einen Mentor zu suchen: „Wahrscheinlich ist hier ein Mann besser“, musste sie zugeben. „Denn oft entsteht sonst der Eindruck eines oft belächelten Frauennetzwerks.“

Das wusste bereits Hedy Lamarr, als sie sich mit George Antheil zusammentat. Die beiden Künstler hatten große Ambitionen, jedoch von den aktuellen Möglichkeiten der Elektrotechnik in militärischen Belangen keine detaillierte Vorstellung; schließlich waren die meisten dieser Entwicklungen in den USA ohnehin geheim. Es steckten riesige industrielle Möglichkeiten hinter diesen Forschungen, Möglichkeiten, die aufgrund der schieren Größe des dortigen militärisch-industriellen Komplexes nur in den Vereinigten Staaten realisierbar waren. Längerfristig hätte es bald jedem klar werden müssen, dass das „Dritte Reich“ den Krieg auf keinen Fall gewinnen konnte.

Geheim gehaltene US-Patente, die rein ideell dem von Lamarr und Antheil ähnelten, gab es bereits in den 1920er-Jahren. Dieses Thema war unter Technikern und Waffenentwicklern allgegenwärtig. Ein Mr. Chaffee hatte 1922 einen Antrag zur Patentierung eines „Multichannel Radio System and Method of Radio Reception“ eingereicht (1929 genehmigt), in dem es um die Idee des Funkens auf verschiedenen Frequenzen ging. John Hays Hammond reichte 1928 ein Patent zur Steuerung eines Torpedos mit dem Titel „System and Apparatus for Secret Radio Communication“ ein (1931 genehmigt). Und aus dem Jahr 1929 (genehmigt 1932) findet sich ein Patent zur sicheren Funkkorrespondenz auf wechselnden Frequenzen, „Method of Maintaining Secrecy in the Transmission of Wireless Telegraphic Messages“, eingebracht von Willem Broertjes aus den Niederlanden.

Man kann Lamarr und Antheil nicht zum Vorwurf machen, dass sie diese Patente nicht kannten. Sie waren geheim, nicht für die Öffentlichkeit einsehbar. Dennoch waren sie von Leuten mit Fachwissen erprobt worden und stellen sich wesentlich ausgereifter dar als die mehr als zehn Jahre jüngeren Ausführungen von Lamarr und Antheil. Die älteren Patente enthielten auch ganz konkrete technische Anleitungen, sie wären also um vieles brauchbarer gewesen als das „Papiermodell“ der beiden Künstler. In den USA war auch um 1930 bereits klar, dass eine Steuerung von Torpedos per Funk nicht möglich ist – aus einem militärischen Blickwinkel waren die Vorschläge von Lamarr und Antheil längst obsolet. Somit sind alle technischen Inhalte im Patent von Lamarr/Antheil, in dem es immer um U-Boote und Torpedos geht, irrelevant. Sie hatten keinerlei Einfluss auf den weiteren Fortgang des Seekrieges. Dass trotzdem alle Details dieser im Endeffekt nutzlosen Erfindung unter Verschluss gehalten wurden, hängt schlicht und einfach mit der Kriegssituation zusammen. Alles, was „secret" oder „communication" im Titel trug, war „red hot" und somit „top secret". Außerdem: Warum ein geradezu optimales Propagandazugpferd vergrämen, wenn man es sinnvoll einsetzen kann?

Eher könnte man die Frage stellen, wieso die Einreichung der beiden überhaupt in der Presse beworben und ein halbes Jahr später patentiert worden ist, wenn sie doch keinerlei militärischen Nutzen hatte. Hier kommt wieder die Außenwirkung von Hedy Lamarr ins Spiel. Niemand interessierte sich in Wirklichkeit dafür, was denn Hedy genau erfunden haben könnte. Es ging nur darum: Hedy Lamarr unterstützt unser Heimatland im Krieg. Sie zeigt ihren Patriotismus, sie unternimmt etwas, sie gibt sich Mühe – tu Du das auch! Hedy (beziehungsweise andere Künstlerinnen und Künstler aus allen Sparten) wurden als Vorbilder präsentiert, denen jede Amerikanerin, jeder Amerikaner nacheifern sollte. Für die echten Neuerungen in der Waffentechnik hatten die USA zweifellos anderes, bestens qualifiziertes Personal. Und beinahe unbegrenzte finanzielle Ressourcen.

Die alte Idee des Frequenzsprungverfahrens hingegen ist durchaus interessant und gewissermaßen zeitlos, bestätigen die Experten im Technischen Museum. Aber sie stammt nicht von Hedy Lamarr, sondern ist um einiges älter. Ebenso kann diese Idee kein Eigenständigkeitsmerkmal für sich beanspruchen. Es genügt nicht zu behaupten, dass Handy, WLAN etc. auf dieser Idee aufbauen, sondern hier sind auch andere Grundlagen zu bemühen, die sich parallel über mehrere Jahrzehnte hinweg entwickelt haben: Funk- und Hochfrequenztechnik, Kryptologie, Computertechnik. Erst das Zusammenwirken verschiedener Forschungsgebiete hat moderne digitale Telekommunikation letztlich möglich gemacht. Zu behaupten, Hedy stecke hinter all dieser Technik, wie ihr Sohn Tony Loder und einige Biografie-Autoren gerne

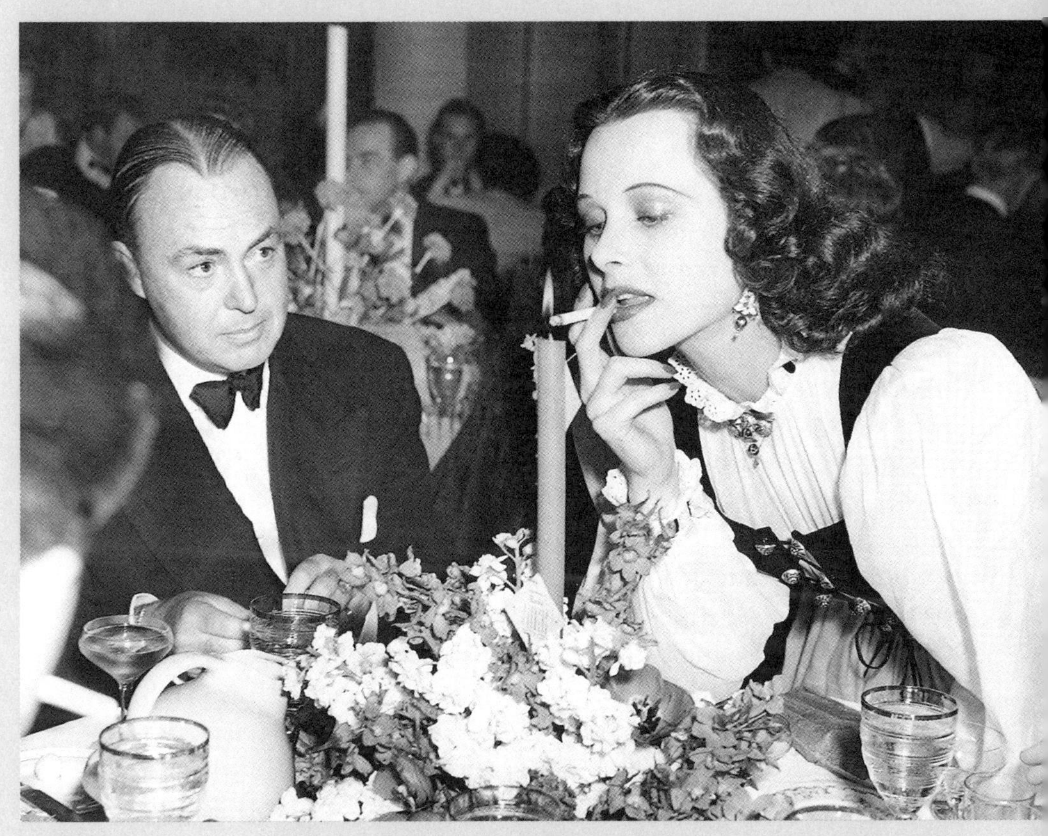

Hedy Lamarr im österreichischen Dirndl, hier zusammen mit ihrem zweiten Ehemann Gene Markey.

nahelegen, greift ein wenig zu kurz. Otmar Moritsch und Wolfgang Pensold bringen es auf den Punkt: „Ein Lochstreifen macht halt noch keinen Computer."

Nicht zuletzt war das „Secret Communication System" von Lamarr und Antheil ein Versuch der beiden, einen neuen Lebensabschnitt zu beginnen. Der Ex-Starkomponist brauchte Geld. Die Filmdiva wollte ihren Knebelvertrag mit MGM beenden. Von der in Wien so ersehnten US-Filmindustrie hatte Hedy bereits nach drei Jahren die Nase gestrichen voll. Doch nach dem ersten enthusiastischen Presserummel hörten weder Lamarr noch Antheil etwas von der „Erfindungsfront". Hedy bestürmte ihren Kompagnon, der die Erfindung vor Vertretern der US-Regierung präsentiert hatte, ständig mit Briefen und Anrufen, Besuchen und Einladungen. Sie wollte wissen, ob er nicht endlich Neuigkeiten zu vermelden habe und warum er nicht mehr tue für die Anerkennung ihrer gemeinsamen Bemühungen. Die Beziehung der beiden wurde dadurch belastet, denn Antheil empfand Hedys Fragerei bald als Belästigung. Ihre Gegenwart lenkte ihn von seinen Versuchen ab, bezahlte Arbeit zu finden. Er hatte zwei Kinder zu ernähren und ständig Rechnungen zu begleichen. Schließlich zog er sich immer mehr zurück. Aus seiner Autobiografie könnte man herauslesen, dass es ihm hauptsächlich darum gegangen war, Hedy Lamarr kennenzulernen. Ob sie eine Affäre hatten, muss wohl Spekulation bleiben. Über seine Zeit mit der „schönsten Frau der Welt" und über seine Meinung zu Schauspielerinnen generell berichtete er an einen Freund:

„Hedy ist cute, though, and very very beautiful. She lives in a childlike world, likes to stay home and invent things, and doesn't like men to be too ‚he' --- nevertheless she doesn't like women, either. Finally, however, all motion picture actresses are the same; they are as poured out of one mould."

Jedenfalls sah Antheil es nicht als seine vorrangige Aufgabe an, bei der Erfindungsbehörde oder im Verteidigungsministerium Klinken zu putzen, wie Hedy sich das vorstellte. Er nahm das Desinteresse der Verantwortlichen mit abgeklärter Belustigung zur Kenntnis: „Die verstockten Herren in Washington haben vermutlich geglaubt, wir wollen ein Klavier in einen Torpedo einbauen." Dass er mit seiner Erfindung nichts verdient hatte, war für Antheil bestimmt unerfreulich, aber er fand sich damit ab. Antheil sollte es nie mehr schaffen, an seine Erfolge aus den 1920er-Jahren anzuknüpfen. Er war starker Raucher, achtete wenig auf seine Gesundheit, lebte in prekären Verhältnissen und starb bereits 1959 mit 58 Jahren an einem Herzinfarkt.

Im November 1945 erschien in der US-Militärzeitung „The Stars and Stripes. Western European Edition" ein Interview mit Hedy Lamarr, in dem sie bescheiden erläuterte, dass sie nur der „kreative Part" der Erfindung gewesen sei. George Antheil habe sich mit dem „wirklich wichtigen chemischen Teil" befasst. Sie sagte nichts Erhellendes über die Wirkung der Erfindung, aber erzählte von Streichhölzern, die Antheil und sie auf ihrem Wohnzimmerteppich hin und her geschoben hätten, um so die Frequenzsprünge zu simulieren. Ihre Erfindung des ferngesteuerten Torpedos würde in der Luft und im Wasser funktionieren, meinte sie, „eigentlich überall". Sie habe viel Spaß gehabt und es sei „viel lustiger" gewesen, „wissenschaftlich tätig zu sein als ins Kino zu gehen". Sie erkundigte sich in dem genannten Interview wieder, ob sich nicht eine Firma finden ließe, die das „Ding", wie sie es nannte, produzieren könnte ... Illustriert war der Artikel mit einem Foto Hedys, das sie in ihrem Kostüm für den Film „White Cargo" (1942) zeigt: einem trägerlosen Bikini-Oberteil. Der Filmdreh fand in jenen Monaten statt, in denen Hedy mit Antheil an den Frequenzsprüngen arbeitete. Deutlicher lässt sich der Gegensatz zwischen der „echten Hedy", die am liebsten Hosenanzüge in Schwarz-Weiß, lange Ärmel und hochgeschlossene Blusen trug, und der halbnackten „Film-Hedy", die meist als aufreizende und gewissenlose Verführerin aufzutreten hatte, kaum wiedergeben.

Im Herbst 1942 war Hedy extrem enttäuscht. Ihre zuerst als „red hot" eingestufte Erfindung schien vergessen zu sein; sie hörte keinen Ton mehr von offizieller Seite. Es kam ihr nicht in den Sinn, dass dies vielleicht der Plan war. Wäre ihre Erfindung tatsächlich militärisch „red hot" gewesen, hätten die Medien wohl kaum ein derartiges Getöse darum gemacht. Es blieb Hedy verborgen zu erkennen, dass sie von Anfang an als Teil der US-Kriegspropaganda instrumentalisiert worden war. Ihr Patent hatte „keine Chance zu funktionieren", stellte der Physiker Tony Rothman von der Princeton University später klar. Die meist liebevoll wiederholte Theorie, Hedy Lamarrs Erfindung bilde die Grundlage der geheimen Satellitenkommunikation und des modernen Nachrichtenverkehrs, sei eine jener „urban legends“, deren stete Weiterverbreitung sie nicht gehaltvoller machen könne.

## Hedy On Tour

Doch die US-Regierung hatte sehr wohl Pläne mit der erotischen Filmdiva. Dort wusste man: Ihr Kapital war ihr Gesicht, nicht ihr eher fragwürdiges technisch-militärisches Verständnis. Sie war ein Superstar, schön und berühmt. Aber sie war auch Wienerin mit jüdischen Wurzeln. Daher wurde vom US-Finanzministerium angefragt, ob sie nicht bereit wäre, Kriegsanleihen („War Bonds“) zu verkaufen. Formuliert wurde die Frage so: „Wir freuen uns, dass Sie Amerika im Krieg unterstützen wollen. Aber bitte: Verkaufen Sie Küsse. Nicht Erfindungen.“ Ernüchtert sagte sie zu.

Ihr sehnlicher Wunsch, gegen den Faschismus in Europa und für ein freies Österreich von Amerika aus mitzukämpfen, war stärker als ihre Abneigung gegen das Hollywood-System. Sie begriff, dass in den USA allein ihr Aussehen zählte. Nur damit war in der Traumfabrik Geld und Anerkennung zu verdienen. Im alpenländisch anmutenden Stil gekleidet, mit weißer Bluse und Trachtenkleid, bediente sie nun mehrmals pro Woche bis tief in die Nacht hinein einfache Soldaten in der „Hollywood Canteen“ in der Nähe des Sunset Boulevard. Dabei handelte es sich um eine groß angelegte amerikanische Propaganda-Inszenierung: Die Hollywood-Stars stiegen gewissermaßen von ihrem Olymp herab – sie zeigten sich als ganz normale Bürgerinnen und Bürger und kümmerten sich um die Soldaten, die in den nächsten Tagen in den Krieg ziehen mussten. Bis zu 3000 Soldaten waren jeden Abend zu verköstigen und zu unterhalten. Leinwandgöttinnen wie Rita Hayworth oder Joan Crawford gaben Essen aus, tanzten mit den Armeeangehörigen und schrubbten nach Ende der Veranstaltungen auch den Fußboden. Ein Soldat konnte Betty Grable

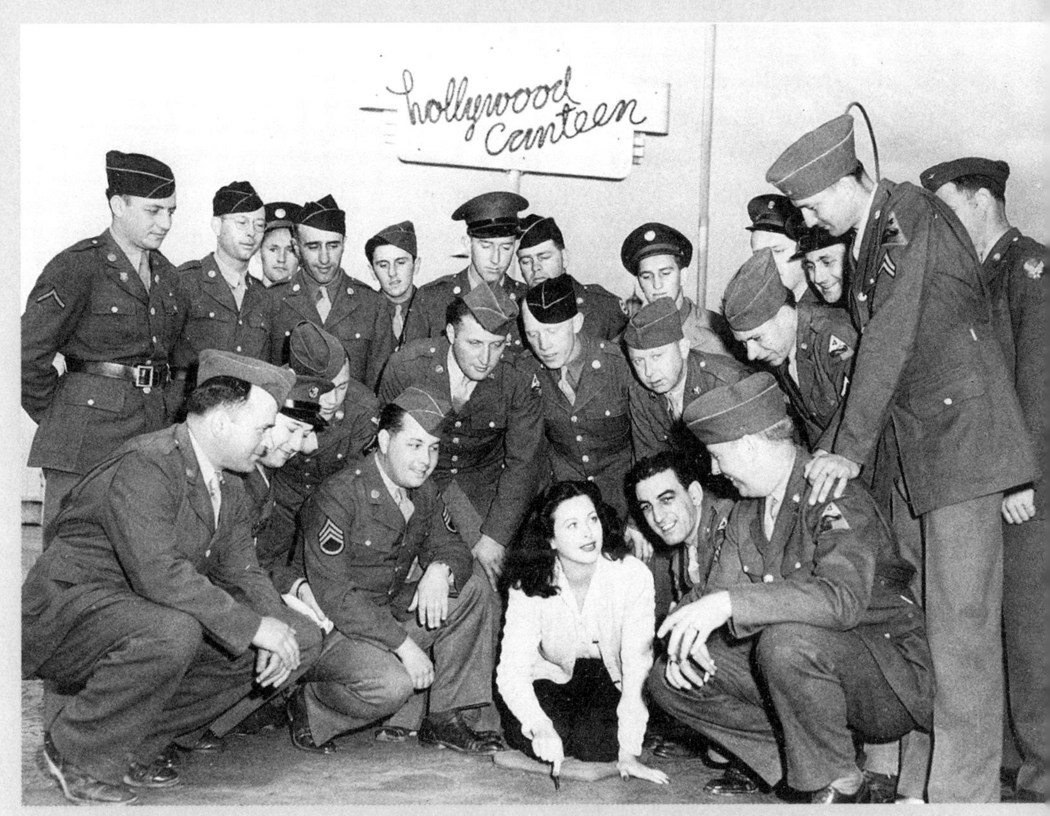


Hedy Lamarr, umringt von begeisterten US-Soldaten, schreibt ihr Autogramm auf den Boden der „Hollywood Canteen“.

ohne Berührungsängste zum Tanz auffordern. Hedy im österreichischen Dirndl schrieb lächelnd Autogramme, „bis ich das Gefühl hatte, der Arm fiele mir ab", berichtete sie in ihrer Autobiografie. Sie küsste junge scheue US-Soldaten auf die Stirn.

Gerade die Emigrantinnen aus Österreich und Deutschland wie Marlene Dietrich oder Hedy Lamarr zeigten mit ihren „Canteen"-Auftritten, wo ihre Loyalitäten lagen. Die Frage der Verlässlichkeit der deutschsprachigen Einwanderer und Flüchtlinge überschattete während des Krieges beständig deren Alltag und deren Tätigkeiten. Es war ihnen daher besonders wichtig, dass die US-Regierung ihren Einsatz für Amerika wahrnahm, hatten doch nicht wenige von ihnen durchaus Interesse daran, einmal US-Staatsbürgerinnen und -bürger zu werden. Hedy Lamarr erhielt die amerikanische Staatsbürgerschaft im Jahr 1953. Sie arbeitete hart in der „Canteen", betonte sie in ihren Erinnerungen, denn sie habe „diesen Jungs nicht widerstehen" können. Ihr Sohn Tony erlebte seine junge Mutter als „sehr patriotisch. Hedy liebte Amerika und sie war sehr dankbar, hier zu sein. Und sie wollte Hitler tot sehen."

In den „United News", einer Nachrichtensendung, die vor dem Hauptfilm in den US-Kinos zu sehen war, wurde über das Geschehen in der „Hollywood Canteen" groß berichtet. Ebenso sah man den „Stars over America"-Zug, der durch das ganze Land fuhr, in über 300 Städten Station machte und teilweise um die 50 Hollywood-Stars transportierte. Deren Aufgabe bestand darin, Kriegsanleihen an die Bevölkerung zu verkaufen. Dadurch kamen Millionenumsätze zustande, die in die Kriegswirtschaft investiert wurden. Hedy Lamarr besuchte 16 Städte in zehn Tagen. Sie befand sich unter den Stars mit den höchsten Einnahmen: Kriegsanleihen für sieben Millionen Dollar soll sie an einem einzigen Tag verkauft haben. Lana Turner, die zusammen mit Hedy 1941 im Film „Ziegfeld Girl" („Mädchen im Rampenlicht") gespielt hatte, soll nur 4000 Dollar eingenommen haben. In einem Interview sagte Hedy betont patriotisch: „I am just a plain gold-digger for Uncle Sam ... I am here to help to win the war. I think you're here to see what that Lamarr dame looks like." Dann wurde sie ernster: „What you think Hedy Lamarr looks like doesn't worry me as much as what Hitler and

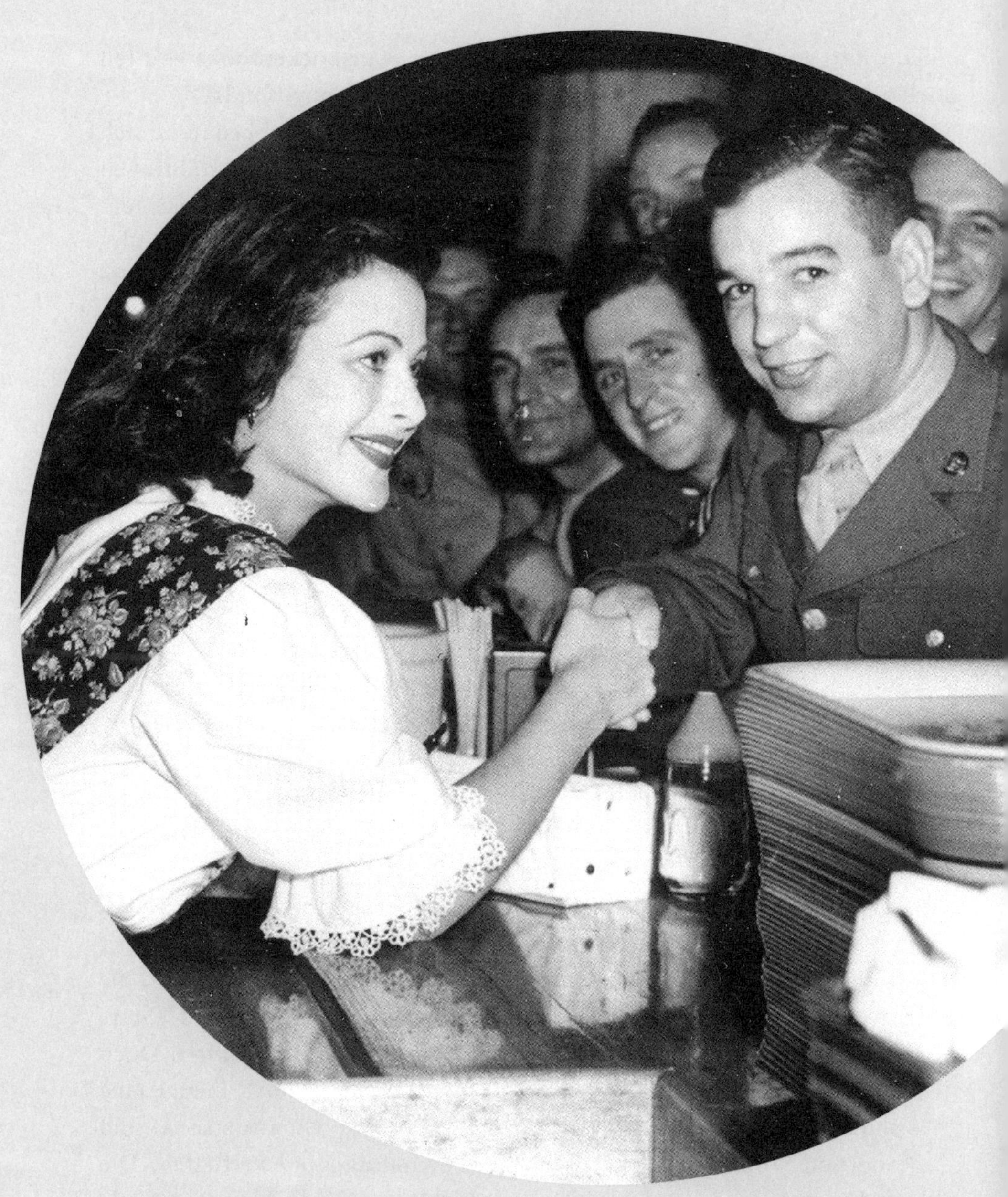

Hedy Lamarr schüttelte unzählige Hände, verteilte Küsschen und setzte sich als Hollywood-Star mit österreichischer Herkunft unermüdlich im Propaganda-Feldzug der US-Regierung für die GIs ein.

Hirohito are doing. Every time you dig into your pocketbooks you tell those two rotten men the Yanks are coming! You buy bonds!!"

Hedy gab jedem Käufer die Hand oder einen Kuss und bedankte sich artig für die Großzügigkeit der Fans, die zu Tausenden kamen, Straßen versperrten und begeistert dem bemühten Englisch der Diva lauschten. Als die Journalisten die „Saleswoman for Uncle Sam" zurück in Hollywood begrüßten, sagte sie, es gehe ihr großartig: „Wonderful – how soon can I do it again?"

Bei MGM setzte sich Hedy dafür ein, dass alle Schauspielerinnen und Schauspieler Freunden und Bekannten an der Front schreiben sollten. Außerdem wurde bizarrerweise ein Feuerwerkskörper nach Hedy benannt, der an öffentlichen Orten explodieren und Verwirrung stiften sollte, um etwa einem Spion die Flucht zu erleichtern. Es hieß, der „Kracher" trüge deswegen Hedys Namen, weil sie allein durch ihre Anwesenheit unter Männern Panik erzeuge.

Als ihre Karriere längst vorbei war, behauptete Hedy in einem Ladendiebstahlsprozess, Amerika sei ihr etwas schuldig. Deswegen stahl sie immer wieder, auch in Gegenwart ihres Sohnes, der sie vor Gericht verteidigte: „Meine Mutter hat in den vergangenen 30 Jahren sehr viel für Amerika und für die Amerikaner getan. Und was sie nun zurückbekommt, ist ein Schlag ins Gesicht." Die Presse hielt sie für geistig verwirrt, doch stand sie in Wahrheit unter Medikamenteneinfluss. Sie war längst abhängig von Aufputsch- und Beruhigungsmitteln, wie so viele Hollywood-Stars. Ihrer Ansicht nach war sie für ihr Engagement im Zweiten Weltkrieg nie entsprechend belohnt oder ausgezeichnet worden. Für die Erfindung hatte sie keine Tantiemen bekommen. Sie hatte mit ihrem Einsatz in der „Hollywood Canteen" oder im „Stars over America"-Zug Millionen Dollar für die USA erwirtschaftet. Doch dafür interessierte sich 1966 niemand mehr. Sie war noch immer eine wohlhabende Frau, hatte bis zu ihrem Lebensende Dienstpersonal und bezog nur Wohnungen, die über einen Swimmingpool verfügten. Die aufsehenerregenden und für ihr Image extrem schädlichen Diebstähle hätte sie nicht notwendig gehabt. Ihr Kommentar dazu: „Wenn man einmal ein Superstar war, ist alles andere Armut."

Hedy Kiesler war einst ausgezogen, um das amerikanische Versprechen Liebe, Leben und Freude für sich wahr zu machen. Geblieben waren ihr Tablettensucht, Einsamkeit und die Leere des ausbleibenden Glücks. Ein amerikanischer Albtraum.

# III
# Homebase

Wien

„Meine Mutter nannte
mich immer das hässliche
Entlein.“

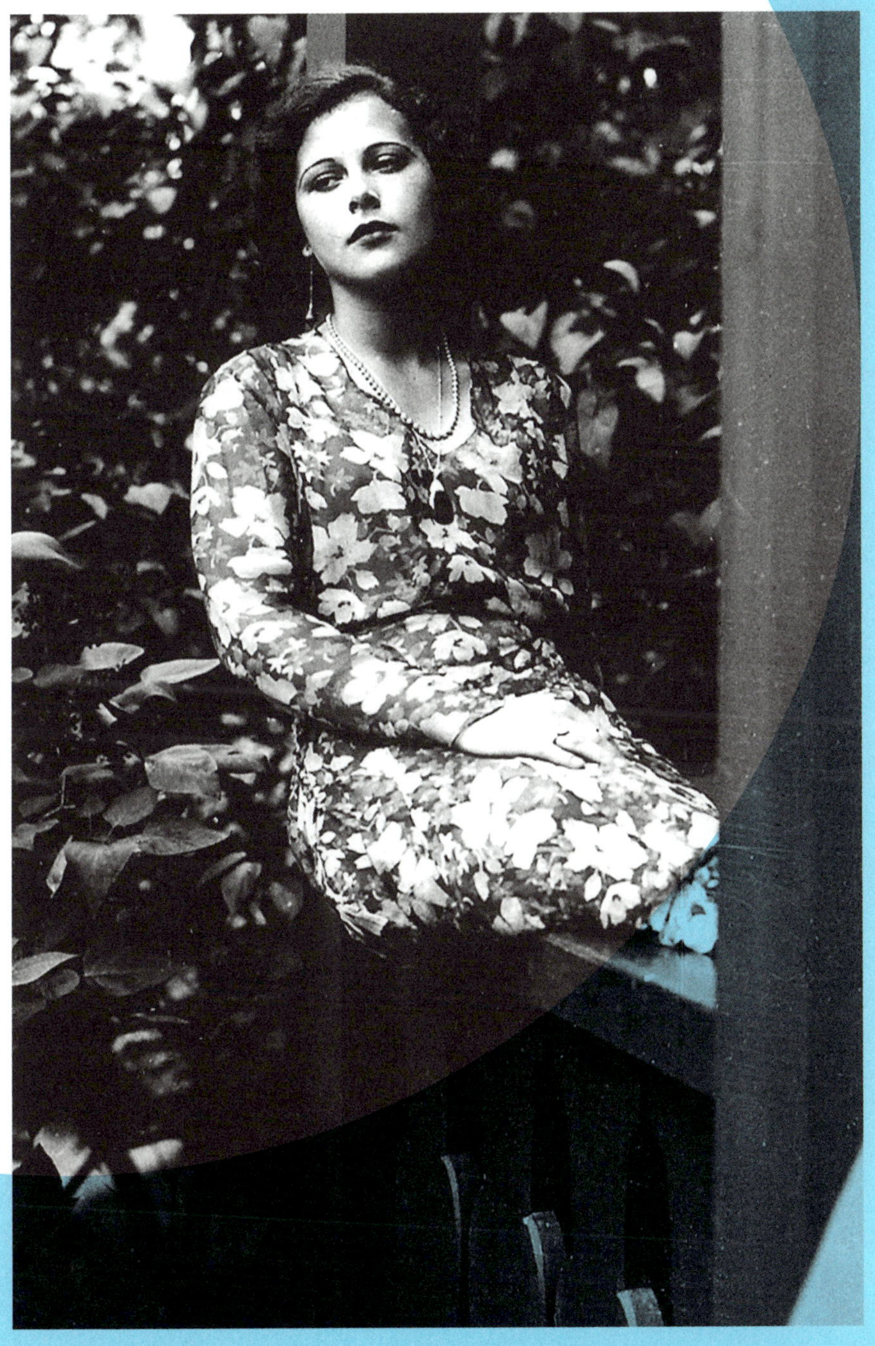

„Wo man geboren ist, sind die Wurzeln", sagte Hedy Lamarr in einem Interview im Jahr 1970, das die sichtbar tablettenabhängige 55-jährige Ex-Diva dem österreichischen TV-Moderator Dietmar Schönherr („Apropos Film") in weichem Wienerisch gegeben hat. Sie hatte Tinseltown endgültig Ade gesagt, lebte in New York in einem wenig aufregenden Backsteinbau und hatte mehrere mäßig erfolgreiche Face-Liftings und andere „Optimierungs"-Eingriffe hinter sich. „In Österreich, da war meine Jugend. Und hier gibt es keine Berge ...", meinte sie weiter. „Ich bleibe immer Österreicherin. Nie Amerikanerin, nie ... Ich möchte einen Film über Österreich machen, über all die schönen Sachen, die ich als Kind gesehen habe: die Oper, die Hofreitschule, Schönbrunn."

Dazu kam es freilich nie. Doch noch drei Wochen vor ihrem Tod, am 1. Jänner 2000, rief Hedy ihre Kinder Deedee und Tony an und sagte aufgeregt: „Schalte den Fernseher ein! Es ist Wien!! Man sieht die Staatsoper und es spielen die Wiener Philharmoniker!" Sie sah sich die gesamte Übertragung des Neujahrskonzerts in den USA an. Das erwähnte späte Interview der Schauspielerin zeigt sehr deutlich, welches Wien ihr die Eltern in den 1920er-Jahren nähergebracht hatten: das Wien der Hochkultur, des gehobenen Bürgertums, der klassischen Abendunterhaltungen. Die ärmlichen Vorstädte, der Staub und Dreck der Fabriken, die rachitischen Kinder – die Realitäten einer Großstadt in den Hungerjahren nach dem Ersten Weltkrieg blieben den Blicken der kleinen Hedwig Kiesler verborgen. Es war ihr durchaus klar, in welch privilegierte Umgebung sie 1914 hineingeboren wurde: „Da draußen gab es hungrige Kinder und dünne Babys. Ich dagegen war ein dickes Baby", erzählte sie. Die ersten vier Lebensjahre verbrachte Hedy in einer vom Ersten Weltkrieg geprägten Stadt – und es schien ihr im Nachhinein, als seien Kampf und Tod weit weg gewesen: „Der Krieg kam mir niemals wirklich nah. Wie durch einen magischen Kreis schirmten meine Eltern mich vor allem Elend, jeder Ahnung von Unheil ab."

S. 55: Die junge Hedwig Kiesler auf der Veranda ihres Elternhauses in der Peter-Jordan-Straße in Döbling.

# Immigranten

Den Großteil ihres Lebens verbrachte Hedy Lamarr weit weg von Wien und auch ihre Eltern waren keine Wiener gewesen. Ihr Vater Emil kam in die Hauptstadt der österreichisch-ungarischen Monarchie, um hier Arbeit zu finden und Karriere zu machen. Dies gelang ihm ausgezeichnet, er war ein typischer Selfmademan der legendären Wiener Jahrhundertwende. Geboren 1876 im sogenannten Armenhaus der Monarchie, in Galizien, traf Emil Kiesler etwa 25-jährig in der Residenzstadt ein. Gekommen war er aus dem „Klein-Wien" genannten Lemberg/Lwiw (Westukraine). Obwohl die Gegend intensiv nach Europa zu streben schien, war sie als Teil des damaligen Österreich ohnehin zentraleuropäisch. Nach Wien, Budapest und Prag kam schon Lemberg als viertgrößte Stadt in Franz Josephs Reich. Bis heute vergisst man leicht, dass Lemberg nicht weiter entfernt von Wien liegt als Bregenz. Die alten Assoziationen wirken noch immer nach: Das der Wirklichkeit entrückte Galizien, von dem viele gar nicht so genau wussten, wo es sich eigentlich befindet. Wunderrabbis in Schtetln; Schlamm, Dreck und Rückständigkeit; Grenzgarnisonen im Nirgendwo – Joseph Roths „Zwischenreich". Weniger Wohlwollende nannten es „Halb-Asien". Schwierig zu sagen, wo der Mythos endet und das Faszinosum beginnt.

„Galizien in Wien" – Hedy Lamarr war ein Teil davon. Wien galt als Sprungbrett für viele Karrieren: Geschäftsleute und Staatsbeamte, Studenten und Intellektuelle reisten mit der Eisenbahn aus Lemberg kommend am Wiener Nordbahnhof auf dem Praterstern an. Und so inhalierte auch Hedys zukünftiger Vater, der junge Emil Kiesler, die Stimmung und Atmosphäre des mittlerweile international renommierten „Wien um 1900", wo Sigmund Freud, Gustav Klimt, Gustav Mahler, Otto Wagner und Adolf Loos, Peter Altenberg und Karl Kraus die Cafés bevölkerten. Er muss überwältigt gewesen sein, hatte aber auch für sich selbst große Ambitionen und stieg innerhalb weniger Jahre zum Bankdirektor auf. Sein Arbeitsplatz befand sich in einem der großen Wiener Bankinstitute, der Creditanstalt. Er verdiente hervorragend und lebte anfangs mit seiner Frau Gertrude (Trude) Lichtwitz in der Osterleitengasse im 19. Bezirk.

Das Paar hatte sich beim Skilaufen in den Alpen kennengelernt – damals ein Nobelsport, der nur in finanziell bessergestellten Kreisen ausgeübt wurde. Man musste über genügend Freizeit und Geld verfügen, um sich die Sportausrüstung und Skihotels leisten zu können.

Gertrude war, wie ihr Mann Emil, in eine jüdische Familie geboren worden, und zwar in Budapest. Wie damals in vielen Ehen üblich, war sie wesentlich jünger als ihr Mann, beinahe 20 Jahre. Männer aus großbürgerlichen Kreisen heirateten meist erst, wenn sie sich ein relativ solides Vermögen erarbeitet hatten, um der zu erwartenden Familie eine sichere Grundlage für die Zukunft bieten zu können. Die junge Ehefrau Trude war einige Zeit nach der Eheschließung schwanger und gebar mit 20 Jahren das einzige Kind der Familie, die bald auffallend hübsche Hedwig. Später sollte Hedy öfter wiederholen, ihre Mutter habe sich eigentlich einen Jungen gewünscht, den sie Georg nennen wollte. Die Unstimmigkeiten zwischen Mutter und Tochter, die beide Kiesler-Frauen ein Leben lang begleiten sollten, können wohl unter anderem darauf zurückgeführt werden, dass Mutter Trude es ablehnte, ihre kleine und später heranwachsende Tochter wie eine Königin zu behandeln. Möglicherweise hat auch Trude Kieslers neues Leben als junge Ehefrau und Mutter eine Rolle gespielt. In Budapest hatte sie ein Konservatorium besucht, war talentiert und an sich als Pianistin ausgebildet. Doch ab sofort konnte sie nur noch im familiären Bereich tätig sein, als Frau der Oberschicht, die ein großes Haus mit zahlreichen Dienstboten führte. Klavier spielte sie bestenfalls abends zu Hause im kleinen Kreis und brachte auch Hedy Klaviermusik nahe. Doch Konzertreisen, wie sie es sich vielleicht gewünscht hätte, kamen in ihrem gesellschaftlichen Umfeld für eine verheiratete Frau nicht infrage. Auch ihre Tochter sollte nur allzu bald das strenge Korsett einer reichen Ehefrau kennenlernen.

Im Gegensatz zu seiner Frau, die sich wegen des auffallenden Aussehens der Kleinen sorgte, vergötterte Vater Emil seine hübsche Tochter und las ihr jeden Wunsch von den Augen ab. Er nannte sie „Prinzessin Hedy“ und legte vielleicht damit den Grundstein zu sechs tragisch gescheiterten Ehen der späteren Hedy Lamarr.

In den Augen der Tochter war er der ideale Mann, der nur sie gelten ließ, der für nichts anderes Augen und Ohren hatte als für die Wehwehchen und selbstsüchtigen Wünsche seiner Tochter, der ihr alles erlaubte,

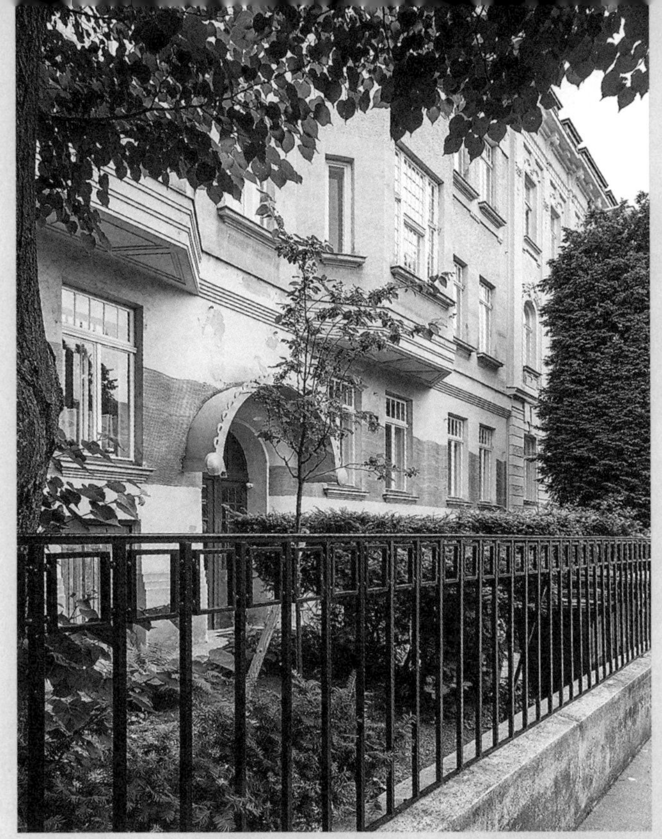

Hedwig Kieslers Geburtshaus in der Wiener Osterleitengasse (li.).

Die Döblinger Villa, in der Hedwig Kiesler aufwuchs. Es gab Dienstpersonal, einen Dachshund als Spielkameraden und einen großen Garten (u.).

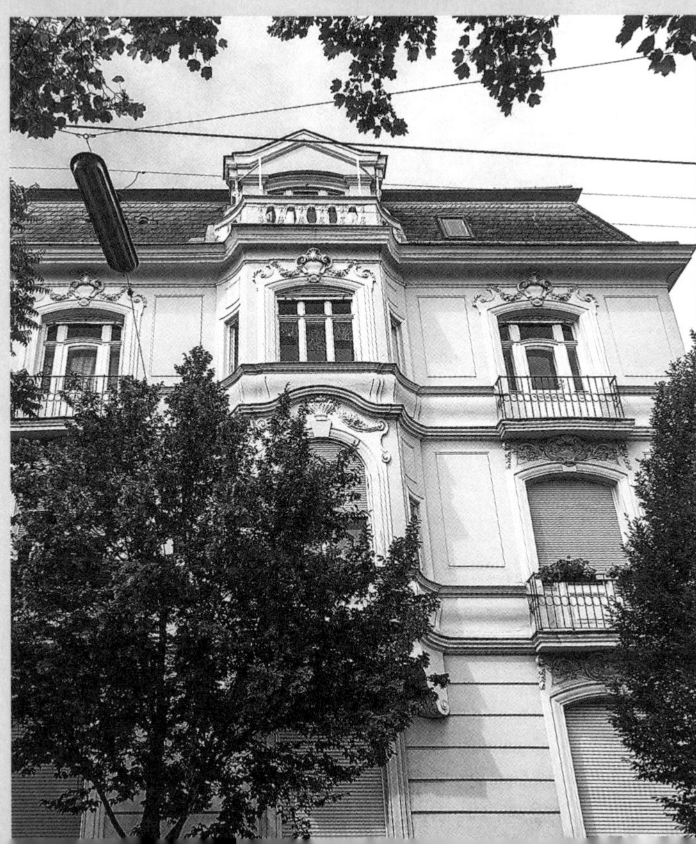

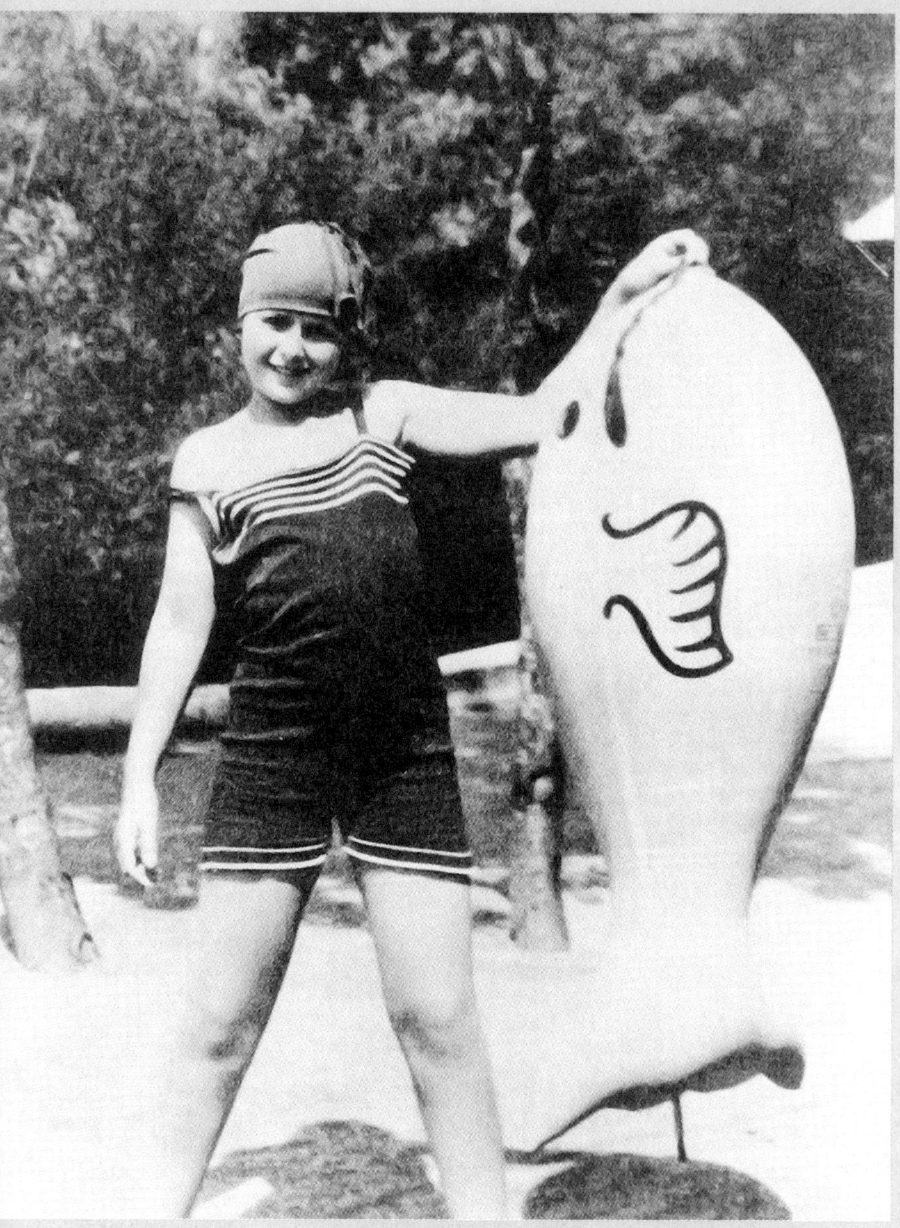

„Prinzessin Hedy“ als etwa Zehnjährige. Dem Schwimmsport blieb sie ihr Leben lang treu und noch als alte Frau zog Hedy Lamarr ausschließlich in Apartments, die über einen Swimmingpool verfügten.

sogar ohne dass sie fragen musste. Als erwachsene Frau war sie nicht fähig oder bereit, sich vom Bild des Vaters zu lösen, was zu ihren zahllosen partnerschaftlichen Krisen und Konflikten beigetragen haben könnte. Dass die Mutter gegenzusteuern suchte, ist aus dem Blickwinkel damaliger Erziehungsmethoden verständlich, ebenso, dass Hedy die Bemühungen der Mutter missinterpretierte und, wie Hedy im Rückblick meinte, sie als „kalt" und „herzlos" empfand. Es war Trude Kiesler ein Anliegen, das ohnehin sehr verwöhnte Kind ein wenig auf den Boden der Tatsachen zurückzuholen. So sagte sie zum Beispiel zur Teenager-Hedy, die in ihrem 1920er-Jahre-Charleston-Dress mit Kopfschmuck klarerweise umwerfend aussah: „Gut sieht es aus." Was Hedy aber hätte hören wollen: „Du bist die Allerschönste und alle werden dir zu Füßen liegen." Denn das sagte Papa Kiesler. Und so war es auch.

Dazu kam, dass Hedy weniger in der Gesellschaft ihrer Eltern als in der Umgebung von Angestellten und Gouvernanten aufwuchs. Emil und Trude Kiesler lebten das normale Leben kulturinteressierter Wiener Großbürger – sie waren selten daheim, besuchten fast jeden Abend das Theater, die Oper, Ausstellungseröffnungen und Restaurants. Sie gaben Diners und hatten häufig Gäste. Hedy blieb allein mit den Bediensteten in ihrem mit Spielsachen und Büchern bestens bestückten großen Zimmer. Man sorgte exzellent für sie, Köchin, Stubenmädchen, Nanny – alle waren dem auffallend entzückenden Kind ergebenst zu Diensten. In der Familie gab es einen Dachshund, ebenfalls als Spielkamerad für Hedy gedacht. Im Sommer, wenn die Hitze in Wien drückend wurde, lud ein Haus am See im Salzburger Land zum Schwimmen ein. Bergtouren und im Winter Skifahren gehörten zu den Selbstverständlichkeiten in Hedys Familiendasein.

In den Kriegsjahren zog das Ehepaar Kiesler mit der kleinen Tochter in eine größere Wohnung in der Peter-Jordan-Straße um – ebenso in Döbling gelegen.

Man bewohnte nun die zwei obersten Stockwerke einer prächtigen Villa mit schönem Garten. Da die Eltern sich regelmäßig über das Wiener Theaterleben informierten, gab es im Haus diverse Theatermagazine, die sich in den 1920er-Jahren auch schon viel mit neuen Filmen befassten. Einer der ersten Filme, die die 13-jährige Hedy sehen durfte, war der Science-Fiction-Film „Metropolis" von Fritz Lang (1927). Der als große Sensation gefeierte Streifen dürfte nachhaltigen Eindruck auf die

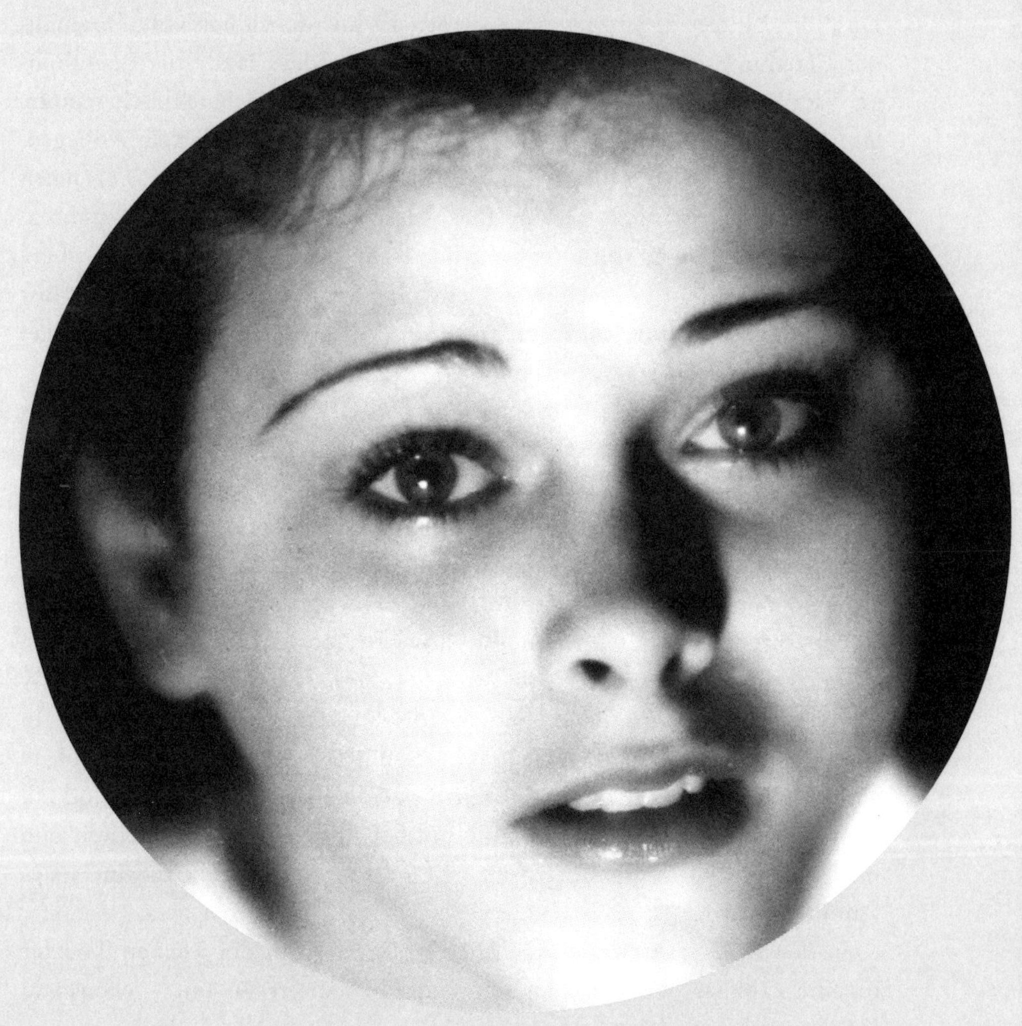

Hedy Kiesler als jugendliche Verführerin mit schmachtendem Blick – Glyzerintränen inklusive.

junge Kinobesucherin gemacht haben. Die Zeitschriften im Hause Kiesler berichteten detailliert über Filmschauspielerinnen und deren Looks. Vater Emil hatte der fünfjährigen Hedy bereits das Lesen beigebracht und sie verschlang von Kindheit an alle Infos über die Leinwandidole.

## Girl-Culture

Doch nicht nur die glamouröse Filmkultur beeinflusste nachhaltig die Zukunftsvorstellungen der jungen Hedwig Kiesler. Als Gradmesser für die Veränderungen des weiblichen Lebensgefühls der 1920er-Jahre kann auch die immer freizügiger werdende Mode herangezogen werden. „Girl Culture" hieß das zeitgeistige Zauberwort und die damit verbundene Aufbruchsstimmung durchwehte auch die eher traditionslastig ausgerichtete Stadt Wien. Kleider und Haare wurden kürzer, die Nächte länger. Die modernen, auf die US-Spielfilme zurückgehenden Schönheitsmaßstäbe hießen „Girl" und „neue Frau" – je nach Alter. Auffällige Schminke komplettierte den großen Auftritt auf den neuartigen Cocktail-Partys. Endlose Diners mit zehn Gängen waren gestern. Auch die Diktatur des Korsetts war vorüber. Der „Triumph der Unterwäsche", der das ausgehende 19. Jahrhundert dominiert hatte, setzte sich jedoch in neuartiger Form fort. Durchsichtige Dessous kamen in Mode, Netzstrümpfe und Pumps aus irisierender Seide, Kleidungsstücke, die früher nur in Chambres séparées oder in Bordellen zu finden waren. Vorne offene „chemises" waren aus pfirsichfarbenem Seidensatin und mit Straußenfedern besetzt. Negligés umschmiegten den Körper wie Abendkleider von Haute-Couture-Designerin Madeleine Vionnet. Zum Streicheln nah schimmerte die Haut durch gebauschte Baby Dolls. Alles wogte und schmeichelte, auf Pantöffelchen wippten Schwanendaunen. Reizender sah man den sterblichen Körper kaum. Es war die zweite Haut, die die erste so unwiderstehlich machte.

Nur der Busen wogte nicht. Oberweiten über 75A wurden weggeschnürt, damit das kniekurze, seitlich geschlitzte Kleid wirkte, als hinge es an einem Kleiderbügel. Weibliche Formen verschwanden. Das Abendkleid sollte in Fransen oberhalb des Knies enden. Dazu trug das stilbewusste „Girl" lange, mehrmals um den Hals geschlungene Perlenketten und Stirnbänder mit Federverzierungen und Glitter. Marlene Dietrich trat in der Nachfolge von Anita Berber im Herren-Hosenanzug mit Herrenhut auf, auf den ersten Blick ein Skandal. Doch nicht wenige Mädchen aus der Wiener Jeunesse Dorée machten es den Filmidolen nach, trugen den neuen, soeben erfundenen roten Nagellack zu weiten Smoking-Hosen und forderten einen neuen Begriff von Weiblichkeit. Die glamourösen Outfits der Zwanzigerjahre kommen nicht ohne Grund zumindest als Party-Dress-Code immer wieder. Sie stehen außerdem bis heute als sichtbares Zeichen gelebter Frauenemanzipation. „Pagenkopf, Damenfrack und rote Lippen“ betitelte das damalige Aufklärungsblatt „Bettauers Wochenschrift“ einen Beitrag zur aktuellen Mode. „Scheinbar toll geworden“ sei die Mode, voller „Dissonanzen, Uneinstimmigkeiten [sic], Widersprüche“: „Oben pueril, in der Mitte maskulin, unten feminin. Oben Hetäre mit lesbischer Betonung, in der Mitte Domina.“ Sogar die betont liberale Zeitschrift des Schriftstellers Hugo Bettauer zeigte sich offenbar froh darüber, wenn „unten“ nach der als maskulin empfundenen Bluse und dem Blazer wenigstens ein Rock folgte. Emanzipierte Frauen in den Großstädten der amerikanischen Ostküste führten zu dieser Zeit bereits das erste Unisex-Fashion-Item aus: die Levi’s 501.

So weit war das Fräulein Kiesler in Wien zwar noch nicht, aber es passte perfekt zum völlig neuen Frauenbild der progressiven 1920er-Jahre. Hedys mittelbraunes Haar war kurz geschnitten, sie trug meistens schicke Hosenanzüge, gezupfte Augenbrauen à la Greta Garbo, war groß gewachsen, flachbrüstig – kurz: Sie strahlte jene kühle Androgynität aus, die in ihrer Jugendzeit sehr gefragt war. Für eine Frau ihres Aussehens waren Probleme in Hollywood vorprogrammiert. Denn zehn Jahre später, als Hedy sich anschickte, die USA zu erobern, regierte dort der „Beine-Busen-Po-Typ“. Über das meiste davon verfügte Hedy nicht. Doch sie war in diesen Jahren jung und schön und die Filmbosse sahen mehr oder weniger gnädig über diverse „körperliche Mängel“ hinweg. Das Frauenbild der 1950er-Jahre beendete schließlich dramatisch Hedy Lamarrs Filmkarriere. Einen größeren Gegensatz als Hedy Lamarr und Doris Day kann man sich kaum denken. Und zu allem Überfluss ging Hedy da schon auf die „suicide years“ zu, wie Hollywood-Schauspielerinnen die Lebensjahre um die 40 charakteristischerweise bezeichneten …

Doch noch waren die 1920er-Jahre mit ihrer Gender-bending-Attitüde in vollem Schwange. Nur Trude Kiesler dürfte nicht jeden Trendumschwung gleich mitbekommen haben – ein Vorrecht der Elterngeneration. Sie versuchte, dem „enfant terrible", wie sich Hedy Lamarr selbst rückblickend nannte, traditionelle Werte mitzugeben und warnte – wie viele Mütter der meisten Generationen – vor den „Auswüchsen der heutigen Zeit": Trug „frau" einen modisch kurzen Bob und womöglich auch noch das angesagte, von Schauspielerin Louise Brooks inspirierte Make-up mit bordeauxroten Lippen und schwarz umrandeten Augen, begab sie sich in die in den Zeitungen jener Jahre unablässig bemühte „Grauzone" zwischen „ehrbarer Frau" und „Prostituierter". Vor allem die für damalige Sehgewohnheiten starke Schminke war ein beständiger Stein des Anstoßes. Viele Mütter dachten bei auffälligen Lippen und Klimperwimpern an Damen des Theaters oder „Professionelle". Die ersten Mascaras waren soeben auf den Markt gekommen. Die Bezeichnung geht auf das italienische Wort „Maschera" zurück – Maske. In den 1920er-Jahren musste man auf einen Pinsel spucken, um die Farbe von einem schwarzen Block aufnehmen zu können. Damit schminkte man sich die Wimpern.

Ein junges Mädchen sollte sich nach Meinung vieler Erziehungsberechtigter nicht verführerisch wie eine Schauspielerin herrichten. Doch die Smoking-tragende, kurzhaarige Tänzerin Anita Berber, eine Legende schon zu Lebzeiten, war ein Role Model für die weibliche Jugend. Bürgermädchen kopierten ihren Look, um verderbt und verrucht zu wirken und auf diese Weise dem Trend nachzueifern. Jede bessere Sexarbeiterin wollte ohnehin genauso aussehen wie die Berber. Nicht wenige „Bubiköpfe" der 1920er-Jahre waren jedoch „getürkt". Das heißt, die Betreffende besaß in Wirklichkeit weiterhin hüftlange Haare, wie sie im 19. Jahrhundert als besonders weiblich gegolten hatten. Die Dame trug ihre Haarpracht jedoch eingerollt und festgesteckt, sodass sie auf der Straße oder bei Einladungen als „neue Frau" Aufsehen erregen konnte. Besonders anschaulich wurde dieser „Haartrick" in einer Folge der britischen Fernsehserie „Downton Abbey" vorgeführt. Michelle Dockery als eigenwillige höhere Tochter Lady Mary würde natürlich niemals mit unmoderner Frisur zu einer Gesellschaft gehen. Man sieht sie daher tagsüber kurzhaarig beim Shoppen und auf dem Rennplatz, nachts nach dem Ball jedoch löst die Kammerzofe vor dem Boudoirspiegel die eingerollten Locken und bürstet die über einen Meter lange Haarpracht aus. Ein echtes Kurzhaar-Styling war etwas für Schauspielerinnen und Tänzerinnen. Eine „Dame" trug die Haare weiterhin lang.

Doch Hedy war im Teenageralter und hatte keine Lust, eine „Dame" zu sein. Es drängte sie zur Bühne. Ohnehin galt die Parole: Die Jugend des neuen 20. Jahrhunderts lässt sich nichts mehr gefallen. Auf dem Bubikopf saßen nun enge Kappen, um die Silhouette schlanker junger Mädchen (noch) androgyner wirken zu lassen. Hedy Kiesler war aufgrund ihrer Magazinlektüre mit allen Stilregeln der modernen Kino-Idole vertraut und wusste sich zu inszenieren. Sie wuchs mit der Traumwelt des Films auf und verkündete bereits mit zehn Jahren, sie liebe Kino und Film über alles und werde dereinst „ein Star" sein. In diesem Alter zog Hedy die Blicke der Passanten bereits auf sich und als sie in die Pubertät kam, verstummten die zahlreichen Gäste im Haus der Eltern in Ehrfurcht, sobald sie der Tochter ansichtig wurden. Dem jungen Mädchen blieben die Reaktionen der Menschen auf die eigene Erscheinung nicht verborgen und vermutlich hat Hedy ihre Möglichkeiten „ausgetestet", wie sie es bei ihrem Papa geübt hatte. Das „Nein" der Mutter hatte wohl öfter ein „Aber sicher doch" des Vaters zur Folge. Sogar die Lehrer bezirzte Hedy, erzählte ihre Mutter später. Trude Kiesler habe dem Gymnasialprofessor gesagt, er möge Hedy nichts durchgehen lassen und sie auf keinen Fall anders behandeln als ihre Mitschülerinnen. Doch der Lehrer habe gesagt: „Wenn sie auf mich zukommt und mich ansieht – ich kann nichts machen." Bald standen junge und ältere Verehrer in der Peter-Jordan-Straße Schlange.

Im Alter von 13 oder 14 Jahren dürfte Hedy ohne Wissen der Eltern an einem Schönheitswettbewerb teilgenommen und diesen gewonnen haben. Vor der Beauty-Konkurrenz hatte sie sich von einer Mitschülerin auf Thyronin basierende Appetitzügler empfehlen lassen, um ihren noch vorhandenen „Babyspeck" und die etwas rundlichen Bäckchen rasch loszuwerden. Aufgrund einer Überdosierung des Medikaments bekam sie jedoch Herzrhythmusstörungen. Trotz der unangenehmen Begleitumstände war sie als Siegerin des Wettbewerbs plötzlich im Besitz eines Pelzmantels, eines Statussymbols ersten Ranges, wie es zu den großen Sehnsüchten vieler junger Mädchen der 1920er-Jahre gehörte.

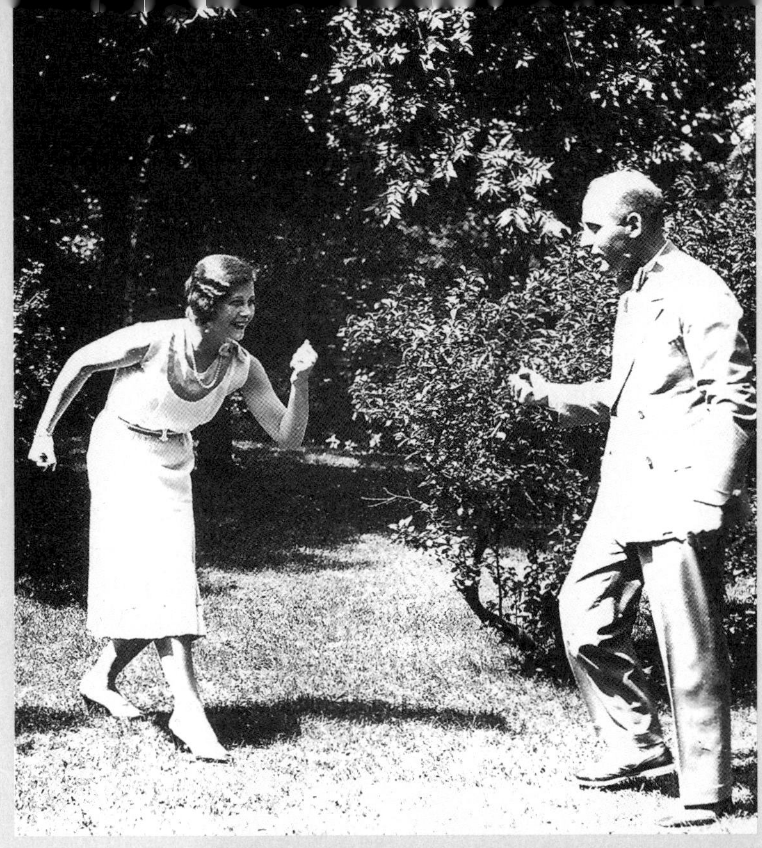

Hedwig Kiesler mit ihrem Vater Emil im Garten (li.) und mit ihrer Mutter Trude auf dem Balkon in Döbling (u.).

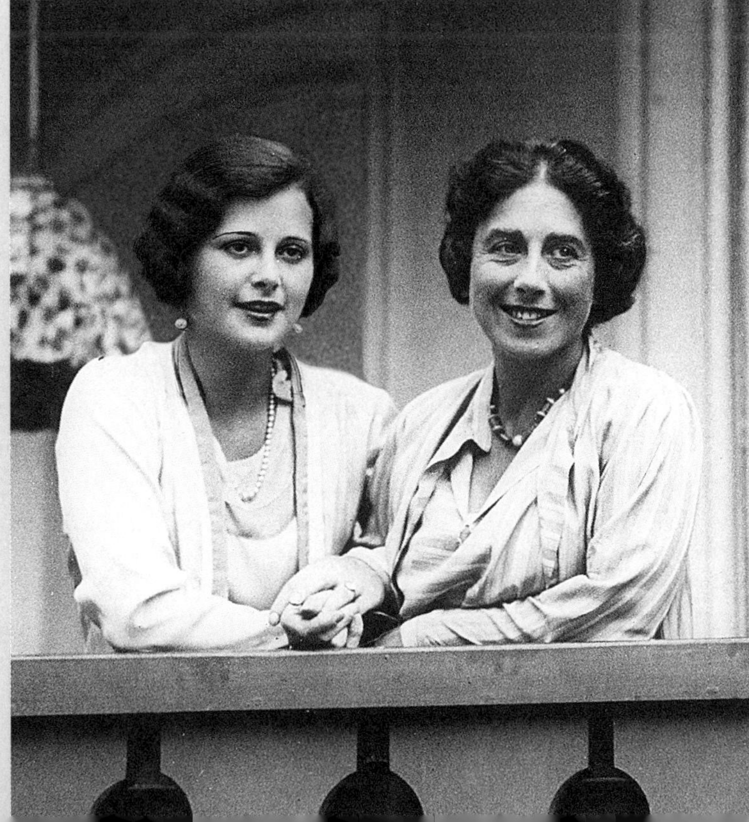

Außerdem erhielt Hedy ein großzügig bemessenes Preisgeld, das sie mit vollen Händen ausgab, eine Gewohnheit, die sie lange beibehalten wird. Der Schule dürfte sie immer öfter ferngeblieben sein, je älter sie wurde. Einige Jahre wurde sie in der „Döblinger Mädchenmittelschule" unterrichtet, dem heutigen Bundesgymnasium in der Billrothstraße. Diese Schule besuchten viele Töchter aus den fortschrittlichen jüdischen Häusern des 19. Bezirks. Gerade in den assimilierten jüdischen Familien war es bereits durchaus üblich, Töchtern eine möglichst ebenso fundierte Ausbildung angedeihen zu lassen wie Söhnen. Auch die Töchter von Sigmund Freud, Anna und Sophie, gingen in Hedys Mädchenschule, allerdings einige Jahre vor ihr. Anna Freud war später sogar als Lehrerin an ihrer alten Schule tätig. Eine gute Schülerin war Hedy Kiesler nie. Sie fand den Unterricht langweilig und träumte in der Klasse vom kommenden Starruhm.

Ihr jüdisches Erbe sollte Hedy später zeitlebens verleugnen, zumindest in der Öffentlichkeit. Ihre Tochter Deedee erzählte, dass sie in der Schule einmal auf die jüdische Herkunft ihrer weltberühmten Mutter angesprochen worden sei. Sie selber habe davon in der Familie nie etwas mitbekommen und Hedy habe ihr nur geantwortet, sie solle sich „nicht lächerlich" machen. Diese Erfahrung teilt Deedees Bruder Tony, der in der neuesten Hedy-Lamarr-Dokumentation „Bombshell" (2017) darüber spricht, dass er das Wort „jüdisch" aus dem Mund seiner Mutter kein einziges Mal gehört habe. Manya Breuer, eine Bekannte von Hedy, die bereits in NS-Konzentrationslagern inhaftiert gewesen war und in die USA flüchten konnte, sagte, sie habe spüren können, dass Hedy sich selbst und ihre Familie schützen wollte, indem sie ihr Judentum verschwieg. Jedenfalls war Hedy im Besitz zahlreicher wertvoller Judaica aus dem 18. und 19. Jahrhundert, die bei einer der zahlreichen Versteigerungen ihres Eigentums in Zusammenhang mit Scheidungen, neuen Eheschließungen und Übersiedlungen unter den Hammer kamen. Ihre Eltern dürften Hedy nicht sehr religiös erzogen haben, doch haben die hohen jüdischen Feiertage wohl eine gewisse Rolle gespielt. Immerhin lebten viele Juden in Döbling und es gab seit 1907 eine eigene Synagoge in der Dollinergasse, nicht weit entfernt von Hedys Elternhaus in der Peter-Jordan-Straße.

Über das mangelnde Engagement ihrer Tochter im Döblinger Mädchengymnasium waren Trude und Emil Kiesler, die alles für eine umfassende Ausbildung der Tochter tun wollten, wohl nicht übermäßig erbaut. Sie gaben dennoch nicht auf und meldeten Hedy schließlich in einem Internat für höhere Töchter in Luzern an. Schweizer Mädchenpensionate gehörten zu den besten, strengsten und vor allem teuersten in Europa. Die jungen Frauen sollten dort zu perfekten Gattinnen und Gastgeberinnen herangebildet werden, um später an der Seite vermögender Ehemänner die ihnen angedachte Rolle perfekt abwickeln zu können. Es wurden mehrere Sprachen gelehrt, vor allem Französisch. Auf Englisch wurde damals noch kein mit der heutigen Ausbildung vergleichbarer Wert gelegt – was sich bei Hedy in absehbarer Zeit rächen sollte. Die Schülerinnen wurden auch in Tanz („Mädchen mit Mädchen!", wie Hedy in ihrer Autobiografie entsetzt berichtete) und anderen musischen Fächern unterwiesen, ebenso in der Führung eines großen Haushalts sowie in der Vorgangsweise bei der Auswahl von Erziehungspersonal für zukünftige Kinder. Fachwissen oder abstrakte Kenntnisse standen nicht unbedingt im Vordergrund der Lehrpläne. Aus dieser Schule entschwand Hedy nach Wien, um angeblich für eine Filmrolle vorzusprechen. Ihrem Lehrpersonal schwindelte sie vor, es gäbe einen Krankheitsfall in der Familie. Eine rasche Flucht aus ungeliebter Umgebung wird in Hedys Leben schon bald wieder ein zukunftsentscheidendes Thema sein.

## Damals in Döbling

Der österreichische Filmregisseur Franz Antel, ein Jahr älter als Hedy und wie sie in Döbling geboren, erzählte später, der ganze Bezirk sei in das extravagante Fräulein Kiesler verliebt gewesen. Das Künstler- und Schauspielerviertel, in dem schon die Salonièren Josephine und Franziska von Wertheimstein Musiker und Schriftsteller empfangen hatten – die Villa Wertheimstein liegt in Sichtweite von Hedys Geburtshaus –, wo Beethoven die „Eroica" komponiert hatte und Johann Strauß Vater begraben lag, bevor er ein Ehrengrab auf dem Zentralfriedhof erhielt, war eine noble Gegend. Heute ist das aufgrund seiner zahlreichen Familienhäuser im englischen Stil „Cottageviertel" genannte Grätzel eines der teuersten Wohngebiete der ganzen Stadt. Dort geschah es, dass Hedy Kiesler ihre vielleicht erste große Liebe kennenlernte, den acht Jahre älteren Wolf Albach-Retty. Laut Mutter Trude hatte sie ihren ersten Liebhaber bereits mit zwölf Jahren. Doch mit dem aufstrebenden Schauspieler aus dem heimatlichen Döbling dürfte es etwas ernster gewesen sein und die beiden gaben ein strahlend schönes junges Paar ab. Immerhin spielte der Sohn der Hofschauspielerin Rosa Albach-Retty, die noch Kaiserin Sisi erlebt hatte, im Jahr 1927 bereits in einer Filmrolle. Gut möglich, dass sich Hedy durch ihn einen Zugang zur Filmindustrie erhofft hat. Die Liaison hielt jedoch nicht allzu lange an – wie alle Männerbeziehungen im Leben der Hedy Lamarr. Wolf Albach-Retty wird 1937 die Schauspielerin Magda Schneider heiraten und eine Tochter namens Romy bekommen – die als „Sissi" weltberühmt wurde.

Ein weiterer Kandidat auf Hedys langer Liebhaberliste war ein Russe namens „Hans", der möglicherweise mit seiner Familie vor der Russischen Revolution nach Wien geflohen war. Er war reich und aus adeliger Familie. Ursprünglich war dieser „Hans" mit einer von Hedys Freundinnen zusammen gewesen, doch Hedy spannte ihn dem bedauernswerten Mädel alsbald aus. Sie lockte ihn in ein Wäldchen und hatte Sex mit ihm. Hedy war der Ansicht, man müsse den Männern durch zahlreiche Orgasmen zeigen, wie sehr man sie begehre. Und sie sei sehr gut in Bezug auf häufige Höhepunkte, berichtete sie in ihrer Autobiografie.

## Eine erste sexuelle Revolution

Hedy Kiesler und Sex – diese Verbindung begann früh und bis ins hohe Alter wurde Hedy ständig nach „neuen Männern" in ihrem Leben ausgefragt. Als junges Mädchen wollte sie nicht nur Männer durch sexuelle Beziehungen an sich binden – sie genoss ihre eigene Sexualität. Das neue weibliche Begehren und beinahe feministisch inspirierte Selbstbewusstsein war wiederum durchaus ihrer Zeit geschuldet. Noch in der Generation vor Hedy hatte es geheißen: Eine Frau hat keine Beine. Alles, was nur im Entferntesten mit sexuellen Handlungen in Zusammenhang gebracht werden konnte, musste in Anwesenheit von Mädchen und Frauen verschwiegen werden und verborgen bleiben. Das Tragen von Hosen für Frauen war im 19. Jahrhundert noch ein Skandal. Doch auch in Hedys Jugend war es nicht selbstverständlich, dass man die Beine einer Frau durch Kleidung betonte, und bis in die 1970er-Jahre gab es zahlreiche Berufe, die Frauen nur in Röcken und Kleidern ausüben durften, beispielsweise Flugbegleiterin oder Lehrerin. Abgesehen davon, dass eine verheiratete Frau auch noch die Zustimmung des Ehemanns benötigte, um überhaupt erwerbstätig sein zu können.

Der Erste Weltkrieg hatte Frauen „geholfen", ihre Emanzipation voranzutreiben. Sie hatten jahrelang in vielen Berufen ihre „Eignung" zur Erwerbstätigkeit bewiesen und viele von ihnen forderten in der Folge (sexuelle) Selbstbestimmungsrechte ein, wie etwa das Recht auf Abtreibung, auf Ehescheidung oder auf partnerschaftliche Mitbestimmung in einer Beziehung. Fortschrittliche Zeitungen wie die erwähnte Streitschrift des Journalisten und Schriftstellers Hugo Bettauer griffen in die Debatte ein und unterstützten die Forderungen der Frauen nach Rechten, über ihren Körper ohne männliche Einmischung bestimmen zu können. Der Kampf umfasste Lebensbereiche, die wir heute unter „sexueller Selbstbestimmung" zusammenfassen. In „Bettauers Wochenschrift" wurden auch Themen wie lesbische Liebe, Beziehungen zwischen älteren Frauen und jungen Männern (die in den Jahren nach dem Ersten Weltkrieg häufig vorkamen, denn viele Frauen hatten ihre gleichaltrigen Männer verloren und der Frauenüberschuss war gewaltig), Transsexualität, Verhütung oder Masturbation verhandelt – alles Inhalte, über die Frauen noch wenige Jahre davor nichts wissen durften. Hedy Kiesler dürfte gut informiert gewesen sein und bis zu ihrer ersten Hochzeit im Alter von 19 Jahren bereits zahlreiche sexuelle Erfahrungen gesammelt haben. „Ich war schön und wusste das", schrieb sie. Und diesen Bonus setzte sie ein, wann und wo immer sie konnte. Viel später, in den USA, blieb ihrem Sohn Tony Hedys Auftreten Männern gegenüber nicht verborgen: „Sie handelte, um zu gefallen. Sex gefiel Hedy sehr. Sie war schon früh sehr sexuell. Anders als viele gut erzogene Mädchen ihrer Zeit hatte sie ein sehr freies Verhältnis zu ihrem Körper und genoss all seine Freuden und Vorzüge."

Obwohl das Leben für Frauen in den 1920er-Jahren einfacher und freizügiger wurde – Hedy war auch in diesen Zusammenhängen privilegiert.

Elend und Vergnügungssucht, beides fand man in Wien – und anderen Großstädten – zuhauf und nah beieinander. Es ist kaum anzunehmen, dass eine junge Arbeiterin, die zwölf Stunden in einer Textilfabrik verbrachte und drei Kinder zu versorgen hatte, sich viele Gedanken zum Thema freie Liebe und weibliche Sexualität machte. Hedy Kieslers Eltern jedoch waren vermögend und sie selbst unübersehbar attraktiv. Sie konnte sich großartige Kleider und teuren Schmuck leisten, um ihre Vorzüge zu betonen, sie besaß exklusive Parfums, modernes Make-up, verfügte über passende Friseure, kannte die Wiener In-Treffs und hatte für all das auch die nötige Freizeit. Und sie wollte zum Film und hatte aufgrund von Zeitschriftenlektüre und Kinobesuchen früh mitbekommen, was „Glamour“ bedeutete. Ihre Herkunft aus bürgerlichem Haus und ihr sehnlicher Wunsch nach Eigenständigkeit, Glanz und Reichtum können als beispielhaft für die Antagonismen der Jahre zwischen 1920 und 1930 angesehen werden. Die junge Hedy erlebte in Wien beides: moderne Großstadtkultur und antiurbane Ressentiments, Provokation und Reaktion, „Bubikopf“ und „Gretlzopf“, Frivolität und Mief.

Nachdem ihre Eltern Hedy das Verhältnis mit „Hans“ untersagt hatten, wurde es nun richtig ernst in ihrem Leben. Ein junger Adeliger aus Deutschland hatte um ihre Hand angehalten. Sein Name war Franz von Hochstetten. Dem Industriellensohn begegnete Hedy im Skiurlaub, ähnlich wie sich ihre Eltern etwa 20 Jahre zuvor kennengelernt hatten. Auch Hochstetten war einige Jahre älter als sie – überhaupt scheint Hedy der Typ gewesen zu sein, der sich nicht selten in um Jahre ältere Männer verliebt. Die Verpflichtungen, die mit einer Verlobung oder Heirat einhergehen, dürften Hedy damals noch nicht so ganz bewusst gewesen sein. Für sie klangen Worte wie „Hochzeit“ und „Ehe“ verheißungsvoll nach Märchen und Jungmädchen-Fantasie. Sie nahm im letzten Moment Reißaus. Hochstetten beabsichtigte nämlich, mit seiner Frau ein Luxusleben in Berlin zu führen und Hedy dürfte auch bereits schwanger gewesen sein. Sie war 16 Jahre alt und ließ eine Abtreibung durchführen. Als der Ehekandidat von seinem Korb erfuhr, ging er in das Hotelzimmer, in dem er sich oft mit Hedy getroffen hatte, und schoss sich in den Kopf. Selbstmorde

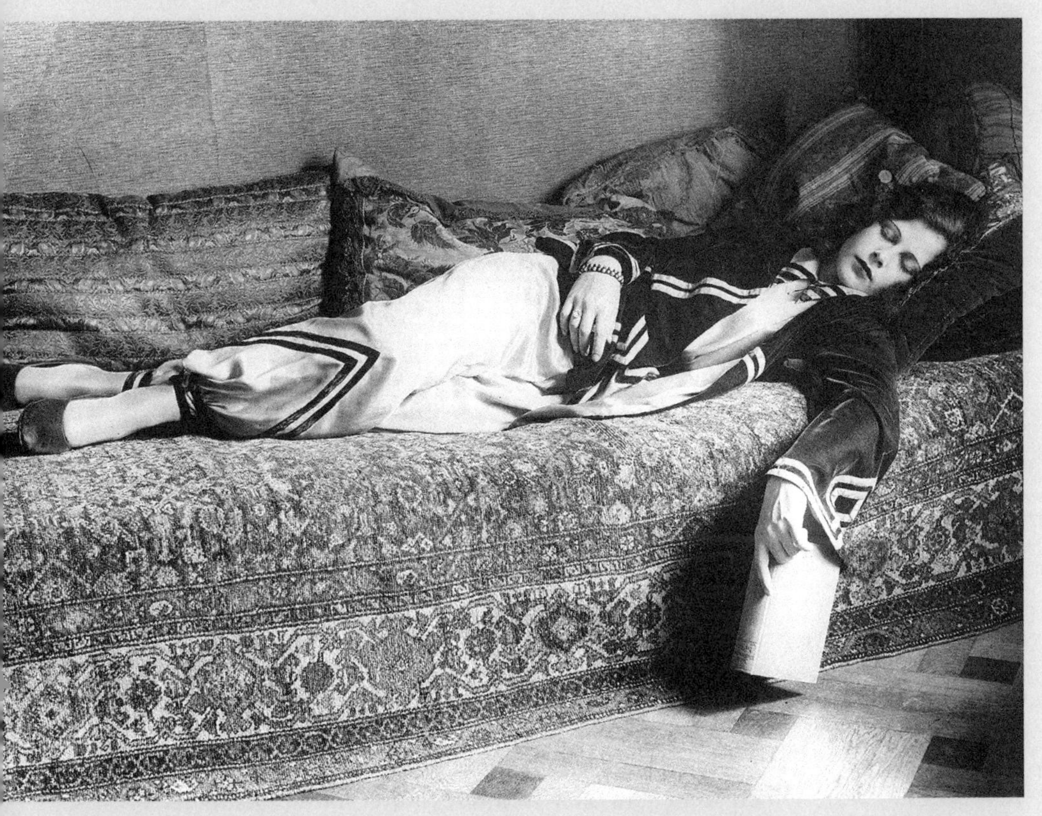

Hedy Kiesler inszeniert sich im modischen Hosenanzug auf der Couch in ihrem Wohnzimmer.

aus unglücklicher Liebe erlebte Hedy in jenen Jahren mehrmals aus nächster Nähe – im Leben und im Film. Der Tod des jungen Hochstetten hatte den ersten Skandal rund um Hedy ausgelöst. Unzählige sollten folgen. Zu ihrem Sohn Tony sagte Hedy viele Jahre später, sie und Franz von Hochstetten hätten nur sexuell zusammengepasst. Ansonsten sei er ihr viel zu fad gewesen. Möglicherweise hatte er auch den Wunsch geäußert, dass ihre Aufgaben in der Ehe sich auf ein Dasein als Gattin und Mutter beschränken sollten. Doch Hedy wollte weiterhin Schauspielerin werden.

## „Babylon Berlin"

Um dem Getuschel rund um die Hochstetten-Affäre in Wien zu entfliehen, beschloss Hedy, ihre Gehversuche auf der Bühne in Berlin fortzusetzen. In der Hauptstadt des deutschsprachigen Films (Caligari, Nosferatu, Mabuse), so überlegte sie, würde sie mehr Chancen haben und da müsste es mit dem Starruhm einfach klappen. Sie hatte wohl zuvor gelegentlich als Skript-Girl bei Sascha-Film, dem größten Wiener Filmstudio, gearbeitet. Außerdem hatte sie minimale Statistenrollen gespielt, in den Filmen „Geld auf der Straße" (1930), in dem sie an der Seite des berühmten Hugo Thimig zu sehen war, und „Sturm im Wasserglas" (1931). Ihre Rollen waren zu diesem Zeitpunkt noch zu unspektakulär, als dass ihr Name auf den Plakaten genannt worden wäre. „Geld auf der Straße" war jedoch kein gänzlich uninteressanter Film, denn der Streifen war einer der ersten deutschsprachigen Tonfilme. Die beliebten „Stummfilmkinos" sollten bald der Vergangenheit angehören – die Tonfilmrevolution hatte soeben begonnen. Das Sascha-Filmstudio, gegründet 1910 von Alexander „Sascha" Joseph Kolowrat-Krakowsky, befand sich in Sievering, also in Hedys Wohnbezirk Döbling.

In der Zeitschrift „Die Bühne" dürfte Hedy zu diesem Zeitpunkt die vollkommen neu und sehr aufregend inszenierten Porträtfotos der Wienerin Trude Fleischmann gesehen haben. Die Wirkung dieser Bilder war der ambitionierten Nachwuchsschauspielerin sicher klar und so fotografierte Fleischmann die junge Hedy in aufreizenden Posen mit nacktem Oberkörper und dunkel eingefärbten Brustwarzen, Glyzerintränen in den zum Himmel gerichteten Augen inklusive.

Immerhin war diese herausragende Fotografin der Zwischenkriegszeit für ihre freizügigen Aktbilder von Tänzerinnen bekannt, die in ganz Europa für reichlich Furore sorgten. Ihre Porträtaufnahmen des Schriftstellers Karl Kraus oder die Körperstudien der Bühnenkünstlerin Claire Bauroff zählen heute zu den Schlüsselbildern der 1920er-Jahre. Fleischmann profitierte von den neuen Aufstiegsmöglichkeiten, die Frauen nach 1918 vermehrt offenstanden: Sie machte Karriere in der „Männerdomäne“ Fotografie und eröffnete ein Atelier im ersten Bezirk ganz in der Nähe des Rathauses. Bald zählte die Adresse Ebendorferstraße 3 zu einem Hotspot der Wiener Kulturszene und die gesamte Prominenz der großen Wiener Bühnen ließ sich von Trude Fleischmann ablichten, dazu kamen noch Größen aus Politik und Wissenschaft. Es eilte ihr der Ruf voraus, dass es sich bei ihren Bildern nicht nur um „einfache“ Porträts handelte, sondern um aufmerksame Menschen-Bilder und psychologische Momentaufnahmen.

Das Fleischmann-Foto von Hedy erschien mit der Information, dass es sich bei Hedwig Kiesler um eine junge Dame der Wiener Gesellschaft handelte, die gerade im Begriff sei, die Schule abzuschließen und als Schauspielerin Karriere zu machen gedenke. Die Wahrheit war, dass Hedy nie einen formalen Schulabschluss schaffte. Wer Hedy den publicityträchtigen Auftritt ermöglicht hat, ist nicht bekannt. Vielleicht war es Georg Jacoby, der Regisseur von „Sturm im Wasserglas“, der später die bekannte Schauspielerin und Tänzerin Marika Rökk heiratete.

Auf alle Fälle dürfte der bedeutende Max Reinhardt das einzigartige Gesicht der Hedy Kiesler schon einmal gesehen haben, als sie in Berlin angekommen war und von Reinhardts Mitarbeiter Otto Preminger, der bald in Hollywood ihr Nachbar sein wird, zu einer Probe im Deutschen Theater mitgenommen wurde. Möglich, dass Hedy Kiesler und der aus der Bukowina stammende Otto Preminger zu dieser Zeit ein Paar waren. Wahrscheinlich hatte Preminger Hedy erklärt, dass Reinhardt ihrer Karriere sehr förderlich sein könnte. Er war bekannt dafür, aus unbekannten jungen Talenten Stars zu machen. Außerdem gehörte er zu jenen Bühnenregisseuren, die das von vielen Kollegen als „Kintopp“ verspottete „Filmtheater“ nicht für niedere Unterhaltung

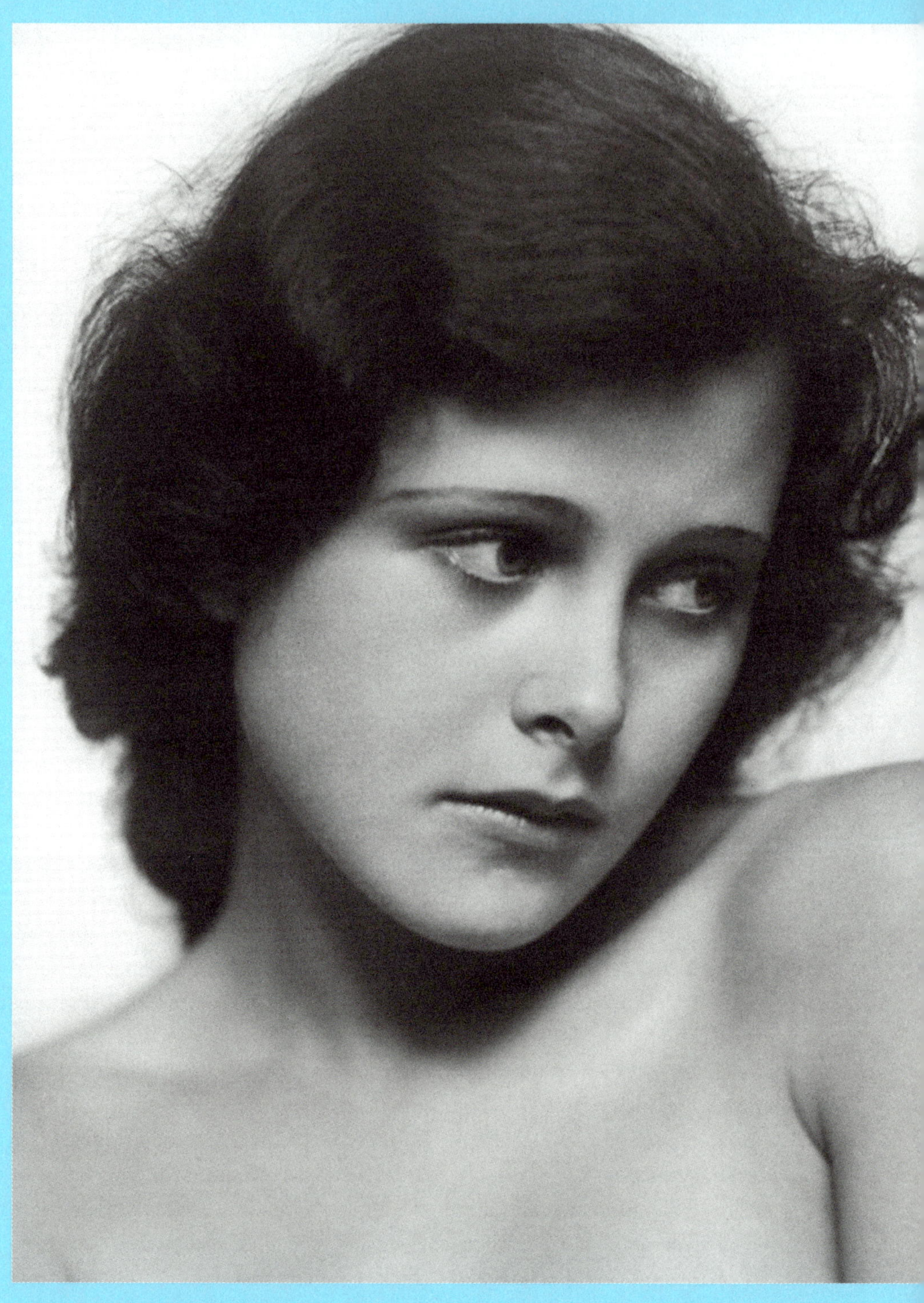

Ein Foto aus der Porträtserie, die die berühmte Fotografin Trude Fleischmann von Hedy Kiesler anfertigte.

hielten und dem Film jeglichen künstlerischen Wert absprachen. Im Gegenteil: Reinhardt erkannte das Potenzial des neuen Mediums früh und ermutigte seine Theaterschauspieler, auch fürs Kino zu arbeiten. Viele Jahre lang setzte er sich für eine Erneuerung des Theaterspielens ein und wandte sich früh gegen den deklamatorischen Spielstil des 19. Jahrhunderts. Seine direkten Vorbilder sind in den Stücken August Strindbergs, der sich an seinem Theater in Stockholm als Dramaturg und Regisseur zugleich betätigte, oder im Opernideal Richard Wagners zu suchen. Er bläute seinen Schauspielern ein, dass ausgezeichnetes Spiel zwar der Kern des Theaters sei, dass Schauspieler jedoch ebenso über die aktuellen Möglichkeiten des Stage-Designs und Bühnenbildes Kenntnisse haben sollten. Erst das Zusammenwirken vieler Beteiligter mache eine Theateraufführung – oder einen Kinobesuch – zu einem unvergesslichen Erlebnis für das Publikum.

Obwohl bereits fast 60 Jahre alt, war Reinhardt sogar in den Augen der Nationalsozialisten für das deutschsprachige Theater so unersetzlich, dass ihm nach 1933 die „Ehren-Arierschaft“ angetragen wurde. Der als Sohn armer Juden in Baden bei Wien geborene Max Goldmann lehnte dieses unmoralische Angebot entschieden ab und begann bald mit den Vorbereitungen für seine Emigration in die USA, wo er 1937, im selben Jahr wie Hedy, ankommen wird. Bereits in seinen Teenagerjahren Ende des 19. Jahrhunderts hatte er den Künstlernamen Max Reinhardt angenommen. Nach dem Ersten Weltkrieg lebte er im Schloss Leopoldskron in Salzburg, das als ehemaliger Künstlertreffpunkt bis heute so berühmt ist, dass der im Februar 2019 verstorbene Chanel-Designer Karl Lagerfeld dort seine „Paris-Salzburg“-Kollektion vorführte (2014). Er kannte mit Sicherheit die Beschreibungen der Reinhardt'schen Feste im Schloss und ließ sich für sein Defilee davon inspirieren: „Schöne Frauen, dunkel und blond, saßen um einen Tisch, bedeckt mit rosa Rosen, auf die matter Kerzenschein fiel. Die Regie, der diese Gruppierungen gehorchten, war fühlbar ... Denn nicht nur die Bühne, auch das Leben verlangt mitunter das Zusammenraffen von Spannung und Schönheit auf engstem Raum“ (Helene von Nostitz).

Im Jahr 1920 begründete Max Reinhardt zusammen mit Hugo von Hofmannsthal, Richard Strauss und dem Dirigenten Franz Schalk die Salzburger Festspiele. Seine große Zeit in Salzburg und Berlin konnte Reinhardt in den USA nicht fortführen. Die von ihm so geschätzte

Liegenschaft Leopoldskron wurde von den Nationalsozialisten „arisiert“. Nach mehreren Schlaganfällen starb der große Theatermacher Max Reinhardt 1943 in New York.

## Großstadtkinder

In Berlin dürfte Reinhardt von Hedys künstlerischem „Talent“ vielleicht nicht ganz so überzeugt gewesen sein. Vorerst gab er ihr nur kleine Rollen, aber immerhin drei hintereinander. Sie spielte Anfang der 1930er-Jahre im Theaterstück „Das schwache Geschlecht“ von Édouard Bourdet. Nach einigen Vorstellungen in Berlin war sie auch bei der Wiener Aufführung des Stücks dabei. Außerdem besorgte Reinhardt ihr eine Rolle in dem von ihm adaptierten Beziehungsstück „Private Lives“ des britischen Autors Noël Coward. Hier übernahm Hedy erstmals einen größeren Part. Zur selben Zeit, als sie in der Wiener Reinhardt-Inszenierung auftrat, sah man sie im Kinofilm „Die Koffer des Herrn O. F.“. Die Hauptrolle in diesem Film hatte Peter Lorre inne – bekannt aus „M – Eine Stadt sucht einen Mörder“ (Fritz Lang). Ferner spielte auch ein gewisser Aribert Mog in der Filmsatire um am falschen Ort gelandete Koffer mit. Mog wird bald Hedys Freund und ihr Partner im Film „Ekstase“ sein. Dem US-Magazin „Variety“ fiel die Diskrepanz zwischen dem vom Fleischmann-Porträtfoto ausgelösten medialen Trommelwirbel rund um Hedy und ihrer eher schwachen schauspielerischen Darbietung auf. Sie würde „die Erwartungen nicht erfüllen“, hieß es da. Obwohl sie bald im Schlepptau Reinhardts nach Wien zurückkehrte, tobte sie sich einige Monate im „Babylon Berlin“ aus, genoss das flirrende Nachtleben und amüsierte sich im „Café am Zoo“.

Die „Goldenen Zwanziger“ währten – um genau zu sein – nur vier bis fünf Jahre. Nach 1918 mussten zuerst die Schrecken des Ersten Weltkrieges einigermaßen verdaut werden, dann verloren viele Bürger durch die Inflation ihre gesamten Vermögenswerte. Erst nach 1926 trat eine gewisse ökonomische Stabilität ein. Die meisten Menschen ahnten zu dieser Zeit nicht, wie nahe sie am Abgrund standen. Es dauerte nicht mehr lange, bis die Nationalsozialisten der Demokratie ein Ende setzen werden. In Berlin und an einigen wenigen anderen Orten war man damals schon ziemlich nah dran an der Gegenwart. Berlin in den späten 1920ern genoss den Ruf, mehr als eine Großstadt zu sein – ein Statement, ein Ort der (sexuellen) Freiheit, ein Ort aufgeregter Faszination. Schon allein die Luft sei wie Amphetamin, hieß es in der Schiffer-Spoliansky-Revue („Es liegt in der Luft") aus dem Jahr 1928. In vielen Bereichen ging es darum, sich von Geschlechtszuweisungen zu befreien. Man fand in Berlin Orte für jedes besondere Interesse, für jede Art Lust und Vorliebe. Es gab schon vor über 90 Jahren eine LGBT-Gemeinschaft. Experimentierfreude auf jedem Gebiet war Ausdruck des damaligen Zeitgeists. Viele Frauen wollten die neuen Freiheiten der Republik nutzen, um sich zu emanzipieren, und manche fühlten sich als Hoffnungsträgerinnen ihrer Epoche. Doch konnte all das kulturelle Ausprobieren, die Energie, zu erfinden und zu erforschen, niemals ausreifen, da alles sogleich wieder erstickt wurde.

Immerhin fanden diese kurzen Jahre in einer von extremen gesellschaftlichen Umbrüchen geprägten Phase der deutschen Geschichte statt. „Spree-Athen ist tot, und Spree-Chicago wächst heran", hielt der deutsche Politiker Walther Rathenau die Stimmung in der amerikanischsten Stadt Europas fest. Als „Elektropolis", als Metropole der Elektrizität, verwandelte Berlin die Nacht zum Tag. Der neue Tanz, die neue Musik, die neu entstandene Unterhaltungskultur mit ihren Diven, Stars und Skandalnudeln – sie alle standen sinnbildlich für den Berliner Glam.

„Die schönsten Frauen Europas sind die Berlinerinnen", schwärmte Christian Schad, ein dandyhafter Vertreter der Kunstrichtung „Neue Sachlichkeit", der sich mit Vorliebe in den „lasterhaften" Nachtbars der deutschen Hauptstadt aufhielt, um dort nach androgynen Modellen für seine Bilder Ausschau zu halten. Was Schad auf jeden Fall wusste, so mancher Tourist allerdings nicht: dass etwa die Hälfte der schönen Frauen im berühmten Berliner Club „Eldorado" gar keine waren.

Der Kokainhandel blühte in nicht wenigen Gesellschaftsschichten, wie zum Beispiel unter Künstlerinnen und Künstlern in nicht immer ganz legalen Etablissements der Hautevolee, in der Sexindustrie oder im Soldatenmilieu. Doch schon damals wurde Berlin als „geteilte Stadt" wahrgenommen. Es gab ein wohlhabendes Berlin im Westen und ein

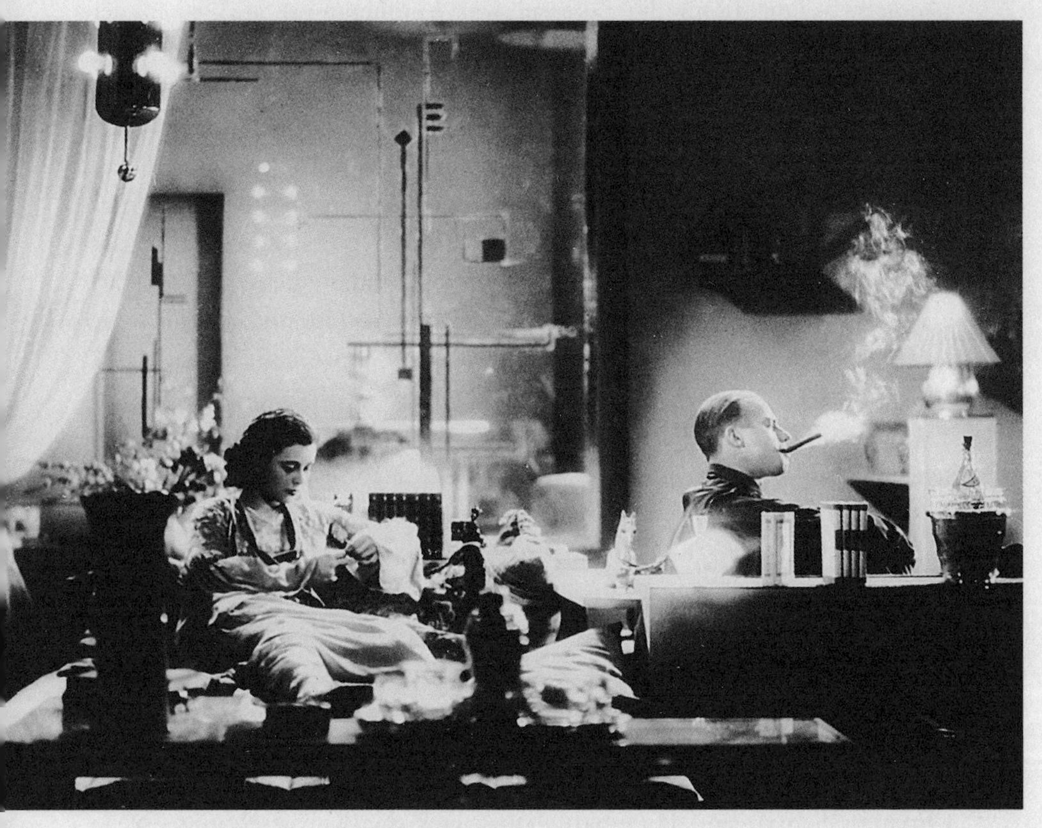

Hedy Kiesler mit Heinz Rühmann im Film „Man braucht kein Geld“ (1931). Die Filmkritik reagierte verhalten.

armes im Osten. Konsumpaläste, Revuetheater, Jazzkeller und Vergnügungstempel standen traurigen Mietskasernen, armseligen Hinterhöfen und den Suppenküchen der Heilsarmee gegenüber. In den expressionistischen Gemälden der Epoche begegnen uns etwa bei Otto Dix oder Emil Nolde die bizarren Figuren der „Goldenen Zwanziger" – gestiefelt und mit schwarzen Schirmen winkend. Die verrauchten Nachtbars und nach Parfum und Schweiß riechenden Tanzlokale bevölkerten „fahl wie Puder und Leichengeruch impotente Asphaltlöwen und hektische Halbweltdamen in ihren elegant verwegenen Roben, getragen wie von Königinnen", schilderte Nolde die typische Berlin-Atmosphäre. Es war eher eine Hassliebe, die den Maler mit der deutschen Hauptstadt verband. Hier sah man allabendlich Marlene Dietrich, Greta Garbo, Josephine Baker. Albert Einstein und W. H. Auden waren zeitweise nach Berlin gezogen. Wenige Jahre dauerte es, bis die Zerstörung in Form des „Dritten Reiches" über die Berliner Gesellschaft kam, und vielleicht rührt auch daher der legendäre Ruf des mythischen Berlin der kurzlebigen Weimarer Republik, das rückblickend zu einem verlorenen Paradies stilisiert wurde.

Hier hatte Hedy – abgesehen vom eher hölzern wirkenden Schauspieler Aribert Mog – wieder einmal jemanden kennengelernt und sie verlobte sich zum zweiten Mal, wiederum mit einem Adeligen, dem deutschen Grafen Blücher von Wahlstatt. Doch auch dieser Spross aus konservativer Familie legte Hedy die baldige Beendigung ihrer Bühnenlaufbahn nahe – eine „Hupfdohle" vom Theater mochte als Geliebte ihren Zweck erfüllen; als Ehefrau war sie gesellschaftlich unmöglich. Der Herr Graf ward alsbald „entsorgt", die Verlobung gelöst.

Als bei den Proben zum Theaterstück „Private Lives" Journalisten und Pressefotografen geladen waren, um über die baldige Premiere berichten zu können, stellte der sonst Superlativen eher abgeneigte Regisseur Max Reinhardt Hedy mit jenem Satz vor, der ihr Leben von diesem Augenblick an bestimmen sollte: „Hedy Kiesler ist das schönste Mädchen der Welt." Der Spruch wurde in die Welt hinausgekabelt und ob Hedy Talent hatte oder nicht, Schauspielen konnte oder nicht, über geistige Fähigkeiten verfügte oder nicht: Das alles war ab sofort nicht einmal zweit-, sondern einfach nur letztrangig. Ein Filmkritiker der „Los Angeles Time" wird 1940 schreiben: „And--- Hedy! No acting ability; only an aura. But what an aura!!" Sie hatte dieses Gesicht.

Und nur darauf kam es an. Man kann somit durchaus sagen, dass die Bekanntschaft mit Max Reinhardt Hedys kühnste Hoffnungen erfüllt hat. Ein Satz von ihm – und sie war ein Star.

Ein Großteil der Aufmerksamkeit der Kultur- und Society-Presse sowie des theateraffinen Publikums war ab 1931 auf Hedy gerichtet. Sie bekam endlich ihre erste Hauptrolle und spielte an der Seite von Hans Moser und Heinz Rühmann im Klamaukfilm „Man braucht kein Geld" (1932). In einer Schlüsselszene zeigt Hedy jene zwischen Dominanz und Lolita-Charme changierende „Schauspielkunst", die sie auch noch als etwas matronige „Delilah" an der Seite von Muskelprotz Victor Mature (1949) praktizieren wird. In maskulin-femininer Aufmachung mit knappem Gymnastikanzug und offenem Trenchcoat präsentiert sie ihre nackten Beine und liest mit erhobenem Zeigefinger und schriller Stimme dem am Sofa liegenden, rauchenden und in ein Buch vertieften Heinz Rühmann die Leviten: „Herr Schmidt, merken Sie sich eins: Kommen Sie, wann Sie wollen! Gehen Sie, wann Sie wollen! Aber solange Sie sich als mein Bräutigam aufspielen: Benehmen Sie sich gefälligst dementsprechend!!" Rühmann stottert erstaunt: „Aber gnädiges Fräulein, entschuldigen Sie vielmals ..." Hedy unterbricht ihn brüsk und kreischt: „Nein!!! Ich entschuldige gar nichts!!!!" Der vielsagende Gesichtsausdruck Rühmanns beim Anblick der aufgeregt keifenden 16-jährigen Halbnackten wechselt zwischen Unglauben und Horror.

Später gibt sie ihm auch noch eine Ohrfeige. Rühmann musste in ihrer Film-Gegenwart immer liegen oder sitzen, denn Hedy war um einiges größer als ihr damals schon viel bekannterer Co-Star. Sie wird auch in Hollywood am glaubwürdigsten wirken, nachdem sie Verehrer oder Ehe-Bewerber mit eisiger Miene abgewiesen hat.

## Hollywood-Reminiszenzen

Im Haushalt von Reginald Gardiners Sohn befindet sich ein Porträt von Hedy Lamarr, welches der britische Schauspieler Gardiner, einer von Hedys Seelentröstern in ihren häufig wiederkehrenden emotionalen

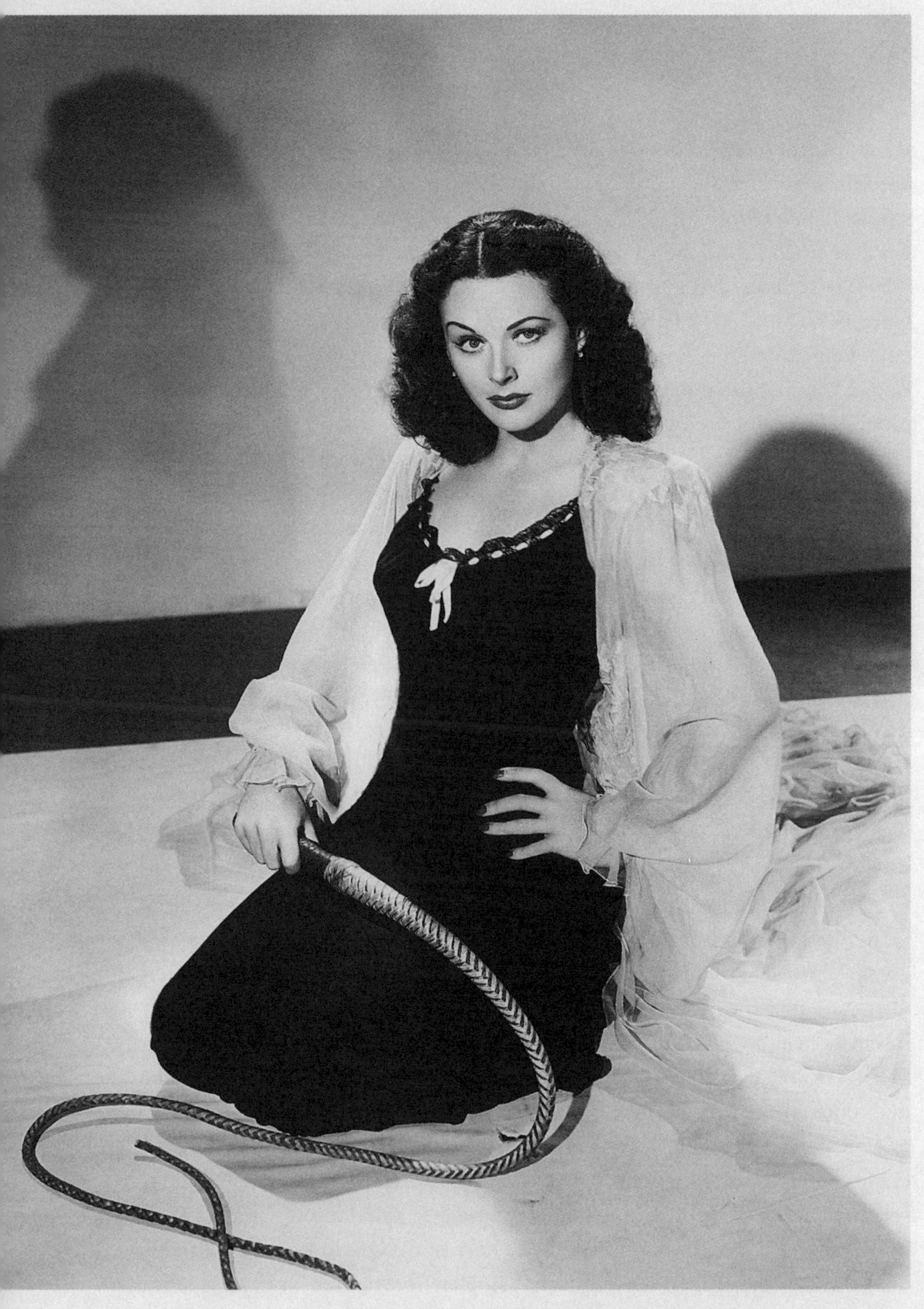

Hedy Lamarr in einer ihrer seltenen Hauptrollen, hier im Film „The Strange Woman" (1946). Ihre S/M-Neigungen fielen zahlreichen Verehrern auf.

Krisen, in den USA gemalt hat. Die Haare rabenschwarz gefärbt, trägt die Filmschönheit ein dunkelrotes schulterfreies Kleid. Die ganze Ambivalenz der Persönlichkeit von Hedy Lamarr kommt sowohl in der Rolle der fast noch kindlichen Hedy in „Man braucht kein Geld“ als auch in der Darstellung der glamourösen Hollywood-Diva zum Ausdruck. In Gardiners Bild hält Hedy in einer Hand eine Rose und in der anderen eine Peitsche. Die Tochter des aus Olmütz stammenden Regisseurs Edgar Ulmer (mit ihm drehte Hedy 1946 „The Strange Woman“), Gardiners Sohn und Hedys Sohn Tony Loder betrachten im Film „Calling Hedy Lamarr“ das Porträt. Tony meint, es mache den Eindruck, als würde sie sagen: „Komm näher, wenn du dich traust.“ Ulmers Tochter erzählt, wie frustriert Hedy in Hollywood war. Sie sei gefangen gewesen in einer „Illusion von Identität“ und habe nie sie selbst sein können. Den drei älteren Herrschaften fällt der völlig emotionslose starre Blick der Schauspielerin auf. Es sei unklar, was man bekommt, wenn man sie anspricht, sagt Tony: Die Rose? Oder doch die Peitsche?

Vorläufig war noch Aribert Mog, der Schauspielkollege aus „Die Koffer des Herrn O. F.“, im Besitz der Rose. Seinetwegen reiste Hedy offenbar im Sommer 1932 nach Prag – und nicht wegen der ihr angebotenen Hauptrolle im Film „Ekstase“, der in den Wäldern der Prager Umgebung und an einem See gedreht werden sollte. Hedy war übrigens die einzige Frau am Set. Die männliche Hauptrolle für Mog war bereits fixiert und Hedy erklärte in ihrem ausführlichen Interview mit Dietmar Schönherr im Jahr 1970, sie sei nach Prag gegangen, „weil ich in jemanden verliebt war“. In wen, verschwieg sie. Es kamen durchaus mehrere Kandidaten infrage, denn Hedy fuhr fast immer in ihrem Leben „zwei-“ beziehungsweise „mehrgleisig“. In „Die Koffer des Herrn O. F.“ hatte auch der 25-jährige Alfred Döderlein mitgespielt, dem eine Affäre mit Hedy nachgesagt wurde.

Und dann war auch wieder ein neuer Adeliger zur Stelle, diesmal ein englischer Earl of Warwick. Man nannte ihn auch „den Gelegenheitsschauspieler Michael Brooke“. Sein richtiger Name lautete Charles Guy Fulke Greville, 7th Earl of Warwick, und seine Qualitäten als Frauenheld dürften diejenigen als Filmschauspieler übertroffen haben. Wieder

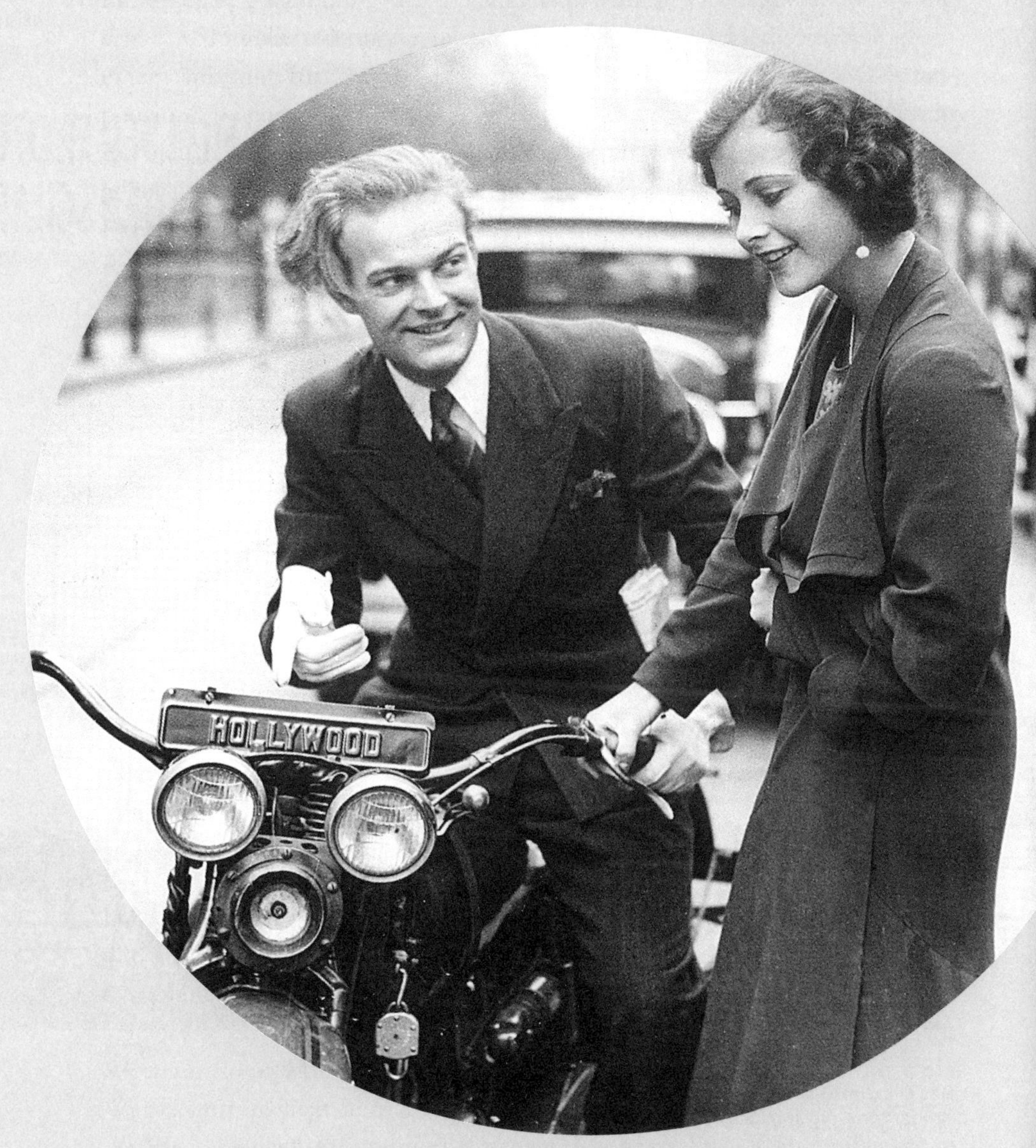


Hedy Kiesler mit einer ihrer Berliner Liebschaften, dem Schauspielkollegen Fred Döderlein. Auf Döderleins Motorrad kann man Hedys Traumziel ablesen: Hollywood.

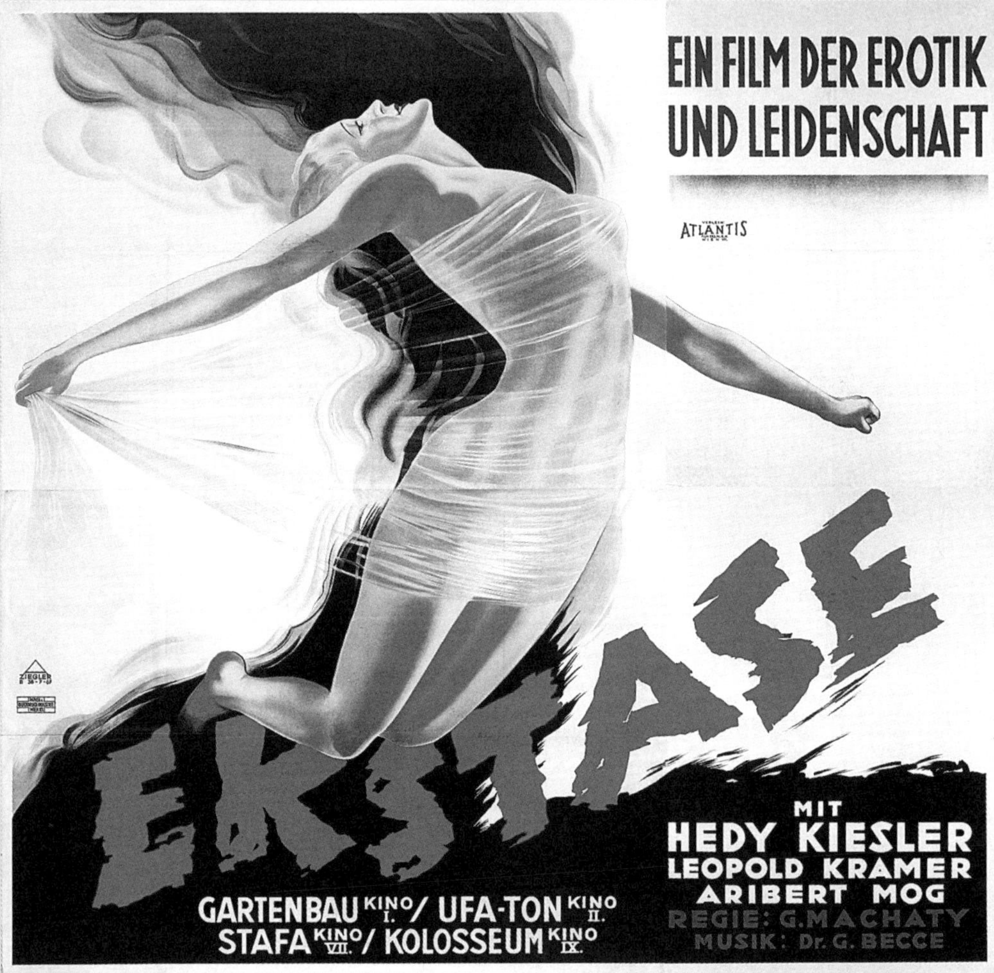


Das Filmplakat zu „Ekstase“ (1933) war für die damalige Zeit relativ freizügig und sollte vor allem Männer in die Kinos locken.

einmal wurde das Paar beim Skilaufen gesichtet, diesmal in den Bergen in der Nähe von Prag. Hedy soll sich eine Sturzverletzung zugezogen haben, die jedoch rechtzeitig zum Beginn des „Ekstase"-Drehs ausgeheilt war.

Ursprünglich wollte sie nach Drehschluss zurück nach Berlin, doch wurde dieser Plan aufgrund der politischen Ereignisse Anfang 1933 unmöglich gemacht. Als Jüdin wäre Hedy nach Hitlers „Machtergreifung" rasch verfolgt worden. Stattdessen kam sie wieder heim nach Wien und wurde sogleich krank. Woran sie genau litt, ist nicht bekannt, aber als sie sich selbst in „Ekstase" sah, war sie unzufrieden mit dem Anblick ihrer etwas plumpen Teenagerfigur. Sie wollte wieder abnehmen und ihre Krankheit könnte mit der Einnahme neuer Diätmittel zusammenhängen, die sie genauso wenig vertrug wie noch wenige Jahre zuvor das Thyronin. Nach ihrer Genesung war sie bedeutend schlanker, regelrecht fragil wirkte sie. Die Presse verglich ihre Gestalt mit einer Porzellanfigur. Vor allem ihr Gesicht sah viel schmäler aus und nun erhielt die schönste Frau des 20. Jahrhunderts die Rolle der schönsten Frau des 19. Jahrhunderts: Hedwig Eva Maria Kiesler, wie sie sich nun nannte, nachdem sie die „Eva" in „Ekstase" gegeben hatte, trat im Theater an der Wien als Elisabeth von Österreich auf. In dem Singspiel „Sissy" von Fritz Kreisler, einer Art Operette, musste sie auch singen. Ernst Marischka wird sich in den 1950er-Jahren mit seiner „Sissi"-Trilogie an Kreislers Vorlage orientieren und die junge Romy Schneider zum Star machen. Hedy jedoch hatte vor ihrer neuen Rolle eine Feuerprobe zu bestehen: Die Wiener Premiere von „Ekstase" fand im Februar 1933 in Gegenwart ihrer Eltern statt.

## Hedy in „Ekstase"

Trude und Emil Kiesler hatten eher konservative Vorstellungen, was Sexualität und das Zusammenleben der Geschlechter betraf. Der freizügige, praktisch dialogfreie Arthouse-Film „Ekstase", in dem die Eltern ihre noch nicht volljährige Tochter nackt in einem See schwimmend sowie sieben Sekunden lang durch ein Wäldchen laufend betrachten mussten, löste nicht nur im Hause Kiesler einen Skandal aus, sondern auf der ganzen Welt. Doch das war noch längst nicht alles. Es stimmte nämlich nicht, dass die spätere Hedy Lamarr der „erste Nackedei“ der Filmgeschichte gewesen sei, wie bis heute gern behauptet wird. Abgesehen von zahllosen Erotikfilmen war auch im Mainstream-Kino bereits 1915 Audrey Munson als nacktes Skulpturenmodell im US-Stummfilm „Inspiration“ zu sehen gewesen, und zwar länger als Hedy in „Ekstase“ und auch in einem größeren Format. Munson arbeitete auch in ihrem wirklichen Leben als Bildhauermodell. Sie wurde 104 Jahre alt (gest. 1996) und verbrachte 65 davon in der Psychiatrie. Die damaligen Filmkritiker der Tageszeitungen kannten die traurige Geschichte der Audrey Munson, denn auch sie hatte zahlreiche Skandale ausgelöst, und waren recht einhellig der Meinung, in „Ekstase“ gäbe es – zumindest was Nacktheit betraf – nichts zu bewundern, was nicht schon da gewesen wäre. Aber ein anderes filmhistorisches Novum hielt „Ekstase“ sehr wohl bereit: In Großaufnahme sieht man Hedys Gesicht im Moment des Orgasmus. Außerhalb des Pornokinos war der sexuelle Höhepunkt einer Frau bisher nicht dargestellt worden. Die Szenen vor dem Orgasmus zeigen Hedys Filmpartner Aribert Mog, der auf ihr liegt, dann langsam an ihrem Körper heruntergleitet, um unmissverständlich Oralverkehr mit ihr zu praktizieren. Hedys Eltern traf vermutlich in der Dunkelheit des Kinos beinahe der Schlag. Sie waren vollkommen entsetzt.

## Hedy wird „Eva“

Der junge Regisseur des Films, der Tscheche Gustav Machatý, war um die 30 Jahre alt und selbst Filmschauspieler. Er hatte Hedy in Berlin getroffen, war immer auf der Suche nach neuen Gesichtern und behauptete, er habe sein Handwerk in Amerika bei D. W. Griffith und Erich von Stroheim gelernt. Eine Zusammenarbeit mit diesen Legenden der Filmgeschichte kann nicht belegt werden und ist eher im Reich der Märchen zu verorten. Das Werk „Ekstase“ ist aber eine durchaus bemerkenswerte Leistung des Regisseurs Machatý. Es handelt sich um einen typischen Kunstfilm der 1920er- und 1930er-Jahre, der sich stark an das damals aktuelle sowjetische Kino anlehnt und mit seinen ästhetischen

Bildinszenierungen noch immer sehenswert ist. Manche Einstellungen geraten für heutige Sehgewohnheiten etwas langatmig. Der Einfluss Sergej Eisensteins ist in vielen Szenen unverkennbar, zum Beispiel sieht man wiederholt die Einblendung eines Monokels oder eine Großaufnahme frisch gereinigter, glänzender Schuhe. Interessant ist die Darstellung der weiblichen Hauptfigur, sinnigerweise heißt sie Eva (Hedy Kiesler), ihr Partner ist Adam (Aribert Mog).

Hedy wird als Eva für das freie Ausleben ihrer Sexualität nicht bestraft, wie es in den meisten Theaterstücken oder Filmen der Zeit üblich war. Das neue Bild der Frau, wie es Machatý transportierte, war der eigentliche „Skandal" des Films und nicht die orgiastische Darstellung der jungen Hedy Kiesler. Doch dass hier eine junge Frau ihrem alten Ehemann davonläuft, sich von ihrem Vater nicht zu einer Rückkehr umstimmen lässt, sich einen potenten jungen Liebhaber nimmt, mit diesem Sex nach ihren Wünschen genießt und dann auch diesen verlässt, um ihr eigenes Leben zu gestalten – das war viel zu viel feministische Energie für einen einzigen Streifen. Die Nacktszenen im See oder im Wald strahlten für „Eingeweihte" ohnehin keine Erotik aus – immerhin gab es die Reformbewegung bereits seit dem 19. Jahrhundert. Freikörperkultur, Naturismus, die Einheit von Mensch und Natur – solche Gedanken bestimmten schon um 1900 das Leben vieler Menschen in Deutschland und es gab auch in Österreich zahlreiche Anhänger der „Licht-Luft-Sonne"-Fraktion. Unter ihnen ist heute wahrscheinlich Florian Berndl der Bekannteste, er gilt als der Entdecker des Gänsehäufels.

Nichtsdestotrotz ging es bei der Premiere von „Ekstase" im Wiener „Ufa-Tonkino" heiß her – vielleicht ein bisschen wie bei George Antheils „Ballet Mécanique" ein paar Jahre früher. Manche Zuschauer buhten und pfiffen. Vier Leute wurden von der Polizei aus dem Saal eskortiert. Einige verließen das Kino während der Vorführung, andere verlangten nach dem Ende des Films den Geschäftsführer des Kinos zu sprechen. Mehrere Filmberichterstatter wollten Rufe wie „Geld zurück!" oder „Skandal!" gehört haben. Als bereits Besucher in den Saal strömten, die den nächsten Film sehen wollten, war die Polizei noch immer mit der Wiederherstellung der Ordnung im Kino beschäftigt. Nicht zuletzt waren gar nicht so wenige der unzufriedenen Beschwerdeführer ganz einfach enttäuscht. Sie hatten aufgrund der sensationsheischenden Vorberichte und der sexuell aufgeladenen Filmplakate eher mehr „obszöne“ Bilder erwartet als weniger.

Auf ihre Eltern hatte Hedy vor der Premiere zwar noch kalmierend einwirken wollen, indem sie ihnen nervös zuflüsterte, der Film sei „eher künstlerisch“ – doch diese Botschaft erreichte ihre Adressaten nicht. „Im nächsten Moment rannte ich schon durch das Wäldchen“, schrieb sie in ihrer Autobiografie. „Die Badeszene war rasch vorbei, aber nicht rasch genug. Ich wollte nur raus aus dem Kino und mich verstecken. Mein Vater löste das Problem. Er stand auf und sagte grimmig: ‚Wir gehen!‘ Ich raffte meine Sachen zusammen. Meine Mutter sah ärgerlich aus, ich glaube, sie wollte eher bleiben. Wie auch immer, wir gingen.“

Emil Kiesler war vollkommen schockiert, dass sich seine Tochter nackt präsentierte – praktisch vor der ganzen Welt. Er empfand die Rolle der „Eva“ als Schande für die gesamte Familie. „Ich wurde zu Hause sehr streng erzogen“, erinnerte sich Hedy. Sie fuhr fort, dass sie sich so peinlich erniedrigt gefühlt habe aufgrund der negativen Reaktion ihrer Eltern, dass sie ihr Jugendzimmer in der Peter-Jordan-Straße eine ganze Woche lang nicht verlassen habe. Sie musste versprechen, nie wieder für den Film zu arbeiten. Dieses Versprechen sollte sie bald für einige Jahre einlösen, wenn auch aus einem Grund, der mit „Ekstase“ nichts zu tun hatte.

Inzwischen wurde der Skandalfilm in vielen Ländern gezeigt – in unterschiedlichen Versionen, vor allem, was das Ende der Geschichte betrifft. Man wollte gewisse Publikumsschichten nicht vor den Kopf stoßen und so gab es ein Ende, das Hedy glücklich mit einem Baby zeigt. Sie kehrt gewissermaßen zurück zu ihrer traditionellen Frauenrolle als Mutter. Oder die Zuschauer wurden vor der Sex-Szene mit Mog per Textinsert informiert, dass „Eva“ bereits geschieden sei und somit kein Ehebruch stattfinde. Aber es existiert auch eine Version, in der „Adam und Eva“ in einem Restaurant tanzen, während der von „Eva“ verlassene, viel ältere Ehemann in einem Zimmer desselben Gasthofs Selbstmord begeht.

Ein eigenes Kapitel stellte die Präsentation von „Ekstase“ im „Dritten Reich“ dar. Anfangs wurde der Film gänzlich verboten, schließlich

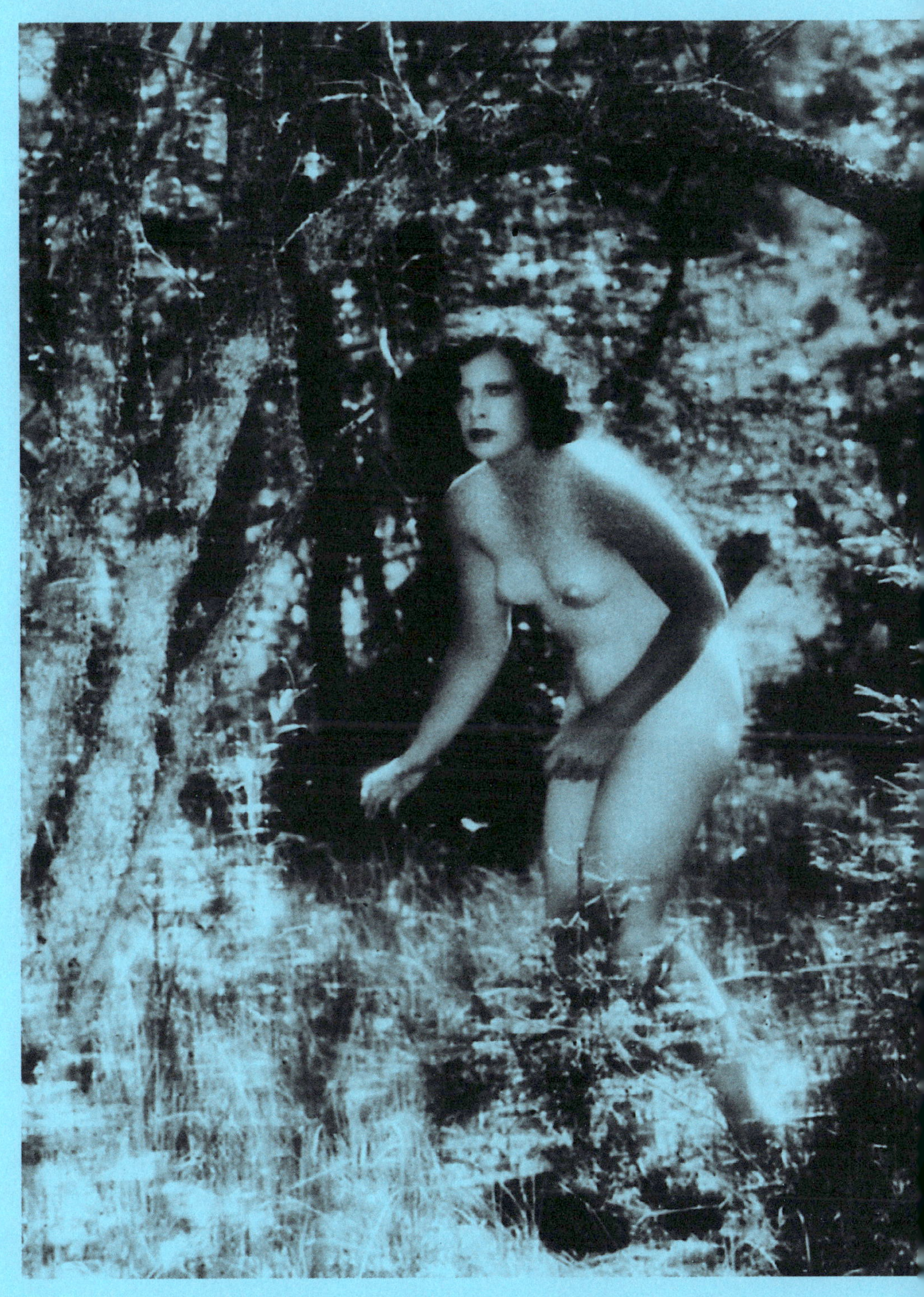

Hedy Kiesler auf dem Weg zum Starruhm: Als Darstellerin der selbstbewussten und emanzipierten „Eva“ wurde sie mit „Ekstase“ international bekannt.

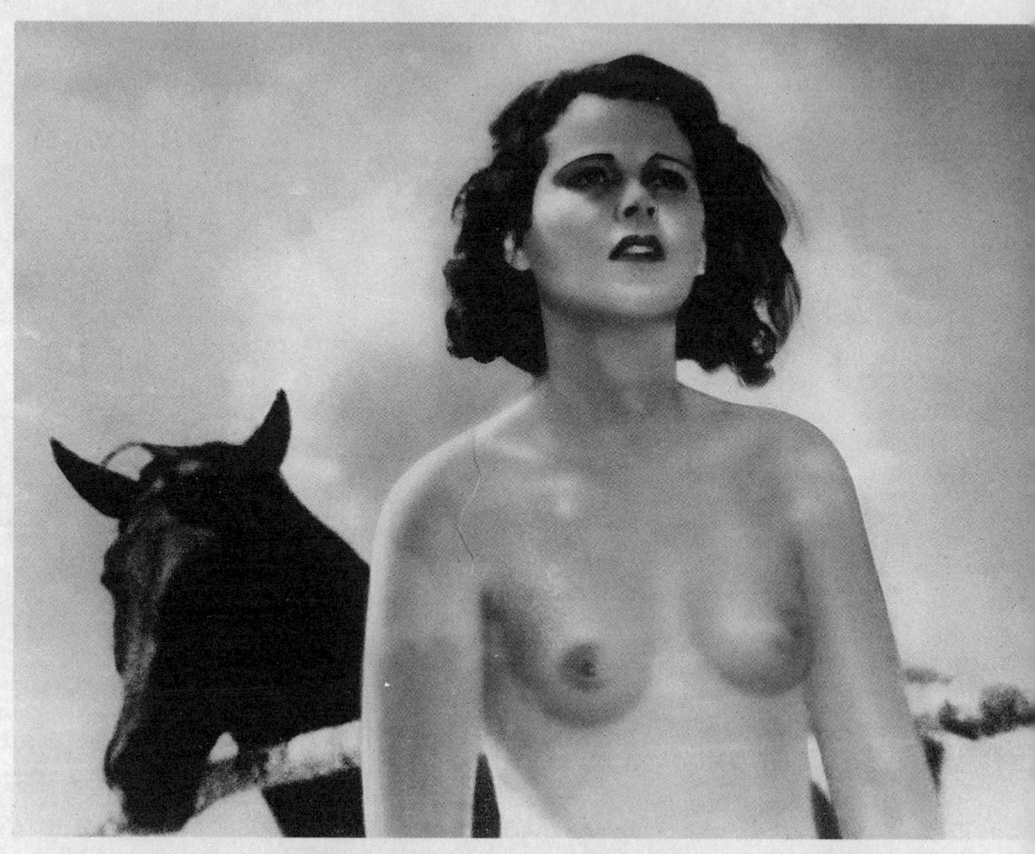

Ein Werbefoto für „Ekstase“, wie man es in den Aushangkästen der Kinos sehen konnte.

umbenannt und hieß nun „Symphonie der Liebe", was dem Streifen die sexuelle Konnotation nehmen sollte. Außerdem wurde er stark zensuriert und durfte nur mehr in verstümmelter Form gezeigt werden. Eine weitere „Schwierigkeit" stellten für das NS-Regime die zahlreichen jüdischen Beteiligten dar, denn abgesehen von Hedy war auch Regisseur Machatý in den Augen der Nationalsozialisten Jude. Seine Mutter wurde 1942 im Konzentrationslager Treblinka ermordet. Die reichsdeutsche – verkürzte – „Ekstase"-Version gelangte einige Jahre später auch in die US-Kinos. Neben dem Papst, das war damals Pius XI., sprach sich auch die amerikanische Sittenwächterorganisation „Legion of Decency" für ein grundsätzliches Verbot des Films aus. Aufgrund einer Szene, in der ein Pferd mitsamt Hedys Kleidern davongaloppiert, während sie nackt im See schwimmt, erkannte die „Legion" messerscharf, dass die „Liebesaffäre hier einzig und allein aus einer animalischen Perspektive gezeigt wird" und empfahl: „‚Bestialität' wäre daher als Titel passender als ‚Ekstase'."

Die meisten Amerikaner sahen „Ekstase" ohnehin nie. Das Interesse an nicht-US-amerikanischen Filmen ist in den Vereinigten Staaten bis heute eher gering. Als Hedy zum US-Star avancierte, wurde es jedoch aus Publicity-Gründen üblich, „Ekstase" zu wiederholen, sobald ein neuer Hollywood-Streifen mit Hedy Lamarr in die US-Kinos kam. Die Filmbehörde in Hollywood sprach sich dennoch immer wieder gegen den Film aus, der „für Amerikaner ungeeignet" sei. Den amerikanischen Moralaposteln war es gleichgültig, „ob und wie sehr der Film gekürzt wird oder ob er ein anderes Ende erhält". Es gehe um verbotene Liebe und Frust in der Ehe ohne jeglichen moralischen Anspruch. Frauen und Angehörige der Arbeiterklasse könnten in der Gosse landen, sollten sie des Films ansichtig werden. Der Film wecke außerdem „sexuelle Begehrlichkeiten": „It is really shocking!", soll Joseph Breen gemeint haben, der in Hollywood für die Aufrechterhaltung von Anstand und Moral in Filmen zuständig war.

„Ekstase" wurde gewissermaßen Hedy Kieslers Fanal. Der Film „machte" sie, ruinierte sie aber auch. Anfangs hielt sie den Film für großartig, da sie der Ansicht war, er zeige ihr überragendes Schauspieltalent. Beim besten Willen und allem Wohlwollen kann man dies kaum behaupten. Trotzdem: Es war schon damals und ist bis heute ihr interessantester Film. Hedy Lamarrs Hollywood-Filme sind im Grunde genommen belanglos und zeigen keinerlei Entwicklung ihrer Persönlichkeit oder gar einen Fortschritt ihrer Schauspielkunst. Und obwohl „Ekstase“ oder zumindest der Wirbel rund um den Film dazu führte, dass auch gewisse Größen des US-Filmbusiness den Namen Kiesler auf das Radar bekamen – letztlich schadete ihr der Film gerade in den USA mehr, als dass er ihr von Nutzen war. Sie musste dort sogar behaupten, sie habe von den geplanten Nacktszenen erst so spät erfahren, dass sie nicht mehr aus ihrem Vertrag aussteigen konnte. Die heute als Technikpionierin gefeierte Schauspielerin sagte in ihrem Interview aus dem Jahr 1970, sie habe gar nicht gewusst, dass es Teleobjektive gäbe und wozu diese dienten. Man habe ihr verschwiegen, dass sie leinwandfüllend nackt zu sehen sei. Dass dies schwerlich den Tatsachen entsprach, zeigt schon der Umstand, dass etwa die spätere Frau des aus Teplitz-Schönau stammenden Hollywood-Produzenten Paul Kohner, die mexikanische Schauspielerin Lupita Tovar, die Rolle der „Eva“ abgelehnt hatte, weil eben Nacktheit im Vertrag gefordert wurde. Weiters behauptete die fantasiebegabte Hedy, für die Orgasmus-Szene hätte Regisseur Machatý sie mit einer Stecknadel in den Hintern pieksen müssen, damit sie leidenschaftlich stöhnte – ihr als naivem Schulmädel sei doch gar nicht klar gewesen, was die Filmleute da von ihr wollten.

Dass sie mit ihrem Filmpartner Aribert Mog „inoffiziell verlobt“ war, wusste in den USA niemand. Die beschönigende Phrase besagte damals, dass man ohne Trauschein als Paar zusammenlebte – was gesellschaftlich für eine Frau als „unmöglich“ galt und die Betreffende in die Nähe der Prostitution rückte, unter Künstlerinnen und Künstlern aber durchaus üblich war. Der Beziehungsstatus der beiden Hauptdarsteller legt jedenfalls nahe, dass „Adam und Eva“ echten Sex vor der Kamera hatten – wie schon damals gemunkelt wurde. Der Produzent von „Ekstase“, Joseph Auerbach, sagte 1952: „Die Liebesszenen waren echt.“ Er selbst habe viele Kilometer Drehmaterial persönlich verbrannt, da dieses zu „sexy“ und zu „knisternd“ gewesen sei. Ob Hedy in ihrer Autobiografie geschwindelt hat oder doch Auerbach, das kann heute niemand mehr sagen. Hedy hatte jedoch – ganz im Gegensatz zu Auerbach – in den prüden Vereinigten Staaten genügend Gründe, die

Wahrheit zu verdrehen. Was immer Hedy auch behauptete, es änderte ohnehin nichts. Ihre Darstellung in „Ekstase“, ihre Liebesskandale, die von Anfang an in der Presse breit ausgewalzt wurden, ihre Rollen, die sie auf die exotische Verführerin, die kostspielige Geliebte oder den sexbesessenen Todesengel festlegten: Sie galt als „High-Class-Sexarbeiterin“ und wurde diesen – von Männern gemachten – Ruf nie wieder los.

Auch für „Ekstase“-Macher Gustav Machatý markierte der Skandalfilm mit Hedy Höhe- und Endpunkt zugleich. Er schaffte es zwar auch nach Hollywood, erreichte dort jedoch nichts und kehrte in den 1950er-Jahren enttäuscht nach Europa zurück. Seine letzten Lebensjahre verbrachte er mit „Fundraising“: Machatýs letztes verbliebenes Lebensziel war ein Remake von „Ekstase“ mit neuen jungen Darstellern. Es kam nie zustande.

## „Sissy“ und Fritz

Nicht zuletzt um den Sex-Skandal und ihre hüllenlose Rolle in „Ekstase“ in den Hintergrund zu drängen, trat Hedy Kiesler im Jahr 1933 wunderschön, brav und zuckersüß in Wien als „Sissy“ auf. Wie zu erwarten war, trug sie ein langes, weit ausgestelltes und von der Mode der 1850er-Jahre inspiriertes Krinolinen-Kleid und jene charakteristische Zopffrisur, mit der die echte Elisabeth zwar erst in den 1860er-Jahren zum Schönheitsidol ihrer Zeit aufstieg, aber was machte das schon aus. Das Image war stimmig. Hedy sang mit der hohen Stimme eines Kindes, sah zart und zerbrechlich aus und da sie anderen weiblichen Jung-Stars letztlich die Rolle aufgrund ihres Aussehens weggeschnappt hatte, galt sie nun als der aufsteigende Stern am Wiener Operettenhimmel. Fotos von ihr als „Sissy“ füllten die Illustrierten.

Ein theaterbegeisterter Industrieller, der ständig auf der Suche nach neuen jungen Starlets war, mit denen er sich schmücken konnte, wurde auf die junge Bühnenkünstlerin aufmerksam. Er schickte ihr jeden Tag körbeweise Blumen in ihre Garderobe im Theater an der Wien. Das machte Hedy anfangs nicht misstrauisch, denn Verehrer gab es in ihrem Leben seit jeher ohne Ende und wahrscheinlich hätte sie an jedem Aufführungstag einen Lkw bestellen müssen, um all die Blumen und Geschenke, die für sie abgegeben wurden, nach Hause zu transportieren.

Doch eines Nachts, nach dem letzten Vorhang, stand der hartnäckige Fan höchstselbst vor ihrer Tür und überreichte ihr in aller Ehrerbietigkeit seine Visitenkarte. „Fritz Mandl“, stand da. Ob sie denn schon von ihm gehört hätte, wollte er sogleich wissen. „Ja, nichts Gutes“, soll Hedy geantwortet haben, die während ihrer „Sissy“-Monate hauptsächlich mit Otto Preminger an ihrer Seite gesehen wurde. Der Backstage-Beau jedoch war nicht irgendein Bewunderer, sondern der drittreichste Mann Österreichs: bekannt als Lebemann und Glücksspieler, 14 Jahre älter als Hedy und führend im Waffenhandel tätig, ein Fixstern in der noblen Wiener Gesellschaft. Fritz Mandl war gewohnt zu bekommen, was er wollte, und immerhin schaffte er es, aus Hedy endlich eine Braut, die sich traut, zu machen. Wie die von ihr dargestellte Bühnenfigur „Sissy“ gab Hedy kurzfristig den Wünschen ihres Ehemanns nach und passte sich an. Der Bühne sowie der Filmleinwand entsagte sie für vier Jahre. Im Mai 1933 war Hedy verlobt, im Juli gab sie ihren Abschied als „Sissy“ und am 10. August 1933 heirateten die beiden Verlobten in der römisch-katholischen Wiener Karlskirche. Beide Partner ließen ihre mehr oder weniger jüdische Herkunft hinter sich.

Vier Jahre sollte die Ehe der beiden sehr gegensätzlichen Charaktere andauern. Ebenso wie Kaiserin Elisabeth flüchtete schließlich Hedy in einer Nacht-und-Nebel-Aktion vor ihrem Mann und setzte sich in einen Zug. Sie ordnete zwar nicht an, mit einer noch gar nicht eröffneten Bahn befördert zu werden, wie es einst Sisi verlangt hatte. Hedy, die sich an ihre Anrede als „Madame Mandl“ ohnehin nie hatte gewöhnen können, kam im August 1937 nach mehreren Zwischenstopps (St. Moritz, Paris) in London an. Ende November 1937 erreichte die mittlerweile 23-jährige Schauspielerin per Schiff New York. Sie hieß nun Hedy Lamarr. Wien sollte sie lange nicht mehr sehen.

## Coming Home

„Ich heulte wie ein Schulmädchen, als ich wieder hierherkam“, schrieb Hedy in ihrer Autobiografie über ihren ersten Heimatbesuch nach ihrer

Flucht vor Fritz Mandl im Jahr 1937. Als hyperelegante über 40-Jährige stieg sie – wieder am Arm eines viel älteren Mannes und wieder im Monat August – kurz nach der Unterzeichnung des Staatsvertrags 1955 am Wiener Flughafen aus der Maschine. Ihr damaliger Begleiter war Ehemann Nummer fünf, W. Howard Lee, seines Zeichens Ölmilliardär aus Texas.

Für die sich bereits stark am absteigenden Ast befindende Ex-Hollywood-Diva brachte niemand in Wien Interesse auf. Auch das farbenfrohe, trotz Austrofaschismus noch von einigem Leben erfüllte Wien, das sie früher gekannt hatte, traf Hedy nach den Verwüstungen des Nationalsozialismus und des Zweiten Weltkrieges nicht mehr an. Ihre Welt war untergegangen. Sie besuchte den Ruderclub an der Donau, den ihr Vater Emil in den 1920er-Jahren unterstützt hatte und dessen Mitglied er als aktiver Ruderer auch gewesen war. Den im Club anwesenden Jugendlichen, die sich für eine Ruderübung bereit machten, sagte der Name der glamourösen sonnenbebrillten Dame, der ein Chauffeur die Autotür aufhielt, nichts. Was jedoch riesige Begeisterung hervorrief, war der enorme Ami-Schlitten, in dem Hedy und Lee herangebraust waren. Im Wien der 1950er-Jahre gab es noch kaum Privatautos in den Straßen, geschweige denn Fahrzeuge dieser Größe und Ausstattung. Im Gedenken an Max Reinhardt besuchte Hedy nach ihrem kurzen Wien-Aufenthalt die Salzburger Festspiele, doch auch diese Reise stand unter keinem guten Stern. Ihr Chauffeur schlief bei der Heimfahrt nach einem Theaterabend ein und baute einen Unfall. Hedy erlitt eine Rückenverletzung, von der sie sich daheim in den USA erholen musste. Bald war sie zurück in Houston.

Immer wieder ließ sie über ihren Sohn Tony anfragen, ob Wien nicht eine Erinnerung an sie im öffentlichen Raum plane. Am liebsten wäre der 1914 Geborenen, die trotz aller Modernität, die sie immer ausgestrahlt hatte, noch im Starkult des 19. Jahrhunderts verhaftet war, eine Statue gewesen. Diesen Wunsch konnte ihr das Kulturamt der Stadt Wien nicht erfüllen, doch hatte der Kulturstadtrat Andreas Mailath-Pokorny eine andere Idee. Er regte an, eine Wiener Straße nach Hedy Lamarr zu benennen. Der „Hedy-Lamarr-Weg“ bezeichnet seit 2006 eine kurze Verbindung im zwölften Bezirk auf dem Gelände des ehemaligen Kabelwerks Meidling. Es ist schade, dass die alte Hedy in Florida die Benennung nicht mehr miterlebt hat. Auch die Rückführung ihrer sterblichen Überreste nach Wien hat etwas längere Zeit in Anspruch genommen als ursprünglich geplant. Es war der sehnlichste Wunsch Hedy Lamarrs, die ewige Ruhe in Wien zu verbringen. Sie wollte schon lange nur noch eins: nach Hause.

Einen Teil ihrer Asche verstreuten Hedys Kinder Deedee und Tony in der Gegend Am Himmel in Döbling, also ganz in der Nähe des Viertels, in dem Hedy in der Zwischenkriegszeit aufgewachsen war. Die Szene des Aschestreuens, die man im Film „Calling Hedy Lamarr" sehen kann, ist übrigens gestellt. Tatsächlich fand die „Beisetzung" unter Ausschluss der Öffentlichkeit und nur im Beisein von Hedys Nachkommen im September 2003 statt. Und die noch verbliebenen Aschereste sollten auf dem Zentralfriedhof ruhen. Tony Loder aber konnte die Ruhestätte nicht bezahlen und das Kulturamt der Stadt Wien beharrte auf dem üblichen Procedere: Man komme nur für den Begräbnisgrund und die Grabpflege auf, die Kosten für den Grabstein müsse Telefonhändler Loder selbst aufbringen. Tony war über diese Auskunft sehr ungehalten. „Nach diesem Bodybuilder (Arnold Schwarzenegger, Anm.) wurde in Graz ein ganzes Fußballstadion benannt und meine Mutter hat noch immer nichts bekommen", monierte er. Doch konnte er sich die etwa 10.000 Euro einfach nicht leisten und so dauerte es bis zum November 2014, dass Hedy Lamarrs Ehrengrab auf dem Zentralfriedhof fertig war und die Urne mit den Ascheresten ihrem Bestimmungsort übergeben werden konnte. Hedy ruht heute vornehm, im Ehrengräberhain für Künstlerinnen und Künstler der Gruppe 40. Seit dem Mai 2015 leistet ihr Udo Jürgens direkt gegenüber Gesellschaft.

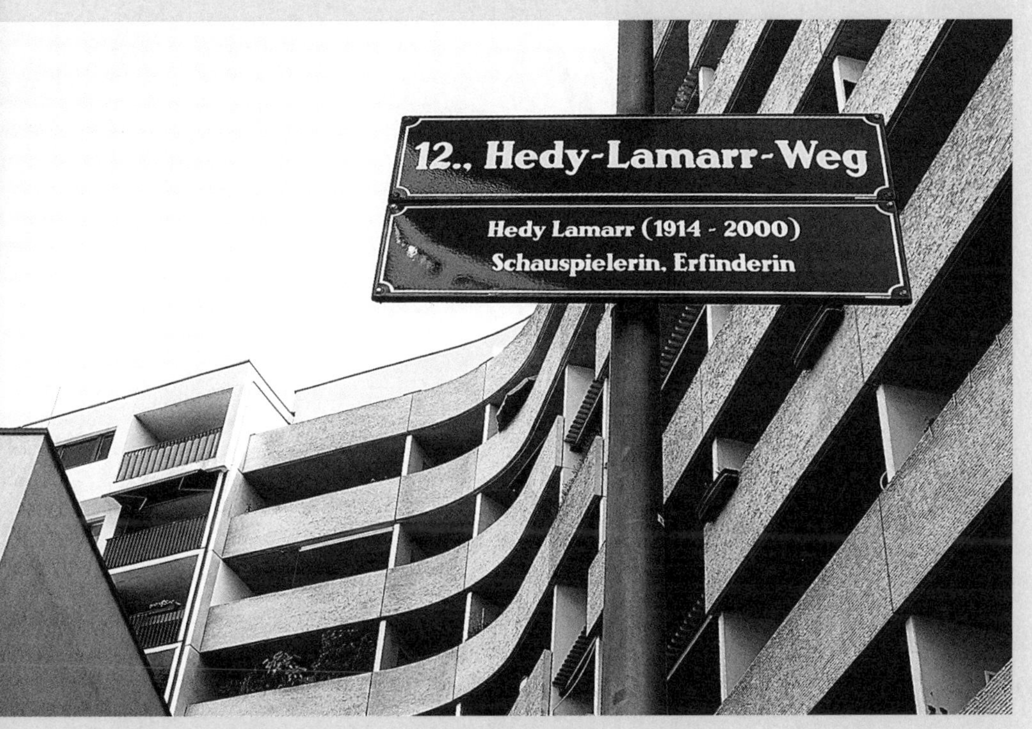


Die Umgebung des nach Hedy Lamarr benannten Weges in Meidling.

# IV „A new Argentina“

## Faschismen

„Männer zahlen, um eine Frau zu bekommen. Sie zahlen aber auch, damit sie wieder geht.“

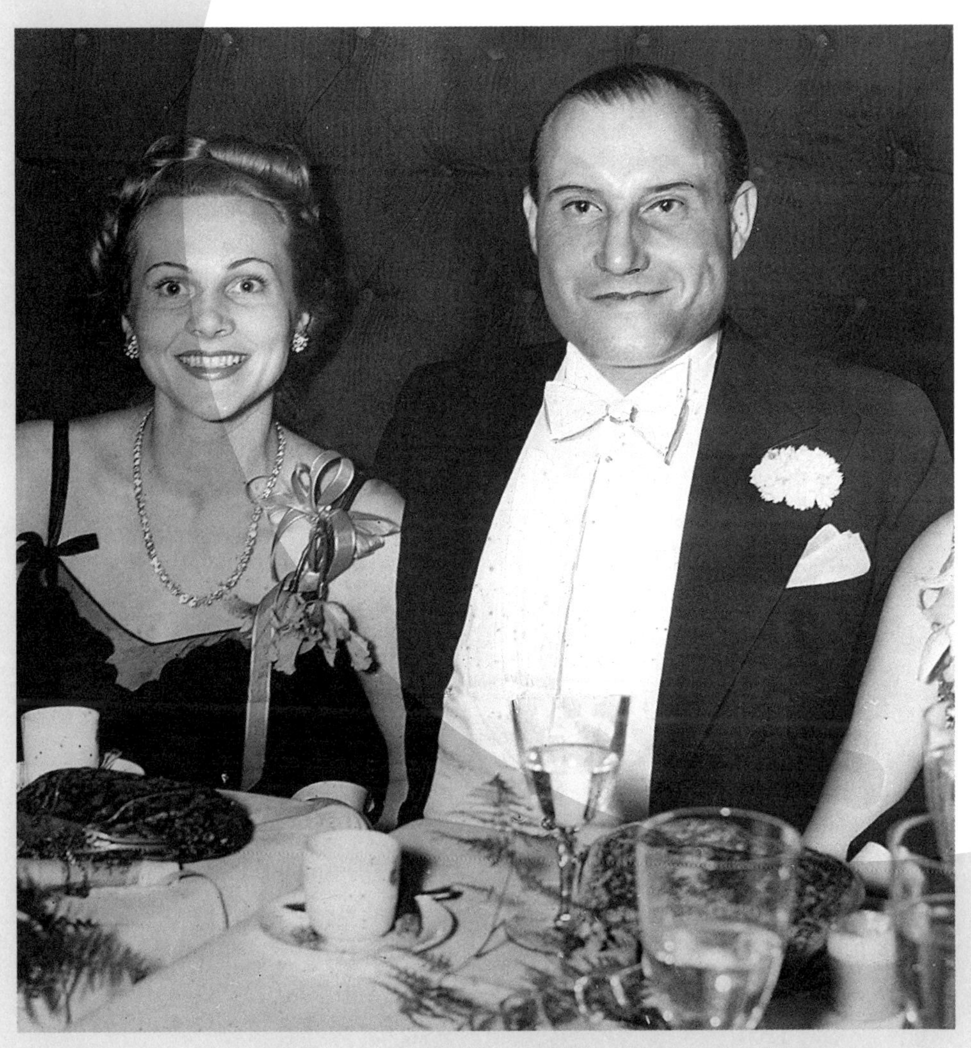

*„In June of ’43 there was a military coup*
*Behind it was a gang called the GOU*
*Who did not feel the need to be elected.“*

Viele Musical-Fans rund um den Globus kennen diese Zeilen. Sie stammen aus dem Stück „Evita“ und behandeln den politischen Aufstieg des argentinischen Diktators Juan Perón in den 1940er-Jahren. Die im Text von Tim Rice erwähnte politische Gruppierung GOU hieß mit vollem spanischem Namen „Grupo de Oficiales Unidos“, also „Gruppe der vereinten Offiziere“. Das Musical von Andrew Lloyd Webber stellt die dort involvierten Personen als „politisch etwas rechts von Hunnenkönig Attila“ einzuordnende Militärs vor, die für mehrere Bombenattentate verantwortlich zeichneten und mit illegalen Mitteln die Macht im krisengeschüttelten Argentinien zu erringen suchten. In zahlreiche Machenschaften dieses an sich inoffiziellen, extrem nationalistisch gesinnten Obristen-Vereins des argentinischen Heeres verwickelt fand sich der spätere Staatspräsident Oberst Juan Perón. Er war zwar Mitglied der GOU, hielt sich scheinbar im Hintergrund, zog jedoch geschickt die Fäden. Einen besonderen Popularitätsschub verschaffte ihm eine der größten Naturkatastrophen in der Geschichte Argentiniens, nämlich ein Erdbeben, das im Jänner 1944 die westargentinische Stadt San Juan erschütterte. Kein einziges Haus blieb intakt, über 10.000 Todesopfer waren zu beklagen. Perón organisierte eine Charity-Gala, um Spenden für den Wiederaufbau der Stadt zu sammeln, die wie er nach dem heiligen Johannes (spanisch: Juan) benannt war. Für diese Veranstaltung verpflichtete er zahlreiche Stars unterschiedlichster Güteklassen, unter anderem auch die Schauspielerin Eva Duarte („Evita“). Sie kam zwar in Begleitung eines anderen Militärs zu ihrem Auftritt, doch sie verließ spätnachts den Saal mit Oberst Perón. Das Paar heiratete im Oktober 1945. Im Musical beschreibt Perón seiner Partnerin die politische Situation des Landes, wie er sie Mitte der 1940er-Jahre wahrnahm:

S. 101: Ein Waffenmagnat mit besten politischen Verbindungen:
Fritz Mandl, hier mit Gattin Nr. 3, Hertha Schneider.

*„Dice are rolling, the knives are out*
*Would-be presidents are all around*
*I don't say they mean harm*
*But they'd each give an arm*
*To see us six feet underground."*

Mit großer Unterstützung der im Volk ungeheuer beliebten „Evita" gelang es Perón bald, die „would-be presidents" aus der GOU und anderen Organisationen in den Hintergrund zu drängen. Er gewann die Präsidentschaftswahl und wurde im Juni 1946 zum Staatspräsidenten ernannt. Seinen Wahlkampf finanzierte ihm Hedy Lamarrs Ex-Mann: der österreichische Waffenfabrikant Fritz Mandl.

## Im Spinnennetz der Ultrarechten

Der im eingangs zitierten Liedtext genannte Militärputsch von 1943 richtete sich gegen die verfassungsmäßig korrekte Regierung des Oligarchen Ramón Castillo. Perón war in den verschiedenen Putschisten-Kabinetten, die in Argentinien zwischen 1943 und 1946 die Regierungsgewalt innehatten, rasch aufgestiegen und als zeitweiliger Vizepräsident landesweit bekannt geworden, vor allem durch seine Unterstützung der Überlebenden von San Juan. Seine spätere Ehefrau scharte die Unterprivilegierten um sich und stellte ihnen ihre Errettung in Aussicht, sollten sie dem „Richtigen", also Perón, ihre Stimme geben. Im Musical demonstriert „Evita", umgeben von der Masse ihrer Anhänger, der argentinischen Proletarier „Descamisados" (die „Hemdlosen"). Die Menge verlangt in vielstimmigem Chor:

*„A new Argentina: the chains of the masses untied*
*A new Argentina: the voice of the people*
*Cannot be, and must not be denied!"*

Schon 1944 hieß es im amerikanischen „Collier's"-Magazin, der seinerzeitige Vizepräsident Perón sei der eigentliche Machthaber in Argentinien. Die USA interessierten sich damals sehr für das riesige Land im Süden des amerikanischen Kontinents, da sich dort eine gänzlich neue Wirtschafts- und Militärpolitik breitmachte. Impulse bezog der lange in Italien stationiert gewesene Perón vom faschistischen Modell beziehungsweise versuchte er mit seiner Mannschaft ungeniert, das nationalsozialistische Wirtschaftsvorbild aus Deutschland zu kopieren. Immerhin hatte Perón auch als Militärattaché in Berlin gedient, dort Kontakte geknüpft und die NS-(Wirtschafts-)Politik aus erster Hand kennengelernt. Unter Vizepräsident Péron wurden ausländische Firmen, vor allem solche aus Großbritannien und den USA, unsanft aus Argentinien hinauskomplimentiert. Das Motto hieß: Verstaatlichung. Die ausländischen Manager der Betriebe wurden verfolgt und ins Gefängnis geworfen.

Zudem hatte Perón schon 1943 seine großspurigen Pläne für Südamerika unmissverständlich dargelegt; er baute dabei auf eine Allianz mit Hitler-Deutschland, auf die zahlreichen NS-Agenten, die mit Peróns Hilfe eine Tarnidentität in argentinischen Geheimdiensten erhalten hatten, sowie auf die ohnehin große deutschsprachige Minderheit auf dem südamerikanischen Kontinent: „Wir haben Paraguay und Chile. Dann wird es einfach sein, Druck auf Uruguay auszuüben. Danach werden wir Brasilien angesichts seines großen deutschen Bevölkerungsanteils leicht auf unsere Seite ziehen. Ist Brasilien erst einmal gefallen, wird der amerikanische Kontinent unser sein.“ Dass derartige Zukunftsvisionen eines zumindest faschistoid gesinnten argentinischen Politikers, der von europäischen Staaten unterstützt wurde, gegen die die USA und ihre Alliierten einen Weltkrieg führten, in Washington die Alarmglocken läuten ließen, ist unschwer nachzuvollziehen. Argentinien wurde in Amerika als „letzte Bastion des Nazismus“ bezeichnet.

Die argentinische Hauptstadt Buenos Aires war in den Jahren des Zweiten Weltkrieges (und auch danach) voller deutscher Spione und Saboteure, die wiederum von den US-Geheimdiensten beobachtet wurden. Den Amerikanern entging nicht, dass beileibe nicht alle Ausländer, die in Argentinien Geschäfte machen wollten, ausgewiesen oder eingesperrt wurden. Manche waren sehr willkommen und erhielten volle staatliche Unterstützung. Zu ihnen gehörte der einflussreiche Österreicher Fritz Mandl. Er genoss das volle Vertrauen des Vizepräsidenten Juan Perón, der das gesamte argentinische Aufrüstungs- und

Waffenprogramm in die Obhut des Österreichers gelegt hatte. Deutsche Experten für militärische und technische Belange wurden in Argentinien dringend gebraucht und von Mandl an Perón vermittelt. Das „Geheimnis" von Mandls Erfolg bestand darin, dass seine Hirtenberger Patronenfabrik in Niederösterreich weltweit als einziger Rüstungsbetrieb imstande war, eine komplette Serie von Patronen in nahezu jedem Kaliber herzustellen. Allein in den Jahren 1935 bis 1937 gingen bereits Hunderte Millionen Schuss in verschiedene südamerikanische „Problemstaaten", aber auch in die Nachfolgeländer der österreichisch-ungarischen Monarchie. 1944 besaß Mandl drei große Fabriken in Argentinien, die ausschließlich mit der Munitionsherstellung im großen Stil befasst waren. Es handelte sich um Subfirmen eines Konzerns namens IMPA (Industrias Metalúrgicas y Plásticas Argentina), den Mandl mit staatlichem und privatem argentinischem Kapital aufgebaut hatte. Die einzelnen Unternehmen hießen IMPA Aeronautica (spezialisiert auf Flugkörper), IMPA Central (Herstellung von Fahr- und Motorrädern für die Infanterie) sowie IMPA San Martin (Produktion leichter Kriegsfahrzeuge und von anderem leichtem Kriegsgerät).

Mandl war es wohl auch, der Argentinien den Waffenhandel aus Deutschland via Spanien ermöglicht hatte. Auf jeden Fall arbeitete der erfahrene Industrielle exzellent mit der GOU zusammen und verdiente ausgezeichnet mit und an den Putschisten. Denn er verfügte über glänzende Kontakte, die viele Jahrzehnte zurückreichten und von denen jeder profitieren konnte, der Mandl für sich arbeiten ließ. Und das war nun das neue argentinische Regime, denn Hitler hatte den „Halbjuden" Mandl nach der Annexion Österreichs 1938 fallen lassen. Er musste Wien verlassen, konnte jedoch sein Vermögen rechtzeitig in die Schweiz und nach Liechtenstein auslagern. Dies war möglich geworden, indem er eine Schweizer Firma gegründet hatte, die sämtliche Vermögenswerte der sich im Besitz von Mandl befindlichen Hirtenberger Patronenfabrik sowie seine eigenen Rücklagen aufkaufte. Hätten die Nationalsozialisten nun Mandl weiterhin enteignen wollen, hätten sie sich dafür eine Schweizer Firma vornehmen müssen und das hätte zweifellos zu politischen Schwierigkeiten mit der Schweiz geführt, was nicht zu den vordringlichen Interessen des NS-Regimes gehörte.

## Politische Verbindungen

Aufgrund seiner guten Bekanntschaft mit Benito Mussolini hatte Fritz Mandl wohl schon längere Zeit über die Vorhaben des Obersten Perón, eines Mussolini-Verehrers, Bescheid gewusst. In Mandls Hirtenberger-Zentrale, passenderweise in der vornehmen Wiener Argentinierstraße gelegen, gaben sich prominente Politiker wie der Erbprinz Albrecht von Bayern, der ein besonders leidenschaftlicher Jäger war, aber auch Schriftsteller wie Franz Werfel mit seiner Ehefrau Alma Mahler oder Ödön von Horváth die Klinke in die Hand. „Heiklere Besucher“ bat Mandl auf sein Gut nach Schwarzau im Gebirge in Niederösterreich, wo er die Villa Fegenberg besaß, die sich auch heute noch im Besitz der Familie Mandl befindet. Das Anwesen liegt außerhalb des Ortes inmitten der Forstwirtschaft Mandl und ist von außen nicht einsehbar. Selbst vom Gipfel des nahe gelegenen Obersberges ist nur der Wald, nicht aber das Gebäude zu erkennen. Dieses besitzt mehrere Terrassen mit grandiosem Blick auf das Umland. Früher führte eine asphaltierte Straße, die heute nur mehr in Spuren zu erkennen ist, zur Villa. Dorthin kam zum Beispiel Benito Mussolini, der darauf bestand, neben der jungen Madame Mandl zu sitzen, die als des Hausherrn wertvollster Besitz bei allen Zusammenkünften anwesend zu sein hatte, um den Glanz in Mandls „bescheidener Hütte“ zu erhöhen.

Möglicherweise empfing Mandl zumindest einmal auch Adolf Hitler, wie Hedy Lamarr behauptete. Der österreichische Bundeskanzler Engelbert Dollfuß sowie dessen Nachfolger Kurt Schuschnigg waren hingegen Dauergäste bei den Mandls. Sie verhandelten mit Fritz Mandl unter anderem die Finanzierung der Heimwehr, des paramilitärischen Arms des christlichsozialen Lagers und somit des Austrofaschismus. Mit dem Heimwehr-Kommandanten („Bundesführer“) Ernst Rüdiger von Starhemberg stand Mandl in gutem Einvernehmen, benötigte der erzreaktionäre Aristokrat doch dringend Waffen, um seine „Hahnenschwanzler“, wie die Heimwehr-Angehörigen aufgrund der Birkhahnfeder auf ihren Uniformhüten genannt wurden, zu einer schlagkräftigen Organisation aufzubauen. Militärische Ausstattung verkaufte Mandl zu dieser Zeit auch nach

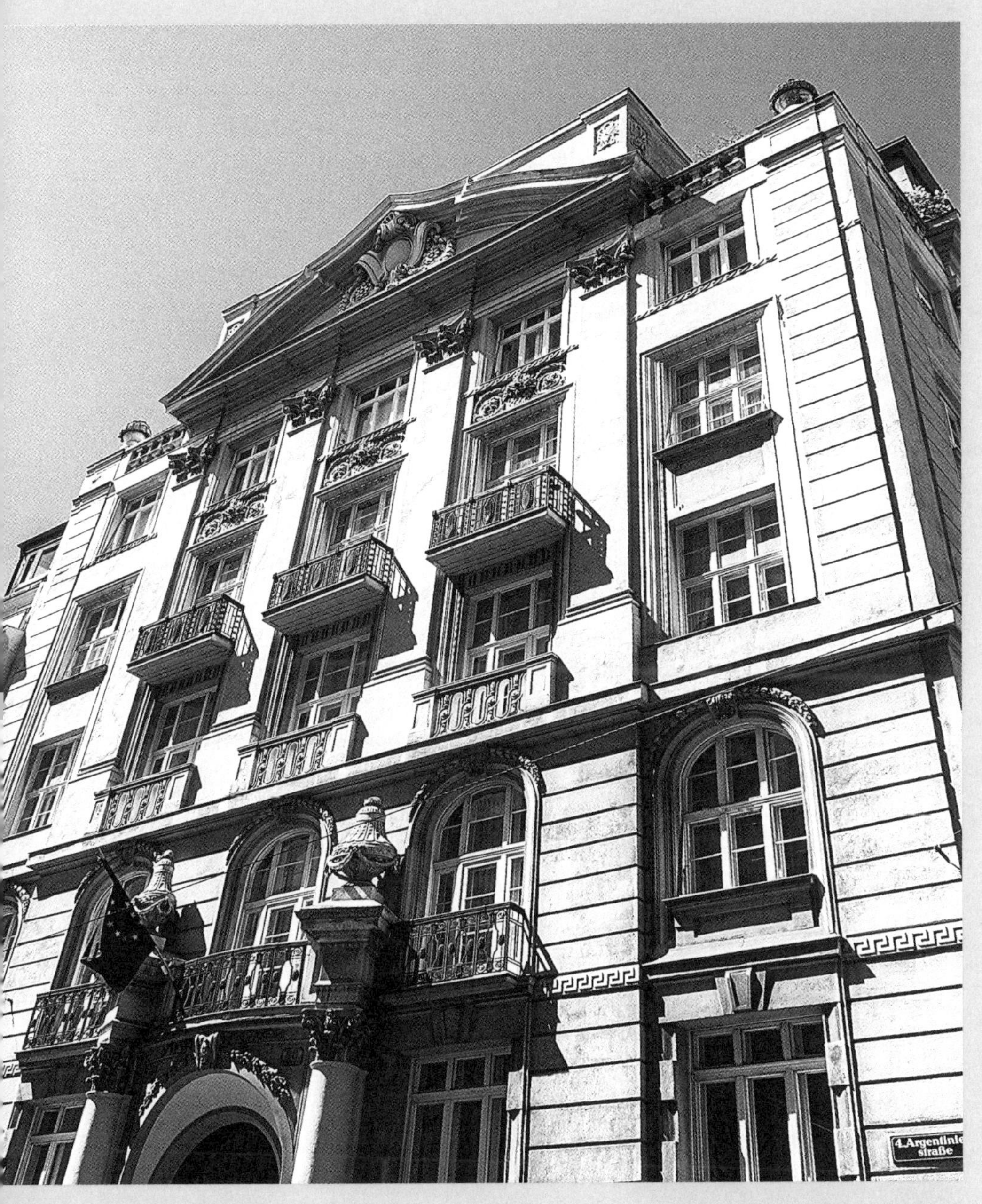


Das ehemalige „Hirtenbergerhaus" in der Wiener Argentinierstraße, Fritz Mandls Epizentrum der Macht.

Ungarn an den dortigen konservativen „Reichsverweser“ Miklós Horthy, der vor einem ähnlichen Problem stand wie Starhemberg in Österreich.

Die Lösung zur Aufrüstung der Verbände, die Mandl vorschlug, sah folgendermaßen aus: Alte, österreichische Gewehre aus dem Ersten Weltkrieg, die ein Teil der italienischen Kriegsbeute waren, sollten als „Altmetall“ deklariert an die Hirtenberger Fabrik geschickt werden. Anschließend sollte der Weitertransport von ungarischen Stellen übernommen werden. In einer Geheimvereinbarung, von der auch Dollfuß Kenntnis hatte, sollten 50.000 Gewehre und eine entsprechende Anzahl Maschinengewehre für die österreichische (Heimwehr-)Seite „abgezweigt“ werden. Der Waffenfabrikant und seine faschistischen Abnehmer hatten ihre Rechnung allerdings ohne den Wirt gemacht, denn ihr Plan ging nicht auf.

Am 8. Jänner 1933 deckte die sozialdemokratische „Arbeiter-Zeitung“ den Deal auf, der als einer der größten Politskandale der Jahre zwischen 1918 und 1933/34 in die österreichische Geschichte einging. Über 100.000 Stück geschmuggelte Waffen wurden beschlagnahmt. Es war vermutlich diese sogenannte Hirtenberger Waffenaffäre, an die sich Hedy erinnerte, als sie nur wenige Monate nach deren Aufdeckung zu Fritz Mandl sagte, sie habe „nichts Gutes“ über ihn gehört.

Die Demokratie in Österreich war ab 1933 Geschichte, der Februaraufstand der Arbeiter wurde 1934 von Heimwehrverbänden blutig niedergeschlagen. Am 25. Juli 1934 ermordeten nationalsozialistische Putschisten Bundeskanzler Engelbert Dollfuß im Bundeskanzleramt – ein Wendepunkt in Hedys Leben. „Nach dem Tod von Dollfuß wollte ich nur noch weg. Ich habe ihn gut gekannt“, erinnerte sie sich 1970. Man könnte meinen, die autoritäre Entwicklung habe dem Waffenboss Mandl Erfolge gebracht – doch dem war nicht so. Die Annäherungspolitik von Dollfuß-Nachfolger Kurt Schuschnigg an das Deutsche Reich kam dem „Halbjuden“ Mandl nicht zugute. Illegale NSDAP-Mitglieder marschierten nach dem „Juli-Abkommen“ mit Deutschland (1936) immer öfter in Österreich auf, die antisemitischen Beflegelungen nahmen zu. Im Jahr 1937 verlegte Mandl seine Aktivitäten hauptsächlich nach Südamerika, da er sich dort auch für sich persönlich ein neues Leben vorstellen konnte. Trotz bester Verbindungen zu einigen leitenden Personen des NS-Regimes begriff er, dass seine jüdische Herkunft ihn in Österreich bald zu einem Verfolgten des Regimes machen würde.

Ebenso in diesem Jahr wurde er von seiner Ehefrau Hedy geschieden, die ihm im Sommer 1937 davongelaufen war. Mandl erwies sich später in Hedys Hollywood-Jahren als richtig guter Freund, obwohl er als Ehemann keinerlei Erwartungen erfüllt hatte. Er rief sie immer wieder an und fragte nach ihrem Befinden. Er gratulierte ihr jedes Jahr im November zum Geburtstag. Und er schickte ihr nicht nur ihre geliebten Tuberosen, sondern auch regelmäßig Geld, obwohl Hedy als gefeierter Filmstar dies gar nicht mehr notwendig gehabt hätte. Sie dürfte es trotzdem gern angenommen haben, ungeachtet dessen, dass sie Mandl bei einer Dinnerparty in Hollywood einmal als „son of a bitch" bezeichnet und dabei auf den Boden gespuckt haben soll.

## Neuland

Indessen emigrierte Mandl 1938, bald nach dem „Anschluss", in sein „Ausweichquartier" Argentinien. Amerikanische Geheimdienste wollen schon rückwirkend bis 1937 deutsche Militärinteressen in Argentinien wahrgenommen haben. Interessanterweise reichen auch Mandls Kontakte in das Land am Río de la Plata in dieses Jahr zurück. Er soll damals versucht haben, NS-Politikern wie Hermann Göring oder Joachim von Ribbentrop bei deren Investitionsvorhaben in Argentinien behilflich zu sein. Ähnlich wie er an der Aushöhlung und Zerstörung der Ersten Republik in Österreich sowie an der Aufrüstung faschistischer Milizen in Italien und Ungarn mitgewirkt hatte, gedachte er nun, seine Expertisen in Südamerika anzubieten. Trotz seiner persönlichen Sympathien für alles, was „rechts" war, zögerte er nicht, auch die Sowjetunion oder die Republikaner im Spanischen Bürgerkrieg mit Waffenlieferungen auszustatten. Als Politiker wäre ein Machtmensch und skrupelloser Geschäftsmann wie Mandl nicht wirklich vertrauenswürdig gewesen. Dies fiel auch dem britischen Geheimdienst auf, der, wie die US-Agenten, Mandl in seinem Pampa-Exil überwachte. Die Briten kamen zu dem Schluss, Mandl sei „in jeder Hinsicht ein Gauner und denkbar unerwünschter Charakter".

Im „Dritten Reich" blickten nicht wenige Politiker und Industrielle hoffnungsfroh auf das südamerikanische Land, in dem sie mit Juan

Perón einen zukünftigen Verbündeten ausgemacht hatten und daher seinen Aufstieg nach Kräften unterstützten. Da der Oberst viel Zeit in den faschistischen Staaten Europas verbracht hatte, war er dort bei leitenden Parteifunktionären und wichtigen Wirtschaftsleuten bekannt und es wurde ihm ein politischer Aufstieg zugetraut, den man mit Mandls Verbindungen und deutschem Geld voranzubringen gedachte. Die britische Botschaft in Buenos Aires meldete 1940 nach London, dass Mandl weiterhin mit den Nationalsozialisten kooperiere. Da der „Halbjude“ Mandl ja nicht mehr im „Reich“ lebte, hatten gewisse NS-Funktionäre offenbar kein Problem damit, mit ihm einträgliche und politisch „sinnvolle“ Geschäfte zu machen. „Schändlicherweise ist Deutschland in der Lage, Antisemitismus zu vergessen, wenn der Semit nützlich ist“, fasste ein britischer Geheimdienstler seine Beobachtungen zusammen. Mandl posaunte 1940 in New York in die weite Agentenwelt hinaus, er sei von einem deutschen Sieg im Krieg überzeugt und unterhalte über seine „Mittelsmänner“ „ausgezeichnete Beziehungen“ zu Vertretern des NS-Regimes.

Die Alliierten nahmen ihn durchaus ernst. Als es 1944 beileibe nicht mehr nach einem Sieg Deutschlands aussah, warnte das amerikanische FBI in einem Memorandum vor geheimen Plänen Mandls, Adolf Hitler nach dessen Niederlage in Argentinien verstecken zu wollen. Es wurden vom FBI zwar mehrere „fragwürdige Charaktere“ genannt, die Hitler angeblich Fluchthilfe leisten wollten, doch an erster Stelle der Liste stand der Name Fritz Mandl. Daher rühren auch die heute noch grassierenden Verschwörungstheorien, der „Führer“ habe nach dem „Untergang“ 1945 in Mandls „Castillo“ (Schloss) in Córdoba Zuflucht gefunden. Der ehemalige Mandl-Wohnsitz dient heute als Hotel. Abgesehen vom „Schloss“ in Córdoba verfügte Mandl auch noch über Wohnungen in Buenos Aires und Mar del Plata.

Die argentinischen Pläne der Nationalsozialisten gingen nicht wunschgemäß auf, denn als Perón in Argentinien die formelle Präsidentenmacht erlangte (1946), war es mit dem „Tausendjährigen Reich“ bereits vorbei. Statt Investoren und Geheimdienstlern nahm das „neue“ perónistische Argentinien nun weltweit gesuchte NS-Verbrecher auf. Manche meinten sogar, im Kriegsverbrechergefängnis Spandau sitze gar nicht der

„Führer"-Stellvertreter Rudolf Heß selbst, sondern ein Doppelgänger. Der echte Heß lebe unbehelligt und mit falscher Identität in Südamerika. Diese absurde Verschwörungstheorie wurde erst im Jahr 2019 mithilfe einer jahrzehntealten Blutprobe endgültig widerlegt.

Fritz Mandl war weiterhin in Argentinien tätig und wurde ebenso weiterhin von FBI (der US-Inlandsgeheimdienst war damals zeitweise auch für das südamerikanische Ausland zuständig) und CIA bespitzelt. In den Nachkriegsjahren stellte der Auslandsgeheimdienst der USA fest, dass Mandl Ex-Nationalsozialisten, frühere SS-Offiziere und deutsche Techniker gegen entsprechende Bezahlung in das gelobte Land der Gauchos schleuse. Er hatte wieder einmal ein neues Geschäftsfeld entdeckt. Schließlich wurde Mandl auf Druck der US-Behörden aus Argentinien ausgewiesen und seine Anteile an den diversen argentinischen Rüstungsunternehmen – wie fast alle Großbetriebe unter Perón – nationalisiert.

## Die „Hirtenberger" vor und nach 1945

Fritz Mandl passierte nichts. Rechtzeitig zur Eröffnung der Wiener Staatsoper 1955 fand er sich wieder in Wien ein und übernahm nach einem zweijährigen Rückstellungsverfahren erneut seine Hirtenberger AG als leitender Direktor.

Während der NS-Zeit war seine Fabrik der reichsdeutschen Wilhelm-Gustloff-Stiftung einverleibt worden und hatte den gesamten Zweiten Weltkrieg hindurch zur NS-Rüstungsindustrie einen Gutteil beigetragen. Es arbeiteten Tausende Zwangsarbeiterinnen, hauptsächlich Mädchen und Frauen aus der Ukraine, in diesem Rüstungsunternehmen, das zu Kriegsende in Hirtenberg noch zusätzlich ein Nebenlager des KZ Mauthausen betrieb. Auch dort mussten fast ausschließlich Frauen arbeiten. Als Ort des NS-Terrors ist Hirtenberg beinahe vollständig vergessen.

Im Jahr 1977 starb Fritz Mandl 77-jährig. Er liegt auf dem Hirtenberger Friedhof begraben. Heute kennt ihn in Österreich kaum noch jemand. In Argentinien, wo Peróns Ehefrau „Evita" nach wie vor wie eine Nationalheilige verehrt wird, ist sein Name jedoch durch seine Perón-Verbindung weithin bekannt. Die meisten Argentinier halten ihn allerdings für einen Deutschen.

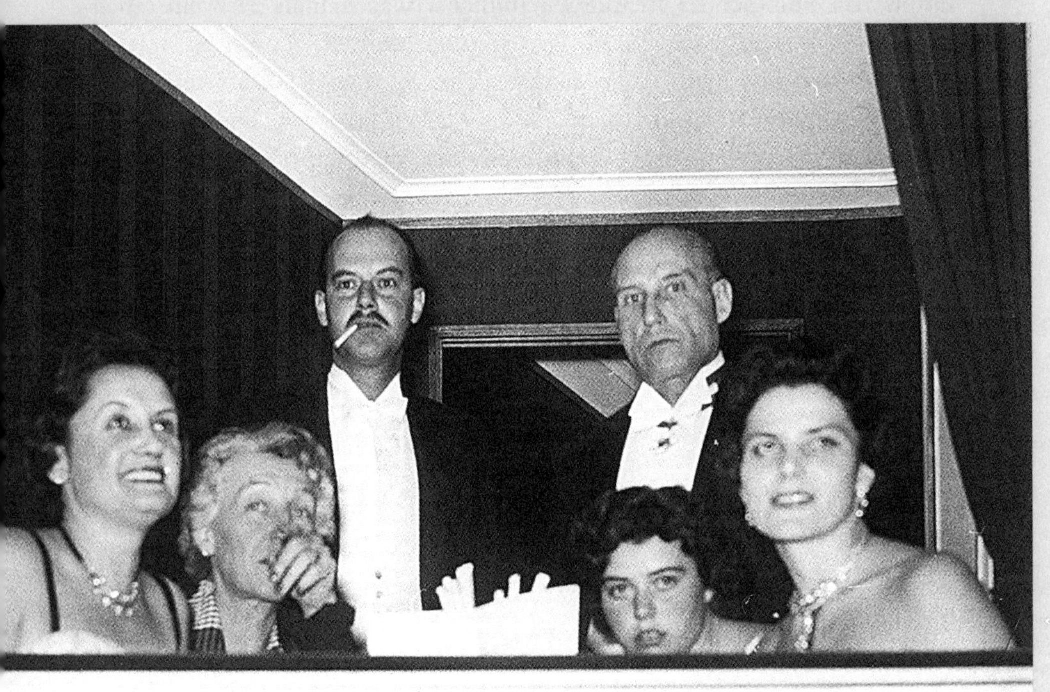

In Fritz Mandls (hinten rechts) Loge beim Opernball 1956 gaben sich das Ehepaar Stürgkh und die Ehefrau des argentinischen Botschafters die Ehre.

Mandls Firma existiert bis heute und führt mittlerweile den Namen „Hirtenberger Holding GmbH". Während bis in die 1980er-Jahre noch hauptsächlich Kleinkalibermunition erzeugt wurde, stellte die Firma ab 1993 mehrheitlich auf ziviltechnische Bereiche um. Tochterfirmen wie die „Hirtenberger Präzisionstechnik" und die „Hirtenberger Automotive Safety" wurden gegründet. Zuletzt erfolgte im Jahr 2015 der Zukauf des österreichisch-deutschen Umwelttechnikherstellers Komptech. Der Werbespruch der Firma lautet „From good to great" – ganz in Mandls Sinn. Das alte Logo „HP" (Hirtenberger Patronenfabrik) ziert weiterhin die vor dem Unternehmenseingang wehenden Fahnen.

## Die Schöne und das Biest

Der 18-jährigen Braut Hedwig Eva Maria Kiesler dürfte die Situation vor der barocken Karlskirche, Inbegriff der katholischen Gegenreformation in Wien, am 10. August 1933 bekannt vorgekommen sein. Im Film „Ekstase", der sie schlagartig weltberühmt gemacht hatte, wurde sie ebenfalls mit einem für sie viel zu alten Mann verheiratet, der sie begeistert im weißen Kleid über die Schwelle trug. Was folgte, war öde Langeweile, denn die Rolle als „wertvolles Objekt" im Besitz eines reichen Mannes war weder nach „Evas" geschweige denn nach Hedys Geschmack. Mandl hatte von Hedy vor der Hochzeit die Konversion zum katholischen Glauben verlangt, wie es in seiner Familie üblich gewesen war. Sein Vater Alexander Mandl kam wie Hedys Mutter aus einer ungarischen jüdischen Familie und konvertierte, um die katholische Grazerin Maria Mohr heiraten zu können. Obwohl das Paar den im Jahr 1900 geborenen Sohn Fritz im katholischen Glauben aufwachsen ließ, benötigte der Vater zehn Jahre, bis er 1910 aus der Israelitischen Kultusgemeinde austrat.

Den „Makel" des jüdischen Vaters, mit dem sich Fritz Mandl gesellschaftlich unerwünscht gefühlt hatte, versuchte er sein Leben lang zu kompensieren. Er ging sogar so weit zu behaupten, er sei der uneheliche Sohn eines katholischen Bischofs und könne daher gar kein Jude sein. Sein Streben nach Geld, Ruhm und Erfolg, seine stets perfekten Hemden, Fliegen und Anzüge, die vollendeten Manieren, die betörenden Frauen, mit denen er sich schmückte, und die Fotos in seinem Direktionsbüro, die ihn mit Blume im Knopfloch in trauter Geselligkeit mit dem jeweiligen

Verteidigungsminister zeigten: das alles sollte die jüdische Herkunft des Fritz Mandl vergessen machen. Und über seine eher mittlere Statur hinwegtäuschen. Hedy überragte ihren Sugardaddy, wie sie Heinz Rühmann im Film „Man braucht kein Geld" überragt hatte.

Die große Mandl-Familie hatte Verbindungen zur Filmindustrie in Berlin und so waren sich Hedy und ihr zukünftiger Mann schon relativ früh begegnet. In ihrer Berliner Zeit lebte Hedy nämlich im Haushalt des aus Wien stammenden, aber hauptsächlich in Berlin tätigen Filmproduzenten Joe May – auch Julius Otto Mandl oder Joseph Mand(e)l –, der ein Verwandter von Fritz Mandl war.

Verheiratet war Joe May mit der Wiener Schauspielerin Hermine Pfleger, die den Künstlernamen Mia May angenommen hatte und nach der auch Joe den Nachnamen „May" trug. Fritz Mandl liebte den Umgang mit Leuten aus dem Filmbusiness, da es dort zahlreiche schöne junge Frauen gab, mit denen er ausgehen und Affären beginnen konnte. Abgesehen von seinem Ruf als „Lord of War" eilte ihm auch einer als Frauenheld und Bonvivant voraus. Hedys Vorgängerin war ebenso Schauspielerin gewesen: Bereits im Alter von 21 Jahren hatte Chemiestudent Mandl die Wiener Schönheit Hella Strauss geheiratet und von ihr die Beendigung der Bühnenkarriere verlangt, wie er es auch bei Hedy tun wird. Diese erste Ehe dauerte allerdings lediglich zwei Jahre. Die nächste ernstere Beziehung des Waffenfabrikanten endete wie eine von Hedys Jugendliebschaften mit einer Selbstmordtragödie.

Joe und Mia May hatten eine Tochter, Eva Maria May (geboren in Wien als Eva Maria Mandl), eine Großcousine von Fritz Mandl. Sie begann mit 15 eine Laufbahn als Filmschauspielerin und war relativ rasch hintereinander mit drei deutschen Filmregisseuren verheiratet, Martin Liebenau, Lothar Mendes und Manfred Noa. Ebenso war sie eine Zeit lang mit Rudolf Sieber verlobt, der dann jedoch die noch unbekannte Marlene Dietrich kennenlernte und diese rasch heiratete. Der Schock über die gelöste Verlobung war so groß, dass Eva Maria May einen Selbstmordversuch unternahm: Sie schnitt sich die Pulsadern auf, konnte aber gerettet werden. Ihr chaotisches Liebesleben führte zum Bruch mit ihrem Vater Joe May und sie wandte sich nun dem reichen Verwandten aus Wien, Fritz Mandl, zu. Mandl fand sie attraktiv und die beiden wurden ein Paar, doch als sie ihn heiraten wollte, lehnte er die launenhafte und psychisch instabile junge Schauspielerin ab. Die 22-jährige Eva Maria May schoss sich daraufhin in Baden bei Wien in den Kopf. Als sie tot aufgefunden wurde, hatte sie ein Foto von Fritz Mandl in der Hand. Mia May konnte den tragischen Tod der Tochter nicht verwinden und drehte keine Filme mehr. Aufgrund der nationalsozialistischen Verfolgung zog das Ehepaar May nach Hollywood, beide konnten in der dortigen Filmindustrie wie so viele Vertriebene nicht reüssieren und versuchten sogar, in Los Angeles ein Lokal mit Wiener Küche zu eröffnen, was ebenso fehlschlug. Beide Mays kehrten nie nach Deutschland oder Österreich zurück. Mia May starb 1980 mit 96 Jahren in Hollywood.

## Mandls Aufstieg

Von der tragisch fehlgeschlagenen Beziehung Eva Maria Mays zu Mandl erfuhr Hedy zweifellos, als sie in Berlin bei den Mays wohnte, kurz bevor diese nach Amerika emigrierten. Fritz Mandl selbst war seit 1924 der Generaldirektor der Hirtenberger Patronenfabrik. Den Job hatte er von seinem Vater, dem Chemiker Dr. Alexander Mandl, der schon im 19. Jahrhundert für den Betrieb tätig gewesen war, von Grund auf gelernt. Mandls gab es jedoch schon vor Alexander Mandl im Betrieb, der damals noch „Hirtenberger Patronen-, Zündhütchen- und Metallwarenfabrik" hieß. Im September 1887 hatte die aus Schwaben eingewanderte Firmengründerfamilie Keller große Anteile des Unternehmens an Ludwig Mandl, einen Waffenfabriksbesitzer aus Hernals, verkauft. Dieser Vorfahre des Fritz Mandl besaß die 1882 gegründete „Wiener Jagdhülsen-, Patronen- und Zündhütchen-Fabrik L. Mandl & Comp.". Ab sofort wurde die bereits seit 1860 bestehende Keller-Metallwarenfabrik in Hirtenberg, in der seit 1867 auch Patronen hergestellt wurden, mit dem Namen Mandl assoziiert. Bereits um 1900 exportierte „Hirtenberger" in erster Linie nach Lateinamerika, Ostasien und erst an dritter Stelle in diverse europäische Staaten.

Nach dem Produktionsboom im Ersten Weltkrieg stattete „Hirtenberger" die Nachfolgestaaten der österreichisch-ungarischen Monarchie mit Waffen und Munition aus – hatten diese Länder doch einen riesigen Bedarf an militärischen Produkten, da sie eigene Streitkräfte aufstellen mussten. Im

April 1920 kam es zu einem Rückschlag: ein Großbrand hatte 29 Werksgebäude zur Gänze zerstört und 30 weitere stark beschädigt. Von Wien bis Wiener Neustadt waren 37 Feuerwehren im Einsatz, um das Feuer zu löschen, das in der ganzen Umgebung weithin zu sehen gewesen war. Angeblich sollen einige Anhänger der kommunistischen Partei unter den Hirtenberger Arbeitern den Brand gelegt haben. Jedenfalls wurde behauptet, der stramm rechte Kurs, den der neue junge Generaldirektor Fritz Mandl sein Leben lang verfolgt hat, ginge auf seinen Hass auf die kommunistischen Mitarbeiter zurück, die die Feuerkatastrophe im Werk ausgelöst hätten.

## „Real Life Cinderella"

Die Jahre 1920 bis 1924 verbrachte Mandl unter Anleitung seines Vaters Alexander mit dem Wiederaufbau und der Modernisierung der Fabrik, die er bald übernehmen sollte. Innerhalb kurzer Zeit erarbeitete sich Mandl ein enormes Vermögen, das den noch unter 30-Jährigen zu einem der reichsten Männer Europas aufsteigen ließ. Hedy Lamarr meinte später, er habe sie nach der Hochzeit wie seinen „schönsten Einkauf" herumgezeigt. Ganz zu Beginn ihrer Ehe sei sie einfach überwältigt gewesen von ihrer neuen Umgebung und habe sich wie eine „Real-Life-Cinderella" gefühlt. Es sollte genau das Leben sein, das ihre Eltern sich für Hedy gewünscht hatten. Da sie keine schulischen Erfolge vorzuweisen hatte, sollte sie möglichst schnell eine gute Partie machen, um versorgt zu sein und den Eltern nicht länger auf der Tasche zu liegen. Eine Filmkarriere war das Letzte, was sich die alten Kieslers nach der „Ekstase"-Katastrophe vorstellen konnten. Daher dürften sie erfreut gewesen sein, als ein kostspielig angezogener Herr mit vornehmer Attitüde bei Emil Kiesler vorstellig wurde, um ganz offiziell um die Hand seiner Tochter Hedwig anzuhalten.

Bald berichtete die Society-Presse von Fritz Mandl und dem Fräulein Kiesler, die in verschiedenen Limousinen, natürlich alle mit Chauffeur, in Wien herumkutschierten. Mutter Trude hat Hedy wohl zugeredet, Mandls Avancen nachzugeben. Es war eine politisch schwierige Zeit, viele rechneten nach Hitlers „Machtergreifung" mit dem Schlimmsten, also dem

Ende Österreichs und dem „Anschluss“ an Deutschland. Es wäre gut für Hedy, finanziell abgesichert zu sein – dies war zumindest die Meinung der Eltern. Tatsächlich starb Hedys Vater Emil bereits 1935 unerwartet an einem Herzinfarkt. Er war nur 58 Jahre alt geworden und im Haushalt der Mutter machten sich in der Folge finanzielle Engpässe breit. Die seit zwei Jahren verheiratete Hedwig Mandl war nach dem Tod des über alles geliebten Vaters am Boden zerstört. Sie schloss sich ein und blieb dem Begräbnis fern. Danach verbrachte sie einige Wochen bei ihrer Mutter und nutzte die Trauerperiode, um ihr Herz auszuschütten. Sie klagte über ihre zu diesem Zeitpunkt bereits zerrüttete Ehe. Trude Kiesler reagierte, wie es in „guten Haushalten“ üblich war: Sie wollte von alledem nichts wissen, um den Schein der Traumehe zwischen der schönen Ex-Schauspielerin und dem reichen Fabrikanten aufrechtzuerhalten. „Doch wir hatten effektiv nichts gemeinsam“, urteilte Hedy später in ihrer Autobiografie, in der sie die Ehe mit Mandl als „Velvet Prison“ bezeichnete. Auch ihrem einstigen Mentor Max Reinhardt, den sie in dieser Zeit in Salzburg traf, erzählte sie bedrückt von den Schwierigkeiten mit ihrem Mann und bestürmte den Regisseur, er möge ihr helfen, erneut auf die Bühne zu kommen. Sie wolle unbedingt wieder arbeiten. Reinhardt winkte ab: „Das ist alles nur Gerede. Du wirst nie wieder spielen“, sagte er wenig einfühlsam zu Hedy. Doch in diesem Fall täuschte er sich sehr.

In den ersten Monaten als Madame Mandl genügte es Hedy noch, ihren goldenen Ehering mit den Elf-Karat-Diamanten zu präsentieren und sich am Lido di Venezia im maritimen Chanel-Look ablichten zu lassen. Die Frischvermählten verbrachten aber auch Zeit auf Capri, in Monte Carlo und an den oberitalienischen Seen. Schließlich ging es nach Paris, wo Hedy an der Place Vendôme Ringe im Schaufenster eines Juweliergeschäfts bewunderte. Fritz Mandl fragte sie, welcher ihr gefalle. Da sie sich nicht sofort entscheiden konnte, kaufte er ihr vier Stück. Verständlich, dass eine 18-Jährige sich im ersten Moment geliebt, verstanden und im ewigen Honeymoon wähnte.

Doch das materielle Glück hatte seinen Preis. In seinem Palais am Schwarzenbergplatz 15, in dem Hedy zeitweise lebte, ließ Mandl sieben Schlösser einbauen, damit sie ihre Zehn-Zimmer-Wohnung nicht verlassen konnte. In der Villa Fegenberg, seinem Landsitz in Schwarzau, stellte Mandl der erstaunten Hedy schon in der Verlobungszeit seine 17 Hunde, das gesamte Dienstpersonal, bestehend aus Köchen, Gärtnern, Butlern und mehreren Dienstmädchen, vor. Alle Angestellten hatten die Aufgabe, Hedy zu überwachen und zu beobachten. Der Tagesablauf des mit einer goldenen Stoppuhr bewaffneten Fritz Mandl war stündlich getaktet – auch der eheliche Sex spielte sich genau nach dem Zeitplan des Industriellen ab. Die kulturellen Interessen der in einem musischen Haushalt erzogenen Hedy teilte Mandl nicht im Geringsten. Als sie ihn einmal in die Oper „schleppen konnte, dachte er auch dort nur an Zeitbomben und Gasmasken“, schrieb die Schauspielerin in ihrer Lebensbeichte. Sie bekam Autos geschenkt, darunter im Jahr 1935 einen Mercedes, der später um 200.000 Dollar verkauft wurde. Ausfahren durfte sie aber nicht. Nicht einmal ihrem Lieblingssport, dem Schwimmen, durfte sie weiter nachgehen. Es könnte ja jemand den „Ekstase“-Star im Badeanzug zu Gesicht bekommen …

Fritz Mandl sah „Ekstase“ angeblich erst, als er schon mit Hedy verheiratet war. Er wurde danach noch eifersüchtiger, als er es ohnehin schon seit der Eheschließung war, und versuchte, alle Kopien des Skandalfilms aufzukaufen. Für eine Kopie soll er 6000 Dollar hingelegt haben. Es dürfte dem ansonsten mit allen Wassern gewaschenen Waffenhändler nicht eingeleuchtet haben, dass sein großes Interesse an dem Film der Herstellung weiterer Kopien nur förderlich sein konnte und dass es faktisch unmöglich war, eines vervielfältigbaren Mediums im 20. Jahrhundert zur Gänze habhaft zu werden. Zum Beispiel war der gute Bekannte Benito Mussolini nicht gewillt, ihm seine persönliche Kopie gegen gutes Geld auszuhändigen. Mandl hatte beim italienischen Diktator interveniert, um eine Prämierung des Films „Ekstase“ beim Filmfestival in Venedig 1934 um jeden Preis zu verhindern.

Hedy begann inzwischen, intensiv über Fluchtmöglichkeiten aus ihrer destruktiven Beziehung mit Mandl nachzudenken. Scheiden lassen würde sich der Waffenbaron nicht. Sie musste also alternative Pläne wälzen und eventuell Verbündete suchen. Um ihrer Langeweile in Schwarzau und am Schwarzenbergplatz zu entfliehen, nahm sie ihr altes Leben mit nebeneinander laufenden Affären wieder auf. Da sie bei Konferenzen und Besprechungen ihres Mannes das „trophy wife“ spielen musste, stand es im Bereich des Möglichen, neue infrage kommende Kandidaten kennenzulernen. Offiziell durfte sie nur zu ihrer Mutter fahren sowie vom Schwarzenbergplatz nach Schwarzau oder von Schwarzau zum Schwarzenbergplatz. Alles selbstredend im Beisein eines Chauffeurs. Auch bei ihren Shoppingtouren in Wien, mit denen Mandl sie von ihrem Frust abzulenken gedachte, musste sie sich begleiten lassen. Er sah es als ihre Pflicht an, immer die allerschönsten, nach der aktuellsten Mode geschnittenen Kleider zu tragen. Dazu passend schenkte er ihr Berge von Schmuck, Diamanten und Edelsteine in allen Farben, funkelnde Diademe und juwelenbestickte Handtaschen, wie sie zur Abendmode der 1930er-Jahre als wertvolles Accessoire getragen wurden. Dann führte er sie in seinem Salon Freunden aus Geschäft und Politik vor. Einmal, als Fürst von Starhemberg anwesend war, verlangte Mandl von Hedy, all ihren Schmuck auf einmal anzulegen. Der Auftritt soll eine Sensation gewesen sein, so ein Augenzeuge. Von ihren Fingern bis zu ihren Schultern soll es nur so geblitzt und gegleißt haben: eisblau, rot, blau, weiß, Smaragde, Rubine, Diamanten. Sie habe wohl „so viel gewogen wie der halbe Aga Khan“, schätzte der Gast später. Nach dem Essen habe sie sich entschuldigt, sei verschwunden und zur Enttäuschung der Besucher nicht wiedergekommen. Hedy hatte bestimmt genug.

Fritz Mandls Geschäftsmodell hieß Unterhaltung. Wenn die Umgebung passte, so Mandl, ließen sich die lukrativsten Verträge abschließen. Dass nicht wenige der „ehrenwerten“ Herren dem Charme der jungen Hedy erlagen, schien Mandl (zunächst) nicht zu bemerken. Sie schaffte es zumindest gelegentlich, ihre Bewacher abzuschütteln, und begann eine Beziehung mit einem Sportathleten und Bergsteiger aus der ehemals gräflichen Familie Hardegg. Das Paar wurde in den Stadtcafés gesehen und die Klatschzeitungen berichteten detailliert über eheliche Krisen im Hause des bekannten Waffenindustriellen. Mandl schäumte und bestand darauf, dass Hedy ihn ab sofort auch auf seinen Dienstreisen begleitete, die er bisher ohne seine Frau absolviert hatte. Viel schwerer wog jedoch eine andere Affäre, die Hedy mit einem Mitglied der bekannten Familie Starhemberg eingegangen war. Ob es nun der frühere Vizekanzler und Heimwehrführer Ernst Rüdiger von Starhemberg oder doch dessen jüngerer Bruder gewesen war, darüber gehen die Meinungen der Wissenschaftler auseinander. Ernst Rüdiger kannte sie bestimmt gut und begegnete ihr häufig bei den Diners ihres Mannes, denn er gehörte zum engsten Kreis um Mandl und war ein wichtiger Geschäftspartner und politischer Informant. Starhemberg galt damals als einer der besonders gutaussehenden Männer Wiens und umgab sich, genau wie Mandl, gern mit Damen vom Theater. Seine zweite Frau wurde im Jahr 1937 die Burgschauspielerin Nora Gregor, mit der er, ebenso wie Mandl, 1938 nach Argentinien emigrierte. Als führende Persönlichkeit des austrofaschistischen „Ständestaates“ wäre er von den Nationalsozialisten gleich nach dem „Anschluss“ interniert worden.

Eine der zahlreichen Hedy umgebenden Fluchtlegenden bezieht sich auf einen der Brüder Starhemberg, mit dem sie angeblich nach Budapest geflohen sein soll, während Fritz Mandl auf einer Reise nach Rom unterwegs war. Da er Personal unterhielt, das die Schritte seiner fremdgehenden Frau zu überwachen hatte, war er über die Zugreise nach Ungarn bereits informiert, nahm ein Flugzeug nach Budapest und erwartete die panische Hedy am Bahnsteig. Diese Geschichte erzählte Hedy 1939 einem US-Magazin. Ihren Begleiter Starhemberg habe Mandl vollkommen ignoriert. Er habe sie am Arm genommen und geflüstert: „Wir fahren jetzt nach Hause. So wird es keinen Skandal geben.“ Sie habe sich todunglücklich in das Unvermeidbare gefügt. Zurück in Wien verständigten sich Mandl und Starhemberg, der geloben musste, die Liaison mit Hedy augenblicklich zu beenden. Hedy warf den Schlüssel zu Starhembergs Wohnsitz in die Donau.

Als Nächstes soll sie versucht haben, einen englischen Militär, den sie bei Mandls Abendeinladungen getroffen hatte, zu überreden, ihr bei der Flucht behilflich zu sein. Der gänzlich überrumpelte Mann stand jedoch auf Mandls Gehaltsliste – was Hedy nicht wusste. Außerdem besaß Mandl zu dieser Zeit bereits ein Aufnahmegerät und als der Engländer gegangen war, habe Mandl seiner Frau ihre Fluchtverhandlungen mit dem Besucher vorgespielt. Sie sei völlig entsetzt gewesen.

## Frequency Hopping

Bei einem dieser Gespräche mit Waffentechnikern und Militärangehörigen kam in Mandls Salon und Hedys Gegenwart das Thema des damals aktuellen Grundprinzips des Frequenzwechsels auf. Der Hamburger Wirtschaftshistoriker Hans-Joachim Braun fand im deutschen Bundeswehrarchiv heraus, dass die Firma Siemens & Halske Mitte der 1930er-Jahre an entsprechenden Entwicklungen für das „Dritte Reich" geforscht hatte. Entscheidend dabei war, Sender und Empfänger zu synchronisieren, sodass die beiden Geräte ihre Frequenzabstimmung rasch und im Gleichklang vornehmen konnten. Es war die Basis von Hedys Patent, das sie im Juni 1941 zusammen mit George Antheil in den USA einreichen sollte.

Doch noch war es nicht so weit und Hedy verbrachte einen Großteil ihrer Zeit weiterhin mit dem Schmieden von Fluchtplänen. Sie sah ein, dass es einer präzisen Vorbereitung und möglichst weniger Mitwisser bedurfte. Vermutlich war es wirklich so, wie einige Biografen berichten: Hedy verkleidete sich als ihr eigenes Dienstmädchen und düste mit einem Fahrrad zum Bahnhof. Ihren wertvollsten Schmuck, den sie stets als ihre „eiserne Reserve" bezeichnete, hatte sie wahrscheinlich einer guten Freundin, die in Paris lebte, vorausgeschickt. Hedy würde in der französischen Hauptstadt einige Zeit bei der Freundin wohnen und von dort aus die Scheidung einreichen. Als sie in Paris den Zug verließ, wartete schon ein Telegramm: Mandl sei auf dem Weg, sie zurückzuholen. Diesmal verlor Hedy die Nerven nicht. Sie stieg in ein Taxi und ließ sich nach Calais chauffieren. Von dort schiffte sie sich nach England ein. Fritz Mandl sah schweren Herzens ein, dass er diesen Krieg aufgeben musste. Er ließ im Herbst 1937 den Medien die Information zukommen, dass Hedy und er die Scheidung bekannt geben würden.

Den Schauspielerinnen blieb er treu und heiratete noch dreimal: die 29-jährige blonde Wienerin Hertha Schneider wurde 1939 seine Frau, danach ehelichte Mandl 1951 in Mexico City Gloria Vinelli. Seine letzte Gattin war die mit ihm gleichaltrige Monika Brücklmeier, Tochter des Widerstandskämpfers Eduard Brücklmeier, der in Zusammenhang mit dem Stauffenberg-Attentat auf Adolf Hitler vom 20. Juli 1944 in Plötzensee hingerichtet worden war.

Hedy Kiesler, wie sie sich nun wieder nannte, checkte im Sommer 1937 im Hotel Regent Palace am Piccadilly Circus ein. Sie stand kurz davor, den nächsten mächtigen Mann zu treffen, der ihr Leben streng reglementieren sollte: Louis B. Mayer. Er war zwar kein Großindustrieller, aber der einflussreichste Filmmanager in Hollywood. Und er wollte Hedy nicht nur kontrollieren, sondern eine völlig andere Person aus ihr machen. Fürs Erste teilte Mayer der neu zu erschaffenden Kunstfigur statt dem zungenbrecherischen deutschen Kiesler einen neuen Namen zu, den auch Amerikaner aussprechen konnten: Hedy Lamarr.

# V
# Metro-Goldwyn-Mayer

## Queen of Hollywood

„JFK sagte immer zu mir: ‚Geh unter die Leute!‘ Das ist das Geheimnis des Lebens.“

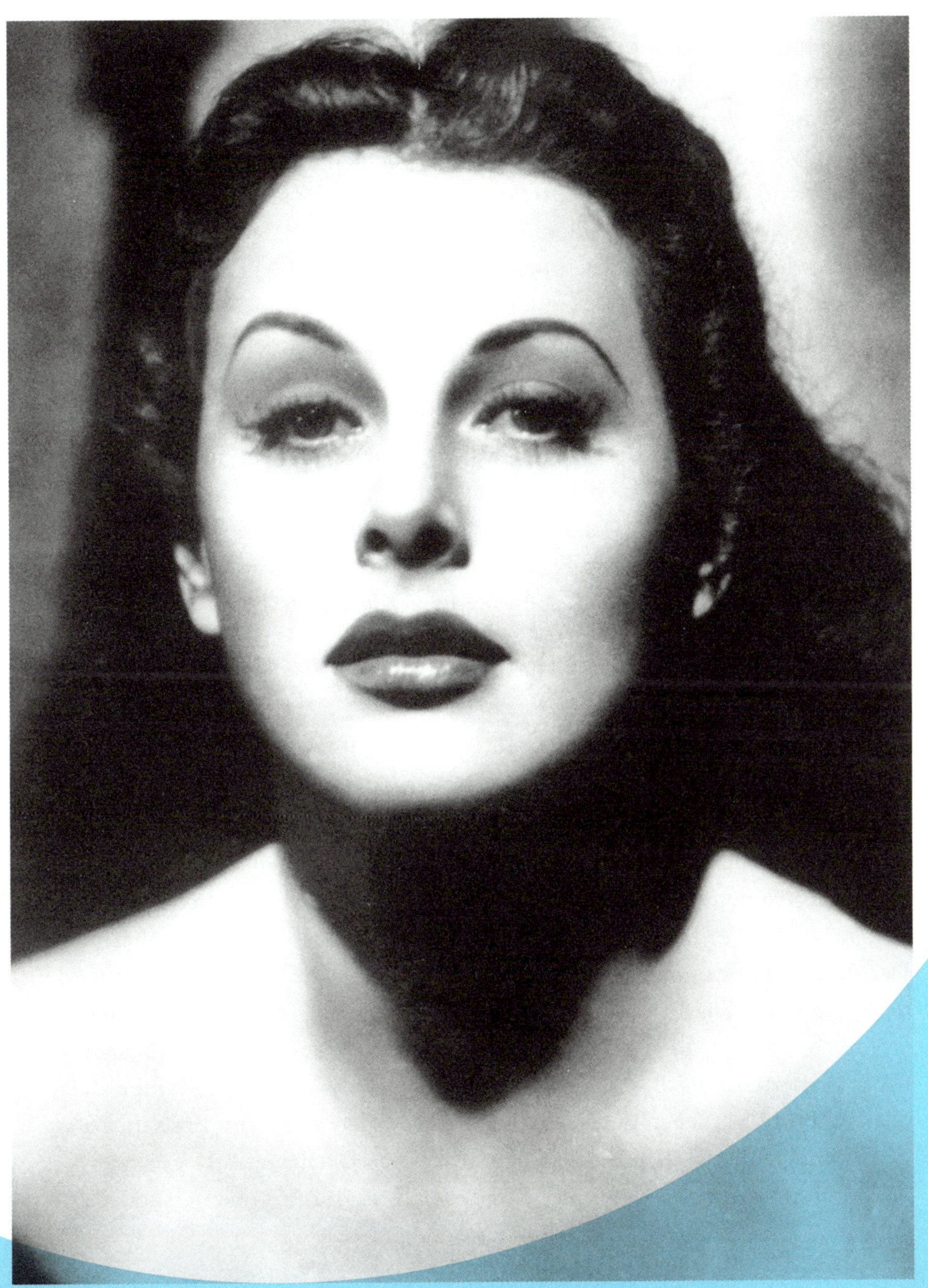

In ihren Interviews und Erzählungen verbreitete sich Hedy gern über ihren neuen so romantischen Namen, den sie sich selbst auf dem luxuriösen Ocean-Liner „Normandie“ gegeben haben will. „Lamarr“ – dieser Künstlername stünde für das Meer, den Atlantik, den sie in geradezu rasender Geschwindigkeit überquert hatte. Aber von einem Zusammenhang mit dem Meer konnte keine Rede sein. MGM-Boss Louis B. Mayer hatte ihr während der Überfahrt in deutlichen Worten klargemacht, dass sie sich von ihrem Familiennamen Kiesler verabschieden müsse. Denn in den USA könne damit niemand etwas anfangen, man würde es auch falsch buchstabieren oder schreiben, Keisler, Kaiser etc. Außerdem klinge der Name in Zeiten wie diesen – 1937 – „viel zu deutsch“. Missverständnisse seien vorprogrammiert und eine so außergewöhnliche Schönheit, wie sie es sei, benötige auch einen außergewöhnlichen und trotzdem einprägsamen Namen, den die Gesellschafts- und Filmjournalisten sogleich mit ihrem Gesicht in Verbindung bringen sollten. Nach mehreren Beratungen Mayers mit seinen PR-Leuten ging Hedwig Kiesler als Hedy Lamarr in New York an Land.

## Great Expectations

Ihr als Neo-Amerikanerin sagte der Name nichts, doch hatte schon einmal eine als tragische Figur bekannt gewordene Filmschauspielerin einen ganz ähnlichen Namen getragen: Barbara La Marr (1896–1926). Mayer bezog sich mit seiner Namenswahl für Hedy bewusst auf diese Darstellerin. Der Stummfilmstar hatte äußerliche Ähnlichkeiten mit Mayers Neuentdeckung aus Wien, auch La Marr war dunkelhaarig gewesen, außergewöhnlich schön, früh zur Bühne gekommen. Auch sie hatte als Teenager nackt posiert. Louis B. Mayer wusste, dass Hedy von Max Reinhardt „das schönste Mädchen der Welt“ genannt worden war. Und Barbara La Marr war in den Zeitungen „the girl that was too beautiful“ gewesen. Mayer tönte auf dem Dampfer, er werde „Tod durch Leben ersetzen“.

S. 123: Hedy Lamarr, nun ein durchgestylter Hollywood-Star.

Es gab noch andere Gemeinsamkeiten der beiden „Lamarrs", die Hedy bestimmt in den USA erzählt bekommen hatte und die auch in ihr eigenes Leben auf fast unheimliche Art Eingang finden sollten. Die fünfmal verheiratete Barbara La Marr hatte ein Kind bekommen, das sie wegen ihres schlechten Rufs zur Adoption freigeben musste, bevor sie es selbst „zurückadoptieren" konnte. Auch Hedy wird man bald nachsagen, ihr ältester, adoptierter Sohn James sei ihr eigener gewesen – was mit hoher Wahrscheinlichkeit nicht zutreffen dürfte. Auch sie wird in Amerika noch fünfmal heiraten. La Marr hatte bei ihrem frühen Tod eine lange „Karriere" als drogen- und medikamentenabhängige Frau hinter sich. Die Filmleute hatten sie ständig mit „Stärkungsmitteln" vollgestopft, bei denen es sich in Wahrheit um süchtig machende Drogen gehandelt hatte. 40.000 Trauernde kamen zum Begräbnis der nicht einmal 30-jährig verstorbenen Schauspielerin. Auch Hedy wird man jahrelang mit „Vitaminpillen" und „Vitaminspritzen" gefügig machen, um zu jeder Tages- und Nachtzeit mit ihr am Set drehen zu können.

Davon ahnte Hedy bei ihren ersten, hoffnungsvollen Meetings mit dem Studio-Tycoon Louis B. Mayer freilich nichts. Sie hatte es schon in London über Bekannte geschafft, Kontakt zu ihm herzustellen. Mayer reiste seit 1933 alljährlich auf der Suche nach neuen Talenten durch Europa und war vor allem an deutschen und zunehmend auch österreichischen jüdischen Flüchtlingen aus der Theater- und Filmszene interessiert, die in Amerika Fuß fassen wollten. Er war selbst Jude, geboren 1884 in Weißrussland als Eliezer Meir. Vier Jahre alt war er gewesen, als seine Familie aus dem russischen Zarenreich nach Kanada auswanderte. In den Jahren, in denen er mit Hedy arbeitete, galt er als bestverdienender Film-Mann der ganzen Welt. Das Studio MGM – Metro-Goldwyn-Mayer, das er leitete, war 1924 aus einer Fusion der Filmproduktionsgesellschaften „Metro Pictures Corporation", „Goldwyn Picture Corporation" und „Louis B. Mayer Pictures" hervorgegangen. Der brüllende Löwe, der bis heute mit dem Logo der Filmfirma assoziiert wird, stammte übrigens von „Goldwyn". Doch Mayer war derjenige, der als Top-Manager galt und der vor allem die für den finanziellen Erfolg benötigten Stars an der Hand hatte.

In den Jahren 1926 bis 1943 dominierte MGM die US-Filmindustrie und fuhr die bei Weitem höchsten Gewinne ein. Ein gewisser Wiedererkennungswert der Filme aus seinen Studios war dem Chef wichtig.

Höchster handwerklicher Standard, die Kostüme von den besten Designern, vor allem aber die Beiträge der Lichttechniker und Beleuchter begründeten den Ruf der einzigartigen Atmosphäre der MGM-Filme. Mayer gab strikte Anweisung, jede Szene möglichst hell auszuleuchten. Schatten und harte Kontraste suchte er zu vermeiden, seine Stars sollten mehr als nur gut aussehen. Daher engagierte Mayer auch in den Bereichen Make-up und Hairstyling nur Spitzenleute, die als vorbildlich für die gesamte Branche angesehen wurden. Ebenso ließ er beim Ton keine Kompromisse zu.

Dass viele Schauspieler für MGM arbeiten wollten, um sich von Mayer zu Stars heranbilden zu lassen, liegt auf der Hand. Aus seinem Stall kamen viele bis heute legendäre und glanzvolle Namen, zum Beispiel Clark Gable, die Marx Brothers, James Stewart, Lana Turner, Deborah Kerr, Judy Garland, Ava Gardner oder Grace Kelly. In den 1930er-Jahren war der MGM-Slogan „More Stars than there are in Heaven" in aller Munde. Als PR-Strategen Mayer allerdings darauf hinwiesen, dass der Begriff „Himmel" mit verstorbenen Stars in Zusammenhang gebracht werden könnte, wurde der Spruch eingemottet. Der Tod gehörte zu den absoluten No-Gos in Hollywood. Hedy erzählte in ihrer Autobiografie von Filmleuten, in deren Beisein man das Wort Tod auf keinen Fall aussprechen durfte. Auch Louis B. Mayer hatte im Grunde einen sehr traditionellen, konservativen Filmgeschmack. Er liebte schmalzige Operetten und opulente Singspiele. „Sissy" hätte ihm vielleicht gefallen, doch es war ein Bühnenstück, das Mayer kaum kennen konnte. Als Leiter des weltgrößten Filmstudios kannte er jedoch „Ekstase".

## The „Ecstasy"-Girl

Als Hedwig Mandl Mitte der 1930er-Jahre mit Max Reinhardt über ihre Ehekrise sprach, gab dieser auf Schloss Leopoldskron ein Dinner, zu dem auch Louis B. Mayer, der berühmte Gast aus dem fernen Amerika, geladen war. Möglich, dass Reinhardt bei Mayer angeklopft hat, ob er Aussichten sehe für eine etwaige US-Filmkarriere des Stars aus dem

Skandalstreifen „Ekstase“. Möglich, dass Mayers Antwort der Grund dafür war, dass Reinhardt Hedy damals so wenig einfühlsam abgekanzelt hat („Du wirst nie wieder spielen“). Mayer war nämlich der Ansicht, „der Hintern einer Frau gehört ins Schlafzimmer ihres Ehemanns und nicht als Ausstellungsobjekt auf die Leinwand für Kinogeher“, wie er sich ausdrückte. Er sähe keine Möglichkeit, Frau Mandl mit ihrem Vorleben in Amerika zum Star zu machen – so entzückend sie auch sei. Noch dazu könne sie kein Englisch, wie Mayer korrekt feststellte. In ihrer kurzlebigen Schullaufbahn hatte Hedy gerade ein Jahr lang versucht, die englische Sprache zu erlernen.

Doch nun, wenige Jahre später, stimmte Mayer in London einem Treffen mit Hedy zu. Die amerikanische Künstleragentin Adeline Schulberg, eine Geliebte Mayers, vertrat in London jüdische Künstlerinnen und Künstler, die ihre Arbeit durch das NS-Regime verloren hatten. Sie versuchte, manche von ihnen an Mayer zu vermitteln, und verschwieg ihm mit voller Absicht deren meist ziemlich liberale Anschauungen, nicht zuletzt was Sex und Partnerschaften betraf. Sie erwähnte nur, dass es sich um Juden oder judenfreundliche Leute handelte, die eine Chance bei Mayer verdienten. Und als sie auch den Namen Hedy Kiesler-Mandl fallen ließ, schien Mayer zumindest zuzuhören. Kurz darauf wurde ein Meeting der beiden vereinbart, in Begleitung eines Dolmetschers.

Als Mayer der jungen Wienerin ansichtig wurde, soll er sie sogleich genötigt haben, Platz zu nehmen. Mayer war nicht nur der nächste superreiche und tonangebende Mann in Hedys Nähe, er war genauso der nächste, den sie an Körpergröße überragte. Und wieder sagte er sein Sprüchlein auf: „Ich will auf der Leinwand keine nackten Hintern sehen. Ich vertrete den Standpunkt von Familien. Wir bei MGM machen nur saubere Filme. Wir wollen, dass unsere Stars auch im wirklichen Leben Vorbilder sind. Ich möchte gar nicht wissen, was die Amerikaner über ein Mädchen denken würden, das mit nacktem Hintern über die Leinwand flitzt.“ Über Hedys abwechslungsreiches Liebesleben schien er im Detail nicht informiert gewesen zu sein. Sie selbst hat wohl im Geist die Augen gerollt. Neben der schrillen Stimme, dem Schmollmund und dem Aufreißen der Augen wird das Augenrollen zu den vier „Schauspielkunststücken“ gehören, die die US-Filmkritiker bei Hedy in den kommenden Jahren als zentrale, immer wiederkehrende Merkmale ihrer Darstellung kommentieren sollen.

Nachdem Mayer seine MGM-Charakteristik beendet hatte, hörte er auch von Hedy die altbekannte Litanei: Sie sei sehr jung gewesen, als sie „Ekstase“ gedreht habe. Sie habe keine Ahnung gehabt, worum es wirklich ging, und zu den Nacktszenen sei sie gezwungen worden. Sie sei eine gute Schauspielerin und wolle ihm dies gerne beweisen.

Nun gut, meinte Mayer. Wenn sie sich die Überfahrt nach New York selbst bezahlen könne, wolle er sie in Hollywood im Rahmen eines Standardvertrags beschäftigen, sechs Monate lang, 125 Dollar die Woche. Hedy erhob sich sogleich: Sie sei hier in Europa bereits ein Star und habe es nicht nötig, einen Anfängervertrag (sie soll in ihrem miserablen Englisch „cheap contract“ gesagt haben) zu unterschreiben. Damit machte sie ihren Abgang, gönnte sich dann aber doch eine kurze Nachdenkpause. Ihre Mittelsleute informierten sie, dass Mayer demnächst von Le Havre aus auf der „Normandie“ nach New York zurückkehren werde. Viel Zeit bliebe ihr nicht mehr. Hedy beschloss, Mayer auf dem Schiff wiederzutreffen und Eindruck zu machen. Sie versetzte einen Teil des „eiserne Reserve“-Schmucks und kaufte vom Erlös eine Passage ins Ungewisse.

## Speed & Style

Nun war die „Normandie“ nicht irgendein Schiff. Nur die vermögendsten Leute konnten sich eine derartig prächtig ausgestattete Überfahrt leisten. Der Innenbereich wird als märchenhaft geschildert – es gab Glassäulen und Deckenlampen von Lalique und eine holzgetäfelte Grande Allée. Überall wuselten Pagen in scharlachroten Uniformen umher. Ein Tennisplatz und ein Swimmingpool dienten zur sportlichen Ertüchtigung der Reisenden. Hedy nutzte die Sportbereiche als Laufstege, sobald sie des Filmmoguls Mayer ansichtig wurde. Diesem blieben die Reaktionen der männlichen Passagiere nicht verborgen, wenn Hedy in Badeanzug oder Tennisdress vorbeistolzierte. Er gab sich wohl einen Ruck und bot Hedy nun eine neue vertragliche Bemessungsgrundlage an: sieben Jahre, zu Beginn 550 Dollar pro Woche. Mehrere Bedingungen waren an die besseren Konditionen geknüpft. Als Allererstes solle Hedy ihre Kleider unter allen Umständen anbehalten. Und als Nächstes müsse sie sofort perfekt Englisch lernen, forderte Mayer. Das schaffte Hedy zwar in den beinahe 60 Lebensjahren nicht, die da noch vor ihr lagen. Die korrekte englische Orthografie blieb ihr ein Rätsel. Doch ganz im Gegensatz zum etwas holprigen Beginn ihrer Zusammenarbeit schien Mayer immer verliebter in Hedy zu werden, je länger die Seefahrt nach Amerika andauerte. Die Ursache der plötzlichen Zuneigung lag darin, dass er tagtäglich beobachten konnte, wie die mitreisenden Männer hinter Hedy her waren und ihr regelrecht nachstellten. Mayer war als eher knausrig verschrien, dennoch erlaubte er Hedy, in der schiffseigenen Chanel-Boutique auf der „Normandie" nach Herzenslust einzukaufen.

Gabrielle „Coco" Chanel war damals die Ikone der modern gekleideten, oftmals arbeitenden Frauen mit genügend Geld zur freien Verfügung. Als Waisenkind aufgewachsen, das in einem Kloster nähen und sticken lernen musste, tingelte Gabrielle als singender Teenager durch die Nachtclubs und lebte in erster Linie von der Großzügigkeit ihrer Gönner. Doch vergaß sie dabei nie ihre Eingebungen und Pläne und mit den Jahren gelang es ihr, diese zu verwirklichen. In den 1930er-Jahren stand das Haus Chanel auf dem Gipfelpunkt seines Ruhms. Und Hedy, die der ebenso unterkühlt blickenden, ebenso dunkelhaarigen und selbstbewussten Pariser Designerin nicht unähnlich war, standen die in Schwarz, Weiß, Beige und Dunkelblau gehaltenen, strengen Schnitte nach männlichem Vorbild so gut wie kaum einer anderen Frau auf der „Normandie".

Chanel-Mode war ein Synonym für weibliche Bewegungsfreiheit. Die Stücke waren nicht aus Spitze, Damast oder Brokat, sondern aus Baumwolle und aus dem in der Damenmode neuartigen „Herrenstoff" Jersey. Sportliche Schnitte für junge Frauen mit einer neuen Lebensart, die sich gerne und mit großer Selbstverständlichkeit in Hosen zeigten. Diese waren weit geschnitten, um bequem auszuschreiten, und wurden zu Matrosenblusen kombiniert, die an die Arbeitskleidung bretonischer Fischer erinnerten. Die Oberteile besaßen große Taschen und hatten einen tiefen Ärmelansatz. Geradlinigkeit, Bequemlichkeit, Natürlichkeit – das waren Coco Chanels Richtlinien und auch Hedy kleidete sich gern in genau diesem Stil. Dazu kamen die berühmten falschen Perlen und die von den Kirchenfenstern und Mosaiken Venedigs inspirierten bunten Armreifen und Broschen.

Hedy Kiesler hatte sogleich verstanden, dass Mademoiselle Chanel den Frauen mehr verkaufte als nur Kleidung. Eine neue Weltanschauung steckte in diesem emanzipierten Frauenbild, mit dem sich der Star aus „Ekstase“ identifizieren konnte. Furchtlos, uneingeschränkt, sportlich und kess muss die umwerfende Hedy ausgesehen haben und durfte nun auf Kosten von MGM auch noch „standesgemäße“ Koffer und Reisetaschen auswählen. Sie sollte den in New York wartenden Fotografen einen unvergesslichen Anblick bieten, wenn sie von Bord ging: Der neue Stern aus der Musikstadt Wien! Endlich machte sie den gewünschten Eindruck auf ihren zukünftigen Boss. Die Vorstellung, aus dem für seine Begriffe etwas zu großen „deutschen“ Mädel einen Hollywood-Star zu machen, ließ Mayer nun regelrecht aufleben.

Als die „Normandie“ in New York anlegte, stand – von seinen Leuten avisiert – ein Pulk von Presseleuten bei Fuß, um Mayers „neue Rekruten“ aus Europa in Augenschein zu nehmen. Man hatte Gerüchte gehört, dass die „Ecstasy-Lady“ im Begriff sei, Amerika zu erobern. Der Journalist Ed Sullivan war damals ein junger Kolumnist der „New York Daily News“ und wurde später als Talkshowmaster der „Ed Sullivan Show“ bekannt. Er begrüßte Hedy in den USA und nannte sie in Anlehnung an Max Reinhardt „die schönste Frau des Jahrhunderts“. Weniger höflich zeigte sich ein Pressefotograf, der vorschlug, Hedy möge doch den Rock heben, damit er Fotos von ihren Beinen machen könne. Sie lehnte ab. Die meisten Journalisten schrien der bereits nach Hollywood-Art stark geschminkten „Miss Kays-lar“ oder „Mrs. Mandl“ Fragen zu absolvierten oder zukünftigen Nacktauftritten zu. Hedy antwortete lapidar, es sei nichts dergleichen geplant: „Please call me Hedy Lamarr.“ Jede Verbindung zum Waffenfabrikanten Fritz Mandl, der, wie man in den USA wusste, geschäftliche Beziehungen mit dem „Dritten Reich“ unterhielt, war unerwünscht und sollte ab sofort von Hedy ferngehalten werden. Dafür zu sorgen, gehörte unter vielen anderen Dingen zu den Aufgaben der MGM-Presseleute. Der neue Name sollte auch die Basis für neue, politisch und moralisch saubere Filme sein.

Die von ihrem ersten öffentlichen Auftritt in den USA unangenehm berührte Hedy wurde von ihren Aufpassern aus den Klauen der

Fotografenmeute befreit und ins Plaza Hotel gebracht. Sie war den Tränen nahe, da die Amerikaner angeblich „keinen Sinn für Kunst" gezeigt und „nur wegen Nacktszenen" gefragt hätten. Ein PR-Mann fragte, ob sie gut ausgesehen habe in „Ekstase". „Natürlich", antwortete Hedy. Daraufhin erklärte der MGM-Mitarbeiter, dann sei ja alles in bester Ordnung. „Für Amerikaner zählt nur der Erfolg. Wenn Hedy nackt erfolgreich war, ist keinerlei Schaden entstanden."

## „Here we are now, entertain us!"

Für den nächsten Tag wurde Hedy mit einem Zugticket nach Los Angeles ausgestattet. Auf der langen Fahrt durch die überwältigende neue Heimat hatte sie nun Gelegenheit, sich auf ihr neues Leben als MGM-Produkt vorzubereiten. Nicht wenige schöne Schauspielerinnen waren durch das System, das Hedy erwartete, vollkommen zerstört worden, wie zum Beispiel Frances Farmer. Farmer war Amerikanerin, ein Jahr älter als Hedy. Sie wollte eigentlich am Theater spielen, unterschrieb auf Anraten ihrer Mutter jedoch einen Mehrjahresvertrag beim Filmstudio Paramount. Schönheit auf der Leinwand und Gehorsam gegenüber den Studiobossen waren die erwünschten Eigenschaften einer Filmschauspielerin in Hollywood. Frances Farmer jedoch hasste die naiven Rollen, die sie übernehmen musste und bei deren Auswahl sie kein Mitspracherecht hatte. Sie hasste die Klatschpresse, die sie verfolgte und falsche Skandalnachrichten über sie verbreitete; sie hasste die Verträge, die Agenten für sie aushandelten und die sie ohne Widerrede unterschreiben musste. Als sie sich schließlich lautstark wehrte, Rollen ablehnte, ausgehandelte Übereinkünfte platzen ließ und mehrfach alkoholisiert am Steuer gestoppt wurde, erklärten die Filmmogule sie für „hysterisch". Wie es unbotmäßigen und missliebigen Frauen in der Gewalt von Männern nicht selten passiert(e), hieß die nächste Station Psychiatrie. Dort wurde sie misshandelt, vergewaltigt, mit Elektroschocks malträtiert. Nach ihrer Entlassung war ihre Persönlichkeit gebrochen. Sie nahm Gelegenheitsjobs an und starb im Jahr 1970. In ihrer Jugendzeit hatte Frances Farmer Schauspiel an der University of Washington in Seattle studiert, in jener Stadt, die zu Beginn der 1990er-Jahre durch die Band Nirvana als Epizentrum des Grunge musikhistorische Bedeutung erlangte. Kurt Cobain widmete der unerschrockenen Kämpferin gegen das krank machende Hollywood-System und für weibliche Selbstbestimmung den mittlerweile klassischen Song „Frances Farmer Will Have Her Revenge On Seattle".

Hedy Lamarr hat bestimmt die Laufbahn ihrer Kollegin Frances Farmer beim Konkurrenz-Studio mitverfolgt. Sie selbst versuchte zu bestehen, so gut sie konnte. Eines wurde ihr auf jeden Fall rasch klar: Ab sofort ging es nur noch darum, mit der Kunstfigur, zu der sie stilisiert wurde, den größtmöglichen Profit zu erzielen. Ihr altes Selbst rückte in den Hintergrund. Schon die ersten Porträtfotos aus Hollywood sollten mit den künstlerischen Aufnahmen der großartigen Wiener Fotografin Trude Fleischmann kaum noch etwas gemeinsam haben.

Louis B. Mayer war ein Mann, der seine große „Hollywood-Familie" auf paternalistische Art führte, vergleichbar einem Übervater des 19. Jahrhunderts, der über einen großen Clan zu präsidieren hatte. Familien im Publikum, Familie „zu Hause" – so lautete seine Devise. Grundsätzlich vertrat er die Auffassung, dass Schauspieler, insbesondere Schauspielerinnen, nicht wüssten, was gut und richtig für sie sei. Sie benötigten Direktiven, und zwar seine. Er sah es als seine Aufgabe an, sich um das Wohlergehen seiner Darstellerinnen zu kümmern, immer zur Stelle zu sein, sollte es irgendwo haken. Der Boss gab einer Schauspielerin eigenhändig Saccharin statt Zucker in den Kaffee, wenn er der Meinung war, sie müsse abnehmen. Er empfahl, was die Damen zum Frühstück, mittags oder abends essen sollten. Erkälteten Schauspielerinnen ließ Mayer Hühnersuppe aus seiner eigenen Küche überbringen – sofern die Kranken gerade in seiner Gunst standen. Hedy litt häufig unter grippalen Infekten – bekam sie keine heiße Brühe aus der Mayer'schen Suppenküche, wusste sie, dass der Chef momentan nicht gut auf sie zu sprechen war. Mayer suchte Heiratskandidatinnen und -kandidaten aus, gab (ungefragt) Ratschläge, wann es Zeit wäre, ein Kind zu bekommen. Er war auch mit Rat und Tat zur Stelle, sollte man Verhütungsmittel benötigen, und er besorgte im Fall des Falles einen verlässlichen Abtreibungsarzt, sollte eine Schwangerschaft einem Filmdreh im Wege stehen. Kosmetische Eingriffe wurden ebenso häufig in Mayers Büro diskutiert. Er wusste, wessen Nase zu groß oder wessen Brustumfang zu klein war und wie solche

„Gebrechen“ rasch korrigiert werden konnten. Bei kleineren „Unpässlichkeiten“ wie Müdigkeit am Set, schlaflosen Nächten oder Liebeskummer erhielten die Stars „Vitaminpräparate“.

Als Judy Garland, die mit Hedy zusammen „Ziegfeld Girl“ (1941) drehte, im berühmten Film „The Wizard of Oz“ (1939) auftrat, war sie 16 Jahre alt. Um ihren Filmcharakter, das viel jüngere Mädchen „Dorothy“, glaubwürdig darstellen zu können, verabreichte man ihr täglich hohe Amphetamin-Dosen, die das Wachstum ihres Busens bis Drehschluss unterbinden sollten. Sie verbrachte ihr gesamtes kurzes Leben – sie wurde 47 Jahre alt – in Abhängigkeit von Aufputsch- und Schlafmitteln. Sie zündete ihr Nachthemd an und schnitt sich die Pulsadern auf. Schließlich starb sie an einer Barbiturat-Überdosis. Während des Drehs zu „Ziegfeld Girl“ sagte die im Gegensatz zu Hedy talentierte Judy Garland der Presse, von allen MGM-Schauspielerinnen sei Hedy Lamarr die schönste. Im paillettenbestickten silbrig schimmernden Kleid mit heiligenscheinartigem Sternenkopfschmuck schwebte Hedy in diesem Film wie eine Mischung aus Mozarts „Königin der Nacht“ und Winterhalters Sisi als superglamouröse Broadway-Diva auf die Bühne herab. Dazu hörte man den Song „You Stepped Out of A Dream“, der das Image einer zauberhaften Traumerscheinung zementierte, dem die reale Hedy nie mehr entfliehen konnte. In Garlands Wahrnehmung sei Hedy „sehr nett und eher scheu“ gewesen. Hinter der Co-Darstellerin Lana Turner pfiffen alle her, doch wenn Hedy ans Set gekommen sei, hätten die Techniker hörbar geseufzt und voller Sehnsucht gestarrt.

Die privaten Unternehmungen seiner Stars interessierten Mayer nicht – solange niemand etwas bemerkte. Faschisten oder Kommunisten, Schwule, Lesben oder Heteros, Schauspielerinnen, die mit ihm schlafen wollten oder nicht, religiös oder nicht – im streng bis erbarmungslos geführten Reich des Louis B. Mayer war praktisch alles möglich. „Privacy“ hieß das Zauberwort. MGM-Verträge beinhalteten eine „Moral“-Klausel, sodass das öffentliche „Sauberfrau“- bzw „Saubermann“-Image der Unterzeichnerinnen und Unterzeichner nicht durch zweifelhafte Bettgeschichten beeinträchtigt werden konnte. Sollte doch einmal etwas, das sich nach Sex-Skandal oder Ähnlichem anhörte, an die Presse durchsickern, drohte der Rauswurf aus der Mayer'schen Musterfamilie. Dezidiert unerwünscht waren zum Beispiel uneheliche Kinder. MGM-Schauspieler standen nach der Vertragsunterzeichnung mehr oder weniger im Eigentum des

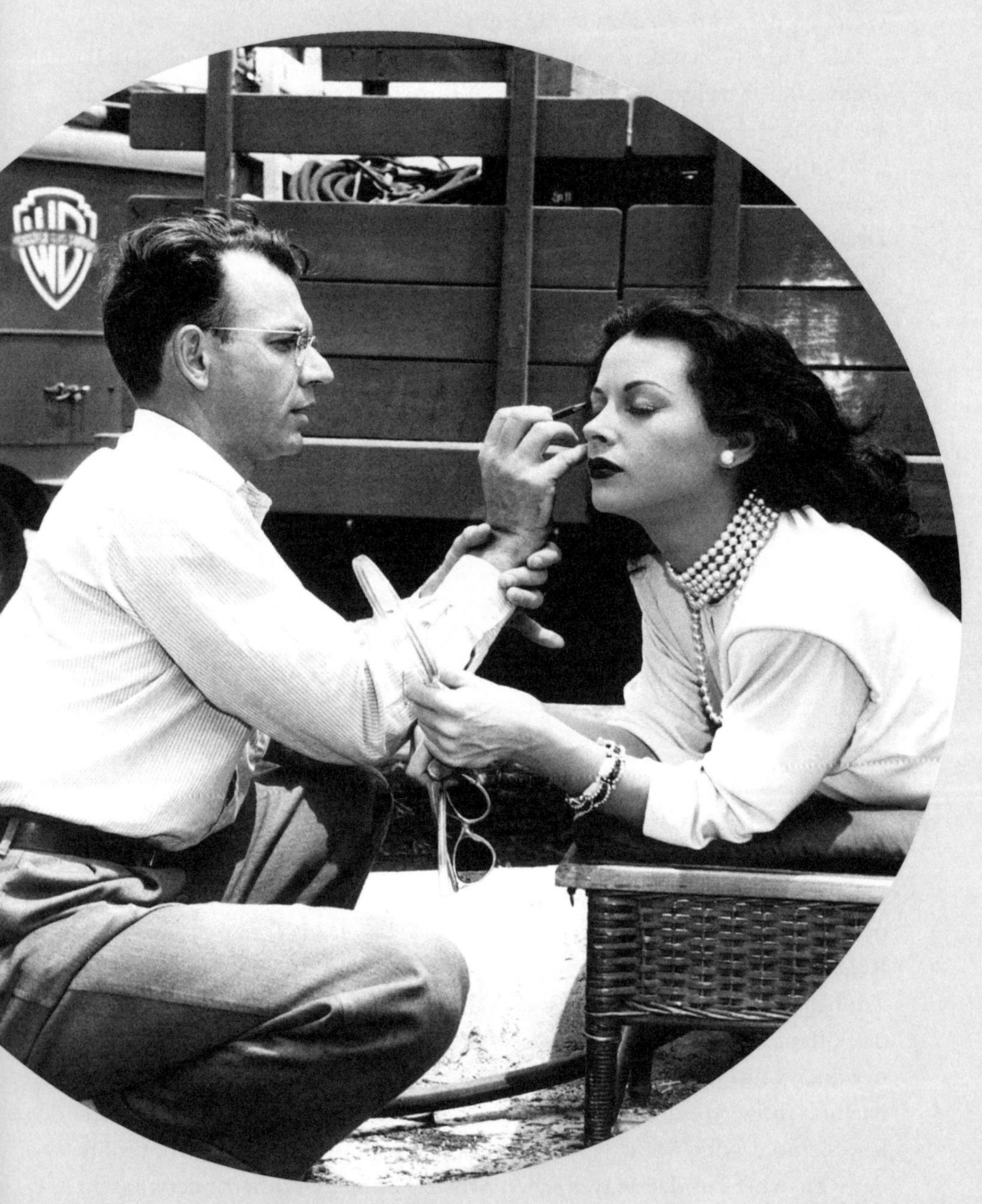

Hedy Lamarr und ihr Make-up-Artist Ben Nye, der später eine eigene Make-up-Produktionsfirma gründete.

Studioinhabers. Sie durften nur in der Gegenwart eines PR-Managers mit Journalisten sprechen. Auch durften sie ohne Zustimmung Mayers keine Fotos machen lassen, da er sich die absolute Kontrolle über das Image seiner „Schützlinge“ vorbehielt. Im Hotel zu wohnen war ebenso nicht empfehlenswert, es klang nach Escort-Girl oder noch Schlimmerem. Mayer bemühte sich stets, neu angekommene Schauspielerinnen in Zweier-Apartments unterzubringen. Bei Fragen, egal welcher Art, sollten sich alle vertrauensvoll an ihn wenden. Da er viele jüdische Schauspieler, Drehbuchautoren und Regisseure beschäftigte, bläute er auch ihnen ein, ihre Religion strikt als Privatsache zu betrachten. Diese Vorschrift könnte mit ein Grund dafür gewesen sein, dass Hedy ihr Judentum so verborgen hielt, dass sie nicht einmal ihren Kindern etwas davon mitgegeben hat.

Auf der Leinwand wurde nur Perfektion geduldet: Weiß und amerikanisch mussten die Stars sein, „the Hollywood way“, wie es hieß. Außerdem sehr schlank, denn die Kamera trug auf. Hedy war nach ihren Ehejahren, in denen sie eine berufliche „Zwangspause“ hatte einlegen müssen, für die sportliche amerikanische „Casual“-Kultur zu rundlich. Es wurde vereinbart, dass sie in kurzer Zeit sieben Kilo abzunehmen habe. Außerdem wurden ihr Sprechtraining sowie Tanzstunden verordnet. Sie wurde angewiesen, Kleider oder Hosen zu tragen, keine Röcke und Blusen, die ihre zu runde Bauchpartie betont hätten. Der Busen war zu klein, die Hüften zu breit. Mayer ordnete an, die Fotografen mögen sich auf ihr Gesicht, nicht auf ihren Körper, konzentrieren. Man probierte an ihr Perücken in allen Farben, um ihre ideale Haarfarbe festzustellen. Seitenscheitel links und rechts, hochgesteckte Haare, verschiedenste Lockenfrisuren, Hüte, Schleier, Turbane, Diademe, Ketten in allen Längen: Hedy mutierte zur Schaufensterpuppe. Was sie selbst wollte, war ohne Bedeutung. Es ging darum, ein Image zu kreieren, dem sie zu entsprechen hatte. Die Ware sollte bestmöglich präsentiert werden, um mit ihr den höchstmöglichen Gewinn an den Kinokassen zu erzielen. Schließlich einigten sich die Fachleute für solche Fragen auf schwarz gefärbte Haare mit einem weiß betonten Mittelscheitel. Bald wurde sie in den Filmkolumnen „der berühmteste Mittelscheitel der Welt“ genannt. Dass sie selbst und das Bild von ihr immer weiter auseinanderdrifteten, war der Preis für die wenigen Jahre des Welterfolgs.

Mit ihrer Größe und Ausstrahlung wäre sie ideal gewesen für ein US-Fashion-Model, denn auf Fotos wirkte sie großartig. In ihren

Hollywood-Filmen jedoch ließ ihre Schauspielleistung all die Jahre hindurch zu wünschen übrig. Erste Leinwandtests mit Hedy wurden schon im Anfangsstadium wieder abgebrochen. Sie habe keine Ahnung, wie man spielt, sagten die Regisseure. Zusammen mit anderen „Mayer-Importen", wie sich einige der arbeitslosen Schauspielerinnen aus Österreich und Deutschland nannten, besuchte sie Englischkurse und ging auf Partys. Im gemeinsamen Apartment mit der ungarischen Schauspielerin Ilona Massey machten sich die beiden Mitteleuropäerinnen über ihre Sprachschwierigkeiten lustig. Hedy: „Ilona buried the English language after I murdered it." Mayer ermunterte alle Neuankömmlinge, „socializing" zu betreiben, also sich sehen zu lassen, so viele Hollywood-Leute wie möglich kennenzulernen, umtriebig zu sein. Auch dafür gab es Regeln. Was man auf den Partys hörte, sollte man für sich behalten. Mayer hatte zudem überall Mitarbeiter, die ihm retour berichteten, wer von den „Neuen" auf welchen Partys gesichtet worden war, wer mit wem redete oder gar Affären begann.

Vielen fiel der Anfang auf dem ungewohnten Parkett schwer, so auch Hedy. Als Mayer sie nach einigen Wochen in Hollywood fragte, wie es ihr denn gehe, war er sehr überrascht. Praktisch alle seine Jungstars überschütteten ihn bei einer solchen Frage mit Dankesworten und positiven Rückmeldungen. Doch Hedy verbarg ihre Enttäuschung nicht. Sie hatte noch kein einziges Rollenangebot erhalten. Mayer hielt sie jedoch weiterhin hin und erklärte, es gäbe von seiner Seite kein Projekt für sie, bevor sie ihr Englisch nicht perfektioniert habe. Sie verstand noch immer kaum etwas, konnte noch weniger selbst zu einer Unterhaltung beitragen und bemerkte bald, dass die Amerikaner in ihrer Umgebung nichts von europäischer Kultur wussten und auch nichts darüber wissen wollten. Die spürbare Ignoranz und das Desinteresse machten viele Emigranten krank. Die Mutter des altösterreichischen Filmproduzenten Paul Kohner sprach im Bus in Hollywood wildfremde Leute an in der Hoffnung, sie würde vielleicht auf einen anderen Emigranten treffen, um mit diesem über „Daheim" reden zu können. Nicht wenige Juden aus Europa, wie Hedy, waren Teil einer Hochkultur-Elite gewesen, die es in Hollywood schlicht und einfach nicht gab. „Kultur" im neuen Umfeld würde heute eher als

„populärer Zeitvertreib" bezeichnet werden. Seichte Unterhaltung ohne elitären Anspruch, unproblematische Filme mit hohen Einspielergebnissen, Radioshows, Tanzveranstaltungen: An all dies musste sich Hedy Lamarr nun gewöhnen. Und doch gelang es ihr bis zu ihrem Tod nicht.

## „Algiers"

Louis B. Mayer hatte Hedy zwar einen neuen Namen und einen Vertrag gegeben; doch er hatte offenbar keinen Plan, wie er sie nun in Hollywood beschäftigen sollte. Aufgrund ihrer Vergangenheit in „Ekstase" blieb sie ihm suspekt. Sie war eine kaum bekannte junge Schauspielerin aus einem fremden Land, hatte in kleinen deutschsprachigen Produktionen mitgewirkt und einen schlechten Ruf infolge eines „Sexfilms", den niemand in Amerika gesehen hatte. Das einzig Positive für Hedy: Sie bekam pünktlich ihr Geld. Und die langen Stehpartys zahlten sich auch bald aus, denn neben Amerikanern, mit denen sie vorläufig keinerlei Gemeinsamkeiten entdecken konnte, lernte sie andere Ausländer kennen. Sie begann eine Beziehung mit dem englischen Schauspieler Reginald Gardiner, der ihren schwierigen Charakter später so hervorragend in dem spektakulären Porträt festhalten sollte, das Hedy mit Rose und Peitsche zeigt.

Und da Mayer ihr keine Rolle anzubieten hatte, nahm sie ein Offert des aus einer deutsch-jüdischen Familie stammenden Produzenten Walter Wanger an, der später mit seinem Film „Cleopatra" (1963, Liz Taylor und Richard Burton) für den Oscar nominiert wurde. 1937/38 plante der von Studios unabhängige, dennoch sehr erfolgreiche Wanger das Remake des französischen Films „Pépé le Moko". In dieser unterhaltsamen Gangstergeschichte ging es um einen französischen Juwelendieb, Schauplatz ist die „Casbah", also die geheimnisvolle Altstadt von Algier, mit ihren verwinkelten dunklen Gassen. Französische Vertretungen in Amerika bekundeten ihre Sorge, dass die französische Kolonie Algerien als nur von Verbrechern und Frauen zweifelhaften Rufs bevölkerte Gegend dargestellt werden könnte, was Wanger pragmatisch entkräften konnte: „Der Großteil der Amerikaner hat keine Ahnung, wo Algiers liegt." Angeblich hätte die Rolle der Gaby, die Hedy Lamarr nun als ihre erste Hollywood-Performance übernahm, an Ingrid Bergman gehen sollen. Die Schwedin bekam später ein viel prestigeträchtigeres Angebot in Michael Curtiz' „Casablanca", einem von der Story her ähnlichen Film. Hedy soll den berühmten Part der Ilsa Lund, die Bergman so vollendet verkörpert hat, zuvor abgelehnt haben.

Da Hedy bei Mayer unter Vertrag war, musste Wanger sie für den Dreh von „Algiers" ausborgen. Sie erhielt weiterhin ihre 550 Dollar pro Woche, Wanger jedoch zahlte 1500 Dollar an Mayer für die „Ausleihe" einer beschäftigungslosen Darstellerin. Der Gewinn Mayers in diesem Fall betrug demnach 950 Dollar. Man versteht, wie Mayer der reichste Mann in Hollywood werden konnte …

Dass Hedy nicht schauspielern konnte, wusste Wanger schon, bevor er sie wegen einer Rolle in „Algiers" kontaktiert hatte. Auch ihr Filmpartner, der Franzose Charles Boyer in der Rolle des „Pépé", beschwerte sich über die mangelnde Schauspielkunst und das praktisch nicht vorhandene Englisch seines weiblichen Gegenübers. Allerdings hatte auch Boyer im Vergleich zu Jean Gabin, der im französischen Original zu sehen ist, seine darstellerischen Schwächen. Ohnehin bestimmte der Produzent die Mitwirkenden. Wanger hatte Hedy auf einer Party getroffen und war von ihrer makellosen Erscheinung, den schwarzen Haaren, die sie oft mit einer Perle am Ansatz akzentuierte, den perfekt manikürten rot lackierten Fingernägeln und vor allem von ihrer für Hollywood-Verhältnisse exotischen Ausstrahlung begeistert. Sie verkörperte genau jene Aura, die er sich für eine verführerische Französin im unheimlichen Algiers wünschte. Und sie hatte einen fremdländischen Akzent. Die zu kleinen Brüste, die er auch sogleich negativ kommentierte, würde er im Film kaschieren. Hedy war ein neuer Frauentyp in Hollywood: weniger blonde Sexbombe, wie es Jean Harlow oder Mae West gewesen waren; mehr indirekter und familienfreundlicher Sex-Appeal – eigentlich ganz wie von Mayer gewünscht. Einer von Hedys Agenten wird es einmal so formulieren: „Hedy ist kein Busen-Beine-Girl. Der Sex sitzt in ihrem Gesicht."

Walter Wanger wird Hedy mit dem passenden Licht in seiner nordafrikanischen Casbah-Szenerie perfekt in Szene setzen. So perfekt, dass sie auch später fast immer nur im Halbschatten gezeigt werden wird, unnahbar, zweideutig und verrucht wirken sollte und auf das Stereotyp der „High-Class-Prostituierten" abonniert sein wird. Da sie nicht fähig (oder gewillt?) war, auf der Leinwand mehr auszudrücken als die allereinfachsten menschlichen Emotionen, und keinerlei Ambitionen erkennen ließ, ihre „Kunst“ zu verbessern, porträtierten die (männlichen) Regisseure sie ausschließlich als wertvolles Objekt, das die Besitzgier der Männer wecken sollte: In Gedichten oder Porträts wurde sie angebetet, durch Heirat ging sie in das Eigentum eines Mannes über.

Hedy hat als französische Touristin Gaby in Algerien im Prinzip nicht mehr zu tun als aus der lauernden, gefährlichen Dunkelheit aufzutauchen, Perlen als Symbol der Paris-Sehnsucht der männlichen Hauptfigur zu tragen und ihre weißen Zähne inmitten gleißend roten Lippenstifts zu präsentieren. „Ekstase“ folgte ihr gewissermaßen bis hierher: Gaby soll mit einem reichen Mann verheiratet werden; dieser ist übergewichtig, kurzatmig, viel zu alt für sie. Die „Femme fatale von Algiers“ trägt nur Schwarz-Weiß, ihre Kleider sind hochgeschlossen und langärmelig, ihre Augenbrauen perfekt gezupfte, nachgezeichnete Bögen, die Haut schimmert marmorweiß, die Haare glänzen rabenschwarz, die Augen leuchten haselnussfarben, der Blick wirkt starr. Walter Wanger schaffte mit einem einzigen Film, was Louis B. Mayer mit mehreren Streifen nicht gelingen wird: In der Person von Hedy Lamarr verband er geschickt das Versprechen sexueller Ausschweifung in der Gewandung europäischer Kultiviertheit. Das US-Debüt der Wienerin wurde international viel beachtet. Alle Kritiker waren sich einig: Diese Österreicherin konnte nicht spielen, aber, so keuchten die Filmjournalisten unisono, sie war so unsagbar schön. Hedy wirkte fremdartig, was durch ihre für Amerikaner merkwürdige europäische Sprechweise noch verstärkt wurde; man hatte das Gefühl, dass sie trotz der Anmutung sexueller Verfügbarkeit immer etwas zurückhielt. Das machte sie ausgesprochen geheimnisumwittert, verführerisch und unerreichbar, anziehend und fern zugleich.

Im Verlauf des Drehs zu „Algiers“ mussten mehrere Handlungsstränge im Vergleich zum französischen Vorbildfilm geändert werden. Gaby hat einen Ehemann, da zwei „Kurtisanen“ in einem Film für den bereits erwähnten Joseph Breen, der in Hollywood für die Aufrechterhaltung der Moral zu sorgen hatte, zu viel gewesen wären (die Hauptfigur Pépé hat neben der angeschmachteten Gaby auch noch die algerische Geliebte Ines). Als „Kurtisane“ galt jede Frau, die sexuelle Beziehungen zu einem Mann unterhielt, mit dem sie nicht verheiratet war. Und am Schluss durfte sich Pépé angesichts der auf einem Schiff entschwindenden Gaby

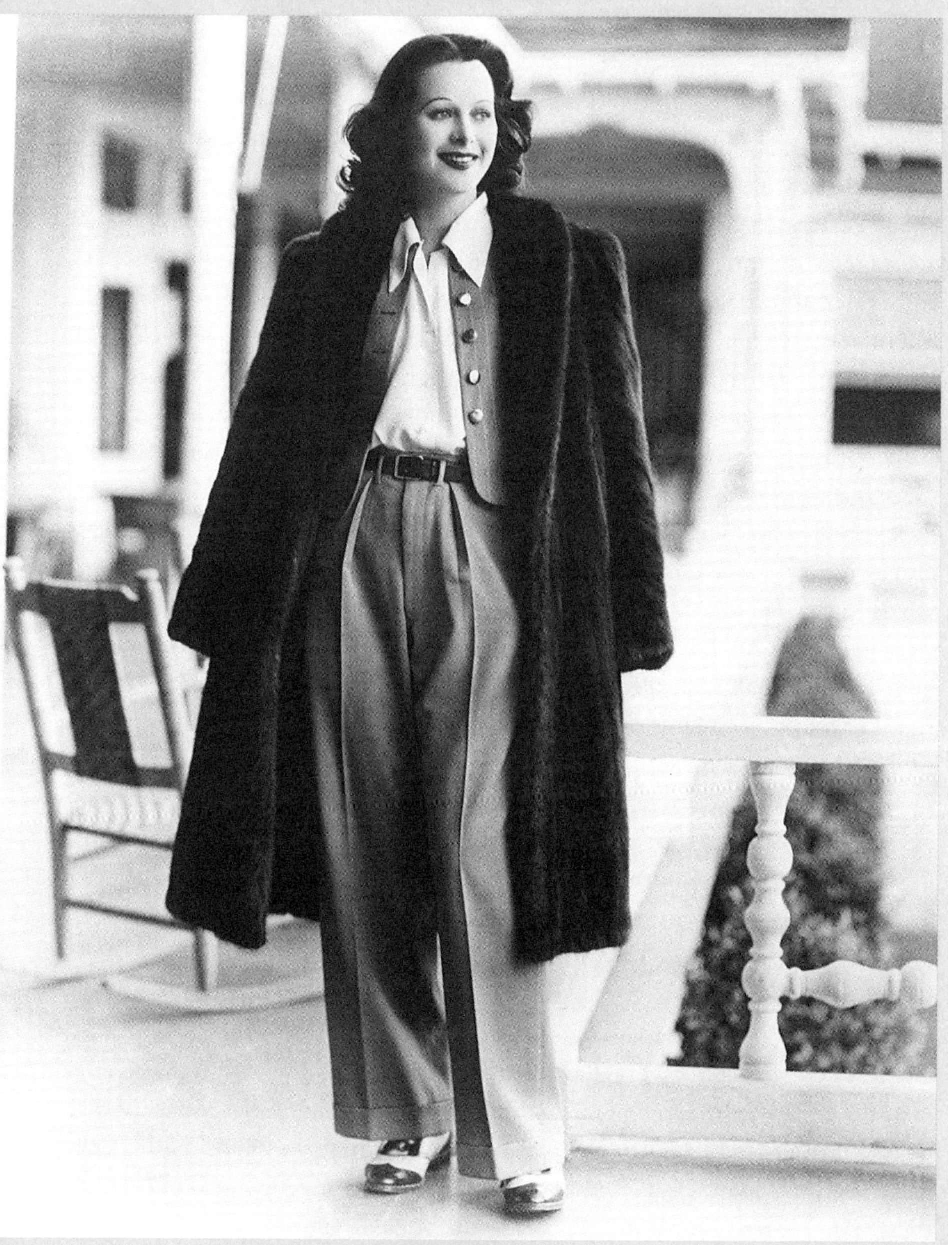

Hedy Lamarr trug mit Vorliebe Hosenanzüge, was in Hollywood nicht die Regel war und bei männlichen Fotografen und Journalisten Kritik hervorrief.

nicht erstechen. Der Fall wurde stattdessen auf „gut amerikanische“ Art gelöst: Die Polizei musste den Gauner Pépé erschießen.

Der Erfolg von „Algiers“ hatte großen Einfluss auf Hedys Zukunft in Hollywood. Es wurden Tausende glamouröse Close-up-Werbefotos von ihr gedruckt, die Augen verschattet, der Gesichtsausdruck unergründlich. MGM hatte eigene Fotografen, die nur für die Herstellung von Film-Stills zuständig waren. Zum Zweck ihrer Vermarktung verlangte Hedy immer dieselbe Einstellung: irreal und schön mit geöffneten Lippen – so wollte sie gesehen werden. Eine unerreichbare Traumfigur aus einer unbarmherzigen Traumfabrik.

Mit der realen Person Hedy Lamarr indessen gestaltete sich die tägliche Hollywood-Arbeit schwierig. Der Kameramann James Wong Howe klagte: „Hedy war sehr statisch – so phlegmatisch!“ Es dürfte den Kameraleuten viel abverlangt haben, Emotionen aus ihr herauszuholen – was auch ein anderer Close-up-Fotograf bestätigte: „Sie hatte nichts zu geben. Sie saß nur da und glaubte: das war's. Sie konnte nicht posieren. Niemand konnte sie je aufwecken.“ Manche Fotografen kritisierten auch Hedys Trademark-Look, den schwarzen Hosenanzug: „You can't do anything. A woman in a suit is a dead duck.“

Da war Marlene Dietrich anderer Meinung gewesen – und mit ihr auch viele ihrer Bewunderer. Die 1901 geborene Berlinerin trug schon Ende der 1920er-Jahre umgearbeitete Herrenanzüge und griff sobald als möglich zu den Damenmodellen von Coco Chanel. Als „Algiers“ 1938 in die Kinos kam, hatte Katharine Hepburn, Hollywoods Emanzipations-Vorreiterin, den Herren-Zweiteiler bereits zu ihrem Signature-Outfit erkoren. Dazu kombinierte sie flache Pennyloafer – genauso wie die groß gewachsene Hedy. Der Hosenanzug revolutionierte die Damenmode von Grund auf. Seit seinem Auftauchen gilt er als weiblicher Powerlook sowie als gesellschaftlicher Seismograf. Denn auch Ende der 1930er-Jahre war eben nicht jede Darstellerin gewillt, sich dem Großteil der US-Schauspielerinnen anzupassen und bunt und schrill daherzukommen. Privat konnte man Hedy übrigens in Männer-Blue-Jeans im Used-Look sehen. Dazu kombinierte sie ungarisch inspirierte, weit geschnittene Trachtenblusen. „Boho“-Style, würde man heute sagen.

Zu Beginn ihrer Laufbahn in den USA schneiderten die Kostümdesigner Hedy eher streng und maskulin wirkende Teile auf den Leib, um die überbordende weibliche Ebenmäßigkeit ihres Gesichts auf diese Weise zu konterkarieren und somit noch mehr zu unterstreichen. Sowohl die Fotografen als auch die Filmregisseure mühten sich mit der extraterrestrischen Schönheit der Hedy Lamarr ab. Was Hedy an Schauspielkunst vermissen ließ, musste die PR-Abteilung von MGM wettmachen. Die Worte „Come with me to the Casbah!“ gingen als Anmach-Spruch in die US-Alltagskultur ein, obwohl sie im Film überhaupt nie gesprochen wurden. Zusammen mit der Kostümdesignerin Irene Gibbons hatte Hedy verschiedene „orientalische“ Turban-Looks für ihre Auftritte in den unübersichtlichen Straßen der „Casbah“ ausgewählt und setzte damit einen Kopfschmucktrend, der noch bis in die Nachkriegszeit anhalten sollte.

„Frauen schauen sich Filme an, um zu sehen, wie sich andere Frauen kleiden“, hatte der mächtige Hollywood-Mogul Samuel Goldwyn im Jahr des großen Crashes, 1929, zu Coco Chanel gesagt. Sein Plan war es gewesen, die als besonders stur verschriene Französin in die USA zu holen, damit sie seinen Filmstars vor der Kamera und im Alltag zu jenem unwiderstehlichen Look verhelfe, dem die von der katastrophalen Wirtschaftskrise gebeutelten Amerikanerinnen nicht widerstehen konnten. Doch die Mademoiselle aus Paris blieb lieber zu Hause. Goldwyns Geld benötigte sie nicht und Kundinnen aus Übersee hatte sie schon zur Genüge. Zu einem Kurzaufenthalt ließ sie sich schließlich überreden, doch nach zwei Wochen Hollywood verkündete sie, dass ihr „die ständige Sonne, Oberflächlichkeit und Großspurigkeit“ auf die Nerven gingen.

Vielen amerikanischen Darstellerinnen waren Chanel-Entwürfe nicht „sensationell“ genug, hatte Coco doch das Motto vorgegeben: „Wirkliches Stilbewusstsein bedeutet, gut und chic angezogen zu sein, aber nicht auffällig.“ Für eine dunkelhaarige Europäerin wie Hedy waren die von Mademoiselle propagierten Stoffe und Farben ideal. Die stilvolle Filmgarderobe, die Hedy in „Algiers“ vorführte, war stark vom europäischen Chanel-Look inspiriert und sollte das weibliche Kinopublikum ansprechen; während die supererotische Hedy selbst eher die Männer vor die Leinwand locken sollte. Vor allem ein weißer Turban und verschiedene Gesichtsschleier, die Hedy im Film trug, fanden bald Eingang in die Modemagazine. Ebenso gelang es Hedy Lamarr, dunkle Haare als besonders sexy erscheinen zu lassen, und es fiel auf, dass andere,

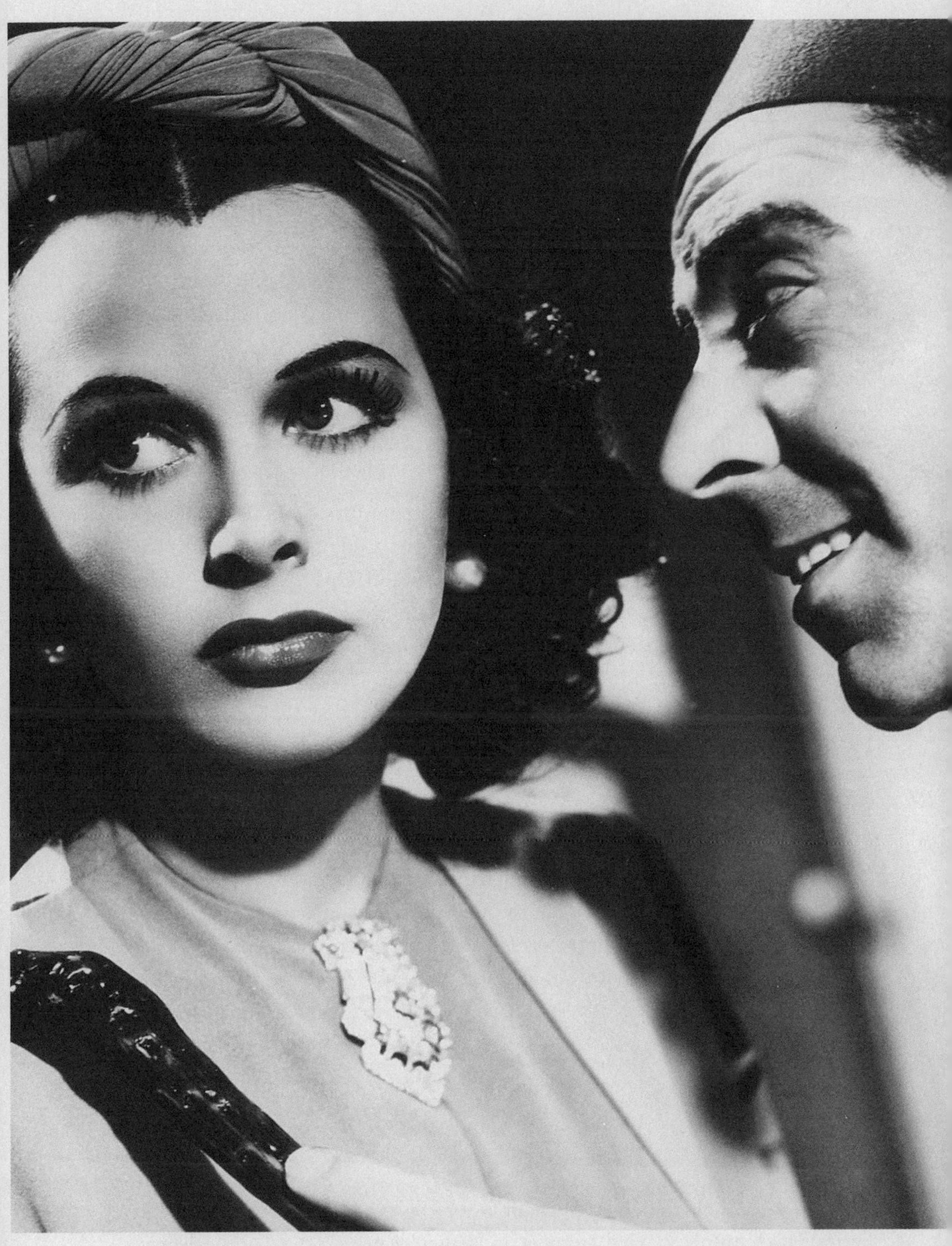

Hedy Lamarr in „orientalischer“ Aufmachung im Film „Algiers“ (1938), der ihrem Aussehen die ungeteilte Aufmerksamkeit der Kinogeher sicherte. An ihrer Seite der maltesische Schauspieler Joseph Calleia als ehrgeiziger Inspektor Slimane.

einstmals blonde Schauspielerinnen ihrem Vorbild folgten: Plötzlich sah man auch Kay Francis, Claudette Colbert und Joan Bennett mit gefärbtem Haar und Mittelscheitel. Ohne Hedy hätte Vivien Leigh als Scarlett O'Hara in „Vom Winde verweht" (1939) wohl anders ausgesehen. Ein neuer Glamour-Standard wurde von Hedys Rolle in „Algiers" erschaffen, wobei der Schwarz-Weiß-Look mit ausgefallenen Kopfbedeckungen sowie ihre groß gewachsene Figur besonders ungewöhnlich wirkten. Hedy erfand auch eine bestimmte Art, sich den Schal um den Kopf zu wickeln, was millionenfach kopiert wurde. Die Modisten kamen kaum nach, die gesteigerte Nachfrage der Amerikanerinnen nach extravaganten Kopfbedeckungen zu erfüllen.

Nach dem Sensationsstart von „Algiers" fragte fürs Erste kein Mensch mehr nach Schauspieltalent bei diesen Augen und diesem Mund. Die US-Presse nannte Hedy „a Knockout", „Oomph Girl", „Terrific" oder gar „Heaven with an accent". Louis B. Mayer wünschte, dass Hedys Aussehen jedem Amerikaner vermittelt werden sollte. MGM ließ ihr Gesicht millionenfach auf Poster drucken und in jedem Bundesstaat veröffentlichen. Ihr Bild war allgegenwärtig und im Herbst 1938 gab es wohl niemanden mehr in den USA, der noch nichts von Hedy Lamarr gehört hatte. „The Dream Girl of 50.000.000 Men" wurde sie genannt. Ein Mädchen aus Döbling wurde das Film-Phänomen ihrer Zeit, der unangefochten einzige neue Leinwand-Star der ausgehenden 1930er-Jahre. Jeder heterosexuelle Mann wollte mit Hedy schlafen, jede Frau wollte wie Hedy aussehen. Sie selbst schrieb in einem Brief an ihre Mutter:

„Ich wünschte, Du würdest den Unterschied sehen wie die Leute mich jetzt behandeln u. wie es vor einem Jahr um diese Zeit war. Ohne Erfolg ist man ein Niemand hier u. mit Erfolg, von wo immer man kommt, kriechen alle am Boden."

## Ehe Nr. 2

Mayer war sehr zufrieden mit sich, er war es ja, der Hedy Lamarr entdeckt hatte. Doch nun tat Hedy etwas in seinen Augen sehr Unüberlegtes.

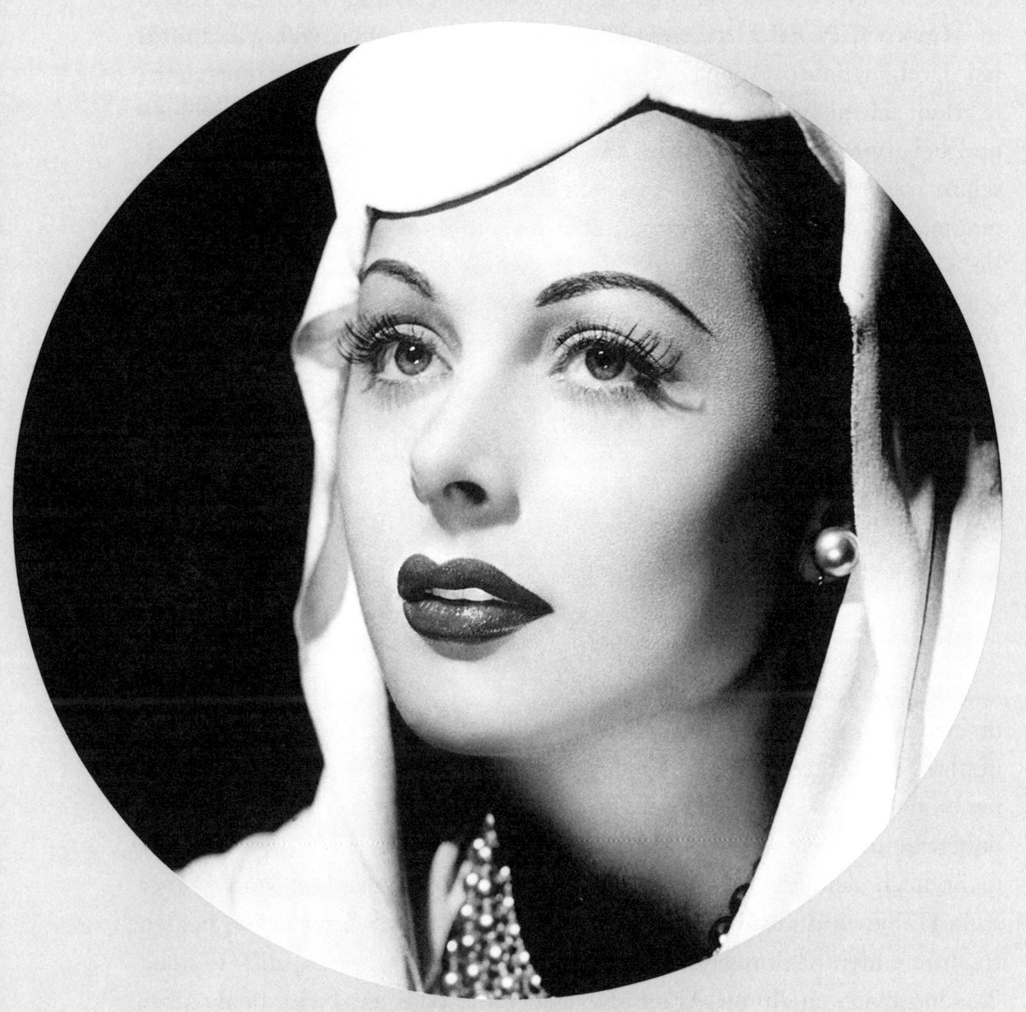

Hedy Lamarr mit ihrer Signature-Perlenkette
und exotischer Kopfbedeckung.

In Mexico City heiratete sie 1939 Gene Markey, einen wenig berühmten Drehbuchautor, nach gerade einmal vier Wochen Bekanntschaft. Markey sah nicht überragend gut aus, war fast 20 Jahre älter als Hedy und behauptete, er könne kein Drehbuch für sie schreiben, weil sie „zu schön“ sei. Zur Zeremonie erschien die Schauspielerin in einem Nerzmantel, obwohl es ein heißer Märztag war. In ihrer Autobiografie meinte sie, sie habe nicht genau gewusst, wo Mexiko liege, aber sie sei ja erst seit Kurzem in den USA ansässig gewesen. Es klang fast so, als hätte sie 1966, als das Buch erschien, noch immer geglaubt, Mexiko sei ein Teil der USA. Dass man auch in der Schule in Wien hätte lernen können, wo Mexiko liegt, kam ihr weder 1939 noch 1966 in den Sinn. Die geografische Lage ihres Heiratsorts sei ihr ohnehin egal gewesen, fuhr sie fort.

## Wieder verheiratet

Louis B. Mayer war es alles andere als egal, er empfand die überstürzte Heirat im Ausland als Verrat an MGM und an all dem Aufwand, den er in Hedys Star-Laufbahn investiert hatte. Er war sauer, denn er mochte üppige Hochzeiten in Hollywood, die er publicitymäßig groß ausschlachten konnte. Eine ruhige mexikanische Trauung, die nur sechs Minuten dauerte – das war so gar nicht nach Mayers Geschmack. Und schon gar nicht nach dem der Sensationspresse, die eine ungeheure Macht über ganz Hollywood ausübte. Auch das musste Hedy erst lernen. Die beiden rivalisierenden Zeitungs-Kolumnistinnen Hedda Hopper und Louella Parsons machten ihrem Ärger darüber Luft, dass sie nicht beide über die bevorstehende Heirat informiert worden seien. Hopper war früher selbst Schauspielerin gewesen und giftete: „Wer weiß, ob eine Mrs. Gene Markey denselben Glamour haben wird wie Miss Hedy Lamarr!“ Noch dazu hielt die Ehe auch „nur sechs Minuten“, so Hedy später. Die Wartezeit auf die Scheidung – fast ein Jahr lang, bis 1940 – überstieg jedenfalls die Dauer der Ehe. Das Tamtam um das rasch zerstrittene Paar und die Abfindungsvorstellungen der Ex-Partner riefen erneut die Klatschpresse auf den Plan. Auch das gefiel Mayer nicht. Er duldete nur erfolgreiche

Menschen in seiner Umgebung und eine Frau mit zwei gescheiterten Ehen galt in seinen Augen als Versagerin. Als Draufgabe spielte Hedy bald in mehreren desaströsen Filmen, die nicht an den Erfolg von „Algiers" anknüpfen konnten. Ein Journalist fasste Hedys unglückliche Auftritte bereits 1940 so zusammen: „It may be a fact that the lady can't act."

Zu allem Überfluss traf Hedy noch eine weitere, vermutlich nicht restlos durchdachte Entscheidung – um ihre Ehe mit Markey zu retten, wie sie später zu erklären versuchte: Sie adoptierte im Herbst 1939 einen sieben Monate alten Buben, da sie sich einbildete, nicht schwanger werden zu können. Eventuell hatte sie in ihrer Hollywood-Umgebung gehört, dass verpfuschte Abtreibungen oft Unfruchtbarkeit nach sich ziehen können. Und auch Hedy hatte in ihren Teenagerjahren eine Abtreibung hinter sich bringen müssen. Es ist jedoch nicht anzunehmen, dass ein Mädchen aus einer wohlbegüterten Familie wie Hedy eine „Engelmacherin" nötig gehabt hätte. Der jugendlichen Hedy hatte mit hoher Wahrscheinlichkeit ein ausgebildeter Arzt aus der Patsche geholfen und ein Schwangerschaftsabbruch ist – bis zu einem gewissen Stadium – an sich kein übermäßig kompliziert durchzuführender Eingriff. Aber: Abtreibungen waren illegal. Eine solche Operation konnte nicht nur die betreffende Frau, sondern auch den behandelnden Arzt ins Gefängnis bringen. Die häufigen Komplikationen mit schwerwiegenden Folgen entstanden meist durch Infektionen, denn „Engelmacherinnen" arbeiteten am Küchentisch oder in einer Hinterhofbaracke. Gerade in Hollywood gab es sehr viele junge Schauspielerinnen aus einfachen bis desolaten Verhältnissen, die ohne Zweifel Horrorgeschichten über überstandene Abbrüche zu erzählen wussten. Es wäre also möglich, dass Hedy überreagiert hat und ohne abzuwarten sofort ein Baby adoptieren wollte.

Sie bemühte sich darum, dass der im März 1939 geborene Bub James nicht fotografiert wurde. Ihr Wunsch war ein „normales" Familienleben mit Ehemann und Adoptivkind. Den Haushalt der Markeys komplettierte eine Katze, die Hedy nach ihrer Mutter „Gertrud" nannte. Sie selber stand mehr denn je im Fokus der Society-Presse. Es gab praktisch keinen Tag, an dem nicht über Hedy Lamarr berichtet wurde, sei es nun über realistische oder imaginäre Filmprojekte, angebliche oder tatsächliche Affären, potenzielle Heiratskandidaten und Ex-Männer. Als die Ehe mit Gene Markey endgültig gescheitert war, gab es für die Presse ein gefundenes Fressen: den Kampf um das Kind, den Hedy sehr öffentlich, das heißt mit großer

Unterstützung ihr wohlgesonnener Journalistinnen und mit vollem Einsatz sämtlicher verfügbarer Tränendrüsen, führte. Nicht unähnlich der späteren Vorgangsweise von Lady Di versuchte Hedy, die sie unablässig belagernden Journalisten und Fotografen für ihre Anliegen auszunutzen. Dass der Schuss auch nach hinten losgehen konnte – das fiel ihr – ebenso wie Lady Di – zu spät auf. Hedys Privatleben wurde rund um die Uhr observiert und kommentiert. Sie sagte der Presse, ihr zweiter Mann Gene Markey sei mit seinem Job verheiratet gewesen, er habe sie nur wegen ihres Glamours und ihres Aussehens zur Frau genommen. An ihr selber sei er nicht interessiert gewesen. Schönheit und Glitzer gehörten für sie zwar zu ihrem Beruf, privat jedoch sei das in ihren Augen alles nur öde und langweilig.

Das adoptierte Kind wurde Hedy letztlich 1941 zugesprochen. Von Anfang an gab es Spekulationen darüber, ob James nicht doch ihr leiblicher Sohn sei. Er selbst ließ nach dem Tod der Diva im Jahr 2000 durch einen Anwalt ausrichten, er sei der natürliche Sohn von „Hedy Lamarr Markey and John Loder“. Das zu erwartende Erbe dürfte hier wohl die Hauptrolle gespielt haben, denn Hedy hatte sich bereits im Jahr 1952 von ihrem kränklichen und renitenten Adoptivkind getrennt. Als er ihr lange genug auf den Nerv gegangen war, warf sie den einst umkämpften James wegen familiärer Differenzen und schwacher schulischer Leistungen aus dem Haus. Kurz davor soll der pubertierende Junge Hedy eine Ohrfeige verpasst haben – der unmittelbare Anlass für die Trennung der Filmdiva von ihrem Adoptivsohn.

Ihren dritten Ehemann John Loder hatte Hedy nach heutigem Wissensstand überhaupt erst 1942 kennengelernt. Es ist daher ziemlich unwahrscheinlich, dass er der Vater von James sein könnte. Andere Männerbekanntschaften Hedys kommen zwar als leibliche Väter infrage, doch existieren einige Fotos aus Hedys Heiratsmonat mit Gene Markey, dem März 1939, in dem auch das Adoptivkind James geboren worden ist. Auf keinem Foto sind bei Hedy Anzeichen einer kurz bevorstehenden oder soeben überstandenen Geburt zu sehen. Nachdem sich der mittlerweile alte Mann im Jahr 2010 geweigert hat, einem DNA-Test zuzustimmen, um den Verwandtschaftsgrad mit Hedys leiblichen Kindern Deedee und Tony feststellen zu lassen, geht man derzeit davon aus, dass James tatsächlich ein adoptiertes Kind gewesen ist. Auf ihren Adoptivsohn angesprochen, behauptete Hedy stets, es handle sich um ein Kind aus Irland, der Vater sei bei einem Autounfall gestorben und die Mutter kurz danach. Die Urkunde, die James nach dem Tod seiner Adoptivmutter vorgelegt hat und in der sie und John Loder als Eltern genannt werden, dürfte wohl erst nachträglich, also weit nach dem Jahr 1939, hergestellt worden sein.

Der von Hedy verstoßene James wurde in die Familie seiner Lehrerin aufgenommen und ging mit 18 Jahren zur US-Armee. Als sich die Presse anfangs für den Verbleib des Adoptivkindes interessierte, antwortete Hedy stets, James ginge in Europa in ein Internat. Ihren leiblichen Kindern sagte sie auf Nachfrage, wer denn der Bub auf den alten Geburtstagsfotos sei, kurz angebunden: „Eine Adoption, die nicht funktioniert hat." Denise und Anthony waren zu klein, um sich an den adoptierten Bruder erinnern zu können. Sie sahen ihn nur auf Fotos und mussten sich bei ihrer Mutter über die Herkunft des Kindes erkundigen, denn von sich aus hatte Hedy nie ein Wort über James verlauten lassen, nachdem sie die Adoption „beendet" hatte. Mit seiner vollkommen überforderten Adoptivmutter hatte der heranwachsende James häufig gestritten und auch anderweitig wiederholt für Probleme gesorgt, wofür Hedy keine Zeit und Muße übriggehabt hatte. Ihre letzten Worte an James lauteten: „You are no longer my son. Good bye." In den späten 1960er-Jahren kam James erneut ins Gerede, als es hieß, er habe als Polizist in Omaha/Nebraska ein afroamerikanisches Mädchen erschossen. Von dieser Anklage wurde er nach einem Prozess freigesprochen. Hedy Lamarr dürfte er nie wieder getroffen haben.

Es ging also so ziemlich alles schief im Leben des Hollywood-Stars. Sogar ihr neuer Freund, George Montgomery, wandte sich gleich wieder von ihr ab. Dabei hatte die Presse schon spekuliert, dass der zukünftige Western-Star Ehemann Nummer drei werden könnte. Hedy hatte verkündet, noch nie sei sie so verliebt gewesen. Der aus einer ukrainischen Immigrantenfamilie stammende Montgomery, der mit über zehn Geschwistern auf einer Ranch aufgewachsen war, habe ihr einen seiner Pullover und Shalimar-Parfum von Guerlain im Wert von 100 Dollar (heute beinahe 2000 Dollar) geschenkt. Das orientalische, nach Vanille und Bergamotte duftende „Shalimar" wurde bereits 1925 auf den Markt gebracht und existiert bis heute. Es feierte vor allem auf dem amerikanischen Kontinent beachtliche Erfolge, nachdem Madame Guerlain es auf dem Ocean-Liner „Normandie" getragen hatte und die mitreisenden

Amerikanerinnen reihenweise dem französischen Duft verfallen waren. Auch die mexikanische Künstlerinnen-Ikone Frida Kahlo präsentierte sich stolz in einer Wolke aus „Shalimar", wie ein Flakon des Parfums aus ihrem Besitz zeigt, der 2018 in der Ausstellung „Frida Kahlo – Making herself up" in London zu sehen war.

Eine verführerisch nach „Shalimar" riechende Hedy mit einem monströsen Verlobungsring am Finger kündigte ihre baldige Heirat an. Die Klatschpresse überschlug sich mit Fotoberichten über das neue Traumpaar und vermeldete: „Für einen ehemaligen Cowboy macht er (Montgomery, Anm.) sich richtig gut." George Montgomery hatte sein Ziel erreicht, denn er wollte als Jungschauspieler so schnell wie möglich durchstarten. Als ihm die dringend benötigte Aufmerksamkeit Hollywoods sicher war, löste er die Verlobung mit Hedy. Auf die Frage der Journalisten, was denn passiert wäre, antwortete Hedy: „Hollywood has happened." Es stellte sich heraus, dass Montgomery von seinen PR-Agenten geraten worden war, sich mit einem bekannten weiblichen Star zu zeigen, um in die Schlagzeilen zu kommen und seinen Marktwert zu erhöhen. Da Hedy gerade frisch geschieden und als berühmteste Filmschönheit somit verfügbar war, hatte sich Montgomery an ihre Fersen geheftet. Als sie nicht mehr gebraucht wurde, ließ der Nachwuchsstar sie fallen.

Doch ein neuer Ehemann war schon in Sicht, denn mittlerweile herrschte Krieg und Hedy machte Dienst in der „Hollywood Canteen", wo sich auch der britische B-Movie-Darsteller John Loder nach einem langen Arbeitstag gegen Mitternacht dem Abwasch widmete. Loder hoffte, sein patriotisches Engagement würde alsbald bessere Rollenangebote nach sich ziehen.

## „Chocolate Cleopatra"

Den US-Soldaten, die sich in der „Hollywood Canteen" ein Küsschen von Hedy Lamarr abholen konnten, wurde ihr Idol indessen als betörende „Tondelayo" auf der Leinwand serviert. In einem typischen testosteronstrotzenden Männerfilm gab Hedy mit dunkelbraunem Ganzkörper-

Make-up die nymphomanische „Jungle-Queen". Es war kein Zufall, dass sie Jahre später ausgerechnet in ihrem Exotik-Erotik-Filmkostüm aus „White Cargo" (1942) in der Soldatenzeitschrift „The Stars and Stripes" abgebildet war und dort über ihre Erfahrungen als Erfinderin plauderte. Denn fast jeder amerikanische Soldat hatte diesen aufsehenerregenden Film gesehen und viele schrieben sogar Liebesbriefe an die imaginäre „Tondelayo". Militärflugzeuge wurden nach ihr benannt – die Sexbombe als Jagdbomber. Während Hedy also im realen Leben versuchte, die Kriegsanstrengungen der USA mit der Frequenzsprungtechnik zu unterstützen, lockte sie im Film ihr verfallene Soldaten ins Verderben.

Der Film „White Cargo" spielt in der Nähe einer afrikanischen Kautschukplantage im Jahr 1910. Es ist sumpfig, es ist heiß. Moskitos schwirren im Dämmerlicht. Die Haut der Männer glänzt schweißig. Man spürt: Etwas Unbekanntes, Bedrohliches liegt in der Luft. Die wahre Gefahr in dieser gottverlassenen Gegend, so erläutert zu Beginn des Films ein langgedienter Soldat einem Neuankömmling, stelle jedoch weder die kaum erträgliche Hitze noch die undurchdringliche Wildnis dar. An all das gewöhne man sich, doch der „dunklen Schönheit" der verführerischen Tondelayo könne man sich nicht entziehen. Die Botschaft des Films lautete: Der zivilisierte „weiße Mann" werde sich zwangsläufig in einen „Wilden" verwandeln, sollte er den tropischen Versuchungen der „Eingeborenen" erliegen. In einer Broadway-Version derselben Geschichte („Hell's Playground" von Ida Vera Simonton) hatte eine als „Tondelayo" auftretende Tänzerin schon einmal einen Striptease hingelegt – Hedys sauberer „MGM"-Ruf war also neuerlich in Gefahr. Sie selbst nahm die Chance, „eine Rolle mit so viel Sex" zu spielen, gerne an, wie sie später sagte. Die „lose Moral" in „White Cargo" kam ihr gut zupass, denn sie wollte das „Marmorgöttinnen-Image", das ihr seit ihrer Darstellung der Gaby in „Algiers" wie ein Klotz am Bein anhaftete, hinter sich lassen. Ihre „frostige Aura" sollte der Vergangenheit angehören und „Tondelayo" sollte ihr helfen, sich ein neues Filmprofil zuzulegen.

Louis B. Mayer unterstützte Hedy in diesem Fall, trug sie doch ein trägerloses Bikini-Oberteil sowie einen bis zur Hüfte geschlitzten Sarong – also viel mehr Kleidungsstücke als in „Ekstase", könnte man sagen. Grundsätzlich gab es für Mayer die althergebrachten zwei Frauentypen: Madonnen und Huren. Seine „Erfindung" Hedy Lamarr rechnete

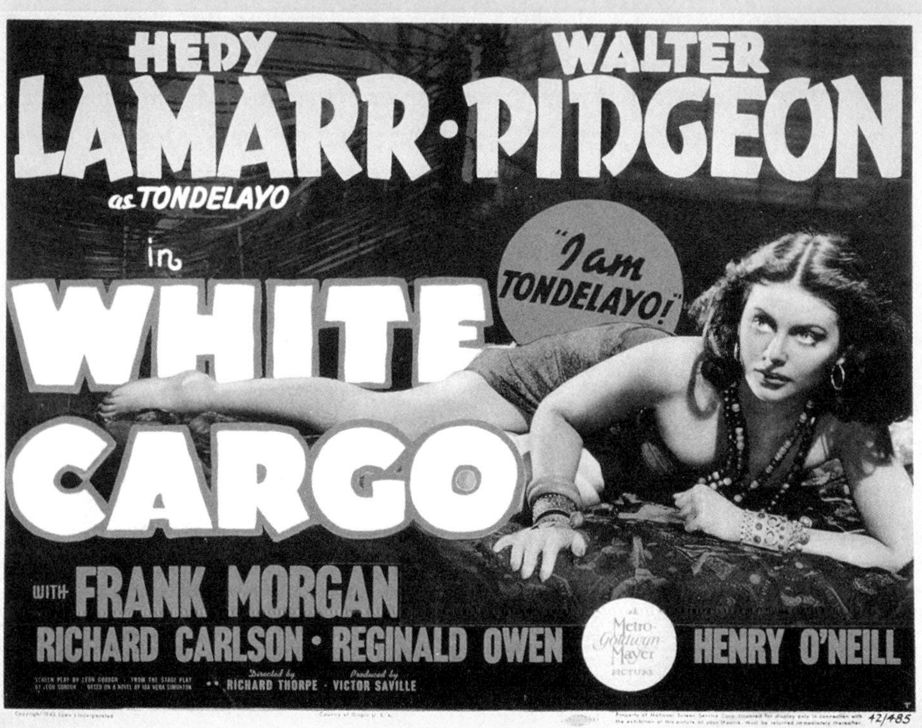


Hedy Lamarr in ihrer vielleicht umstrittensten Darstellung als Dschungelverführerin im US-Soldatenfilm „White Cargo“ (1942).

er zeitlebens zur letztgenannten Kategorie – aufgrund ihrer Mitwirkung in „Ekstase".

In Kriegszeiten müsse man als Filmboss jungen Männern das geben, was sie im Einsatz als Soldaten vermissten, analysierte Mayer, also halbnackte Frauen mit einer ordentlichen Portion Sex-Appeal. Und Grenzen gab es auch: Den Bauchnabel durfte man nur erahnen. Die reißerischen Filmplakate zeigten eine mehr oder weniger barbusige Hedy – ein Versprechen, das der Streifen nicht einlöste. Außerdem war die grafische Darstellung von Hedys Oberweite auf den Werbeplakaten höchst irreführend – es sah aus, als habe sie nun Silikonbrüste aus den 2000er-Jahren. Dass die Plakate mit der spärlich bekleideten „Tondelayo" bei Straßenkreuzungen zu Unfällen führten, weil die Autofahrer abgelenkt waren, gehörte bestimmt zur PR-Strategie Mayers. Hedy selbst meinte, „mit einem interessanten Make-up, einem Sarong und ein wenig Hüftschwung würde ich eine denkwürdige Nymphomanin abgeben." Sie sollte recht behalten. Auf den Plakaten stand: „Es war nicht die Hitze, die Ashley verrückt machte. Es war Tondelayo!"

Der genannte Ashley ist in „White Cargo" soeben dabei, die Kautschukplantage im Dschungel zu verlassen. An seiner Stelle wird nun ein neu angekommener Soldat, Mr. Langford, Dienst tun. Die Männer auf der Plantage warnen den Neuen eindringlich vor der eingeborenen Dorfschönheit Tondelayo, die angeblich alle weißen Männer verhexen will und der sie sich rettungslos ausgeliefert fühlen. Und schon am ersten Abend taucht sie geheimnisvoll hinter einem hölzernen Gitter auf und flüstert „I am Tondelayo" – einen Satz, der ebenso wie „Come with me to the Casbah!" als eindeutige Einladung Geschichte machen wird; mit dem Unterschied, dass Hedy „I am Tondelayo" tatsächlich gesagt hat. Den ganzen Film hindurch ist sie nur im Zwielicht des Abends oder im Dunkel der Nacht zu sehen. Ihre weißen Zähne blitzen gefährlich wie die einer Tigerin. In ihren Ohrcreolen spiegelt sich das Lagerfeuer der weißen Männer. Wie ein schwarzer Panther schleicht sie lautlos durch die improvisierten Wohnstätten der Soldaten. Kaum erblickt sie eines ihrer Opfer, klimpert Hedy mit ihren zahllosen Armreifen, Hals- und Fußkettchen. Sie beginnt mehr oder weniger verführerisch vor den Männern zu tanzen. Wie seinerzeit in „Man braucht kein Geld" rollt Hedy die Augen, macht einen Schmollmund und kreist mit den Hüften. Sie wirkt wie eine Hula-Hoop-Lehrerin in einer Werbung für Kokosriegel. Von den vermutlich intendierten Reizen „afrikanischer Nächte“ ist Hedys „Tondelayo“ ziemlich weit entfernt. Die wenig aufregenden und teilweise unfreiwillig komischen oder peinlichen Einlagen gaben in der Folge Anlass zu verschiedenen Witz-, Spott- und Parodieszenen, sodass der trashige Film noch lange im Gedächtnis des Publikums fortlebte.

„White Cargo“ war ein gänzlich unkünstlerischer und uninspirierter, aber sehr erfolgreicher Streifen, der heute nicht zuletzt aufgrund der „Blackface“-Rolle von Hedy Lamarr bedrückend wirkt. Die weißeste aller weißen Schauspielerinnen aus der MGM-Filmfabrik für die Rolle einer im Mondlicht kupferbraun gleißenden „Eingeborenen“ zu casten – eine derartige Wahl fiel damals nicht weiter auf. Außerdem wollte Louis B. Mayer von Anfang an sicherstellen, dass kein Zuschauer Tondelayo womöglich für „farbig“ halten könnte. Ein weißer Mann, der eine sexuelle Beziehung zu einer Schwarzen hat, wäre im Kino der 1940er-Jahre nicht möglich gewesen. Es stellt sich daher im Lauf von „White Cargo“ heraus, dass Tondelayo gar keine „richtige Schwarze“ ist, sondern eine Halbägypterin – sie ist also „weiß“. Daher kann sie die Ehefrau des Neuankömmlings Langford werden, was in dessen Umgebung auf Unverständnis stößt. Mit einer „Wilden“ kann man schließlich auch ohne Heirat Sex haben, meinen die anderen Männer. Doch Langford hört nicht auf seine Kameraden. Schon bald nach der Hochzeit sieht man Tondelayo vor Langford auf dem Boden sitzen, sie spielt gelangweilt mit ihren Klimperketten und beschwert sich, dass ihr Mann ihr keinen neuen Schmuck zum Geschenk macht. Doch was sie eigentlich sagen will: Ihr Sexleben mit ihm findet sie unbefriedigend und reizlos. Sie wirft sich ihm zu Füßen und bettelt um Schläge: „Wir sind schon fünf Monate verheiratet und du hast mich noch immer nicht geschlagen. Bitte schlag mich, dann wirst du dich vielleicht viel besser fühlen.“

Gerüchte um eine gewisse Leidenschaft für S/M-Sex umgaben Hedy Lamarr auch in ihrem „normalen“ Leben abseits der Filmstudios – man denke an das Porträt von ihrem Verehrer Reginald Gardiner, in dem sie in der rechten Hand eine Peitsche hält. Im Film nähert sich Hedy als von der Ehe mit Langford angeödete Tondelayo wieder einem der schon länger auf der Plantage lebenden Amerikaner, der ihr sehr wohl Schläge verabreicht und sie wegen ihrer Art, Intrigen zu spinnen, auch schon aus

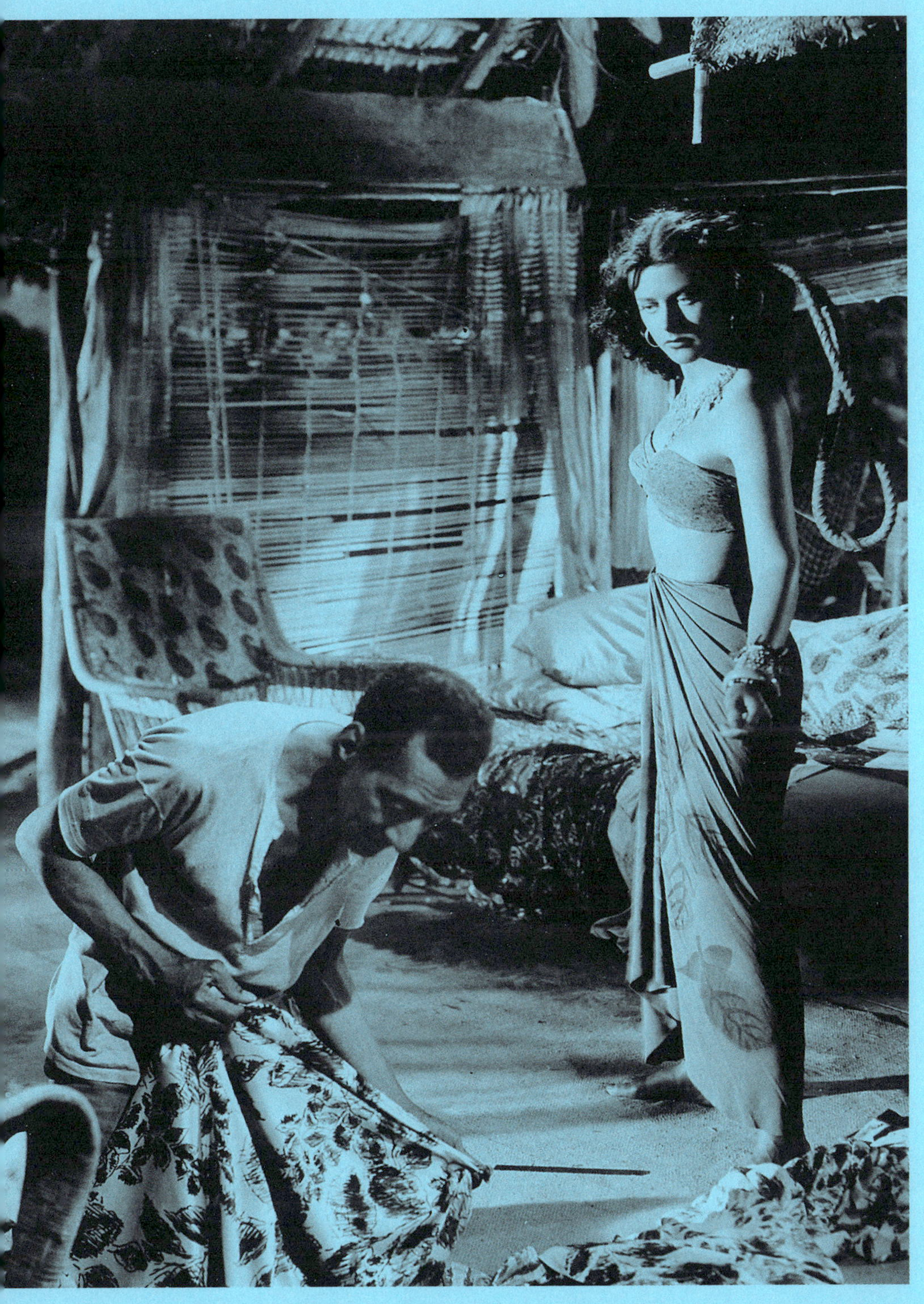

Eine typische Szene aus „White Cargo“: Hedy Lamarr als „Eingeborene“ blickt berechnend auf einen der ihr verfallenen Männer.

dem Lager der Weißen hinausgeworfen hat. In ihrem radebrechenden Englisch, das sie als „Wilde" den ganzen Film hindurch beibehalten muss, sagt sie die ebenso wie „I am Tondelayo" berühmt gewordenen Worte: „Me Tondelayo. Me stay." Der Filmkritiker George Jean Nathan teilte Hedys Wunsch nicht. Er schrieb in seiner „White Cargo"-Kritik: „Me George Jean Nathan. Me go!" Tatsächlich verließ der Journalist genervt von der miserablen Story und der niederschmetternden „Tondelayo"-Performance das Kino bei der Pressevorführung und versäumte somit wahrscheinlich den Schluss des Films. Da Tondelayo eine böse, sexsüchtige, durchtriebene, selbstbezogene, herzlose und noch dazu mörderische Frau ist, die ihren faden Mann mit einem „Beerentrank" aus der Welt schaffen will, muss sie am Ende sterben. Nur so kann das „natürliche Gleichgewicht" zwischen Mann und Frau, aber auch zwischen den weißen Herrschern und den „eingeborenen" Beherrschten wiederhergestellt werden. Ihr früherer Geliebter, mit dem sie erneut eine Affäre beginnen will, weist sie ab und zwingt sie, den vergifteten, für ihren Mann bestimmten Trank selbst zu trinken. Man sieht in Close-up, wie Tondelayo mit größtem Widerwillen das Getränk hinunterwürgt. Bereits mit dem Tod ringend, macht sie ihre letzten Tanzschritte und stirbt.

Der heute zahm wirkende Film fiel damals unter strenges Jugendverbot. Er löste einen ziemlichen Skandal aus, was den Ticketverkäufen sehr zugutekam. Dass eine Zeitung Hedy Lamarr spöttisch als „Chocolate Cleopatra" beschrieben hatte, tat dem Interesse an ihr keinen Abbruch. Mayer konnte mit seiner Entscheidung, Hedy einen ganz neuen Part zukommen zu lassen, zufrieden sein. Für ihre Reputation als Schauspielerin war die Rolle nicht gerade förderlich. Nach „White Cargo" bemerkte Hedy deutlich, dass sie viel weniger respektiert wurde als etwa eine Garbo oder eine Dietrich.

Sie habe ihren „afrikanischen Tanz" wochenlang geübt und in aller Herrgottsfrüh aufstehen müssen, damit das Body-Make-up rechtzeitig zu Drehbeginn fertig war, erzählte Hedy den Filmjournalisten. Wie alle großen Filmstars wurde sie an jedem Drehtag zu Hause abgeholt und von ihrem Chauffeur zum Set gefahren. Die Szene, in der sie vor einem Bett tanzte, sei zur Gänze dem Schnitt zum Opfer gefallen: „Zu sexy", wie sie enttäuscht feststellte. Die „New York Times" vermeldete im Dezember 1942, es sei „ein gutes Jahr für schlechte Filme" gewesen. „White Cargo" befand sich unter den schlechtesten zehn der zahlreichen schlechten Filme jenes Kriegsjahrs. Ratings dieser Art spielten im Geschäftsdenken von MGM keine Rolle. Lange Schlangen junger Männer vor den Kinokassen ließen die Augen der Mayer-Buchhalter leuchten: Zugpferd Hedy spielte als „Tondelayo" 2,8 Millionen Dollar ein. Ein paar „Brosamen" fielen nun auch für sie ab: Nach „Algiers" erhielt Hedy 750 Dollar pro Woche, ab 1939 waren es 2500 Dollar und nach „White Cargo" stieg ihr wöchentliches Salär auf recht beachtliche 7500 Dollar.

## „Pops" und „Putzi"

Hedy war also die Haupt-„Breadwinnerin" in ihrer dritten Ehe, die am 27. Mai 1943 begann. Zum Heiraten nahm sie sich einen Tag frei. Sie steckte gerade mitten in den Dreharbeiten zu „The Heavenly Body", eine Art romantische Komödie, die 1944 in die Kinos kam. Die Hochzeitsreise musste ausfallen, denn schon am ersten Tag als (wieder) Frischvermählte kehrte Hedy zu ihrer Filmcrew zurück. Ihr neuer Gemahl, John Loder, sollte der Vater ihrer leiblichen Kinder werden. „Was für schöne Hände Sie haben", habe er Ende Dezember 1942 beim Tellerwaschen in der „Hollywood Canteen" zu Hedy gesagt. „Robin Hood" Errol Flynn, wie Loder aus einer englischen Familie stammend und dessen guter Freund, warnte ihn ernsthaft vor den Auswirkungen einer derartigen Beziehung: „Ab morgen wird man dich nur noch als Mr. Lamarr kennen." Außer ihrer europäischen Herkunft teilten Hedy und John Loder eine turbulente Vergangenheit. Beide waren schon zweimal verheiratet gewesen. Loder war bereits Vater zweier Kinder aus zwei gescheiterten Ehen. Seine Familie war zwar nicht adelig, wie Hedy irrtümlich glaubte und was sie sehr schätzte, aber man verfügte über Verbindungen zur britischen Royal Family. Loders ältester Sohn Robin tat Dienst in Windsor Castle und Prinzessin Margaret, die aufmüpfige Schwester der heutigen Queen, ließ es sich nicht nehmen, Robin bei jeder Begegnung zu fragen, wie es denn so sei, als Stiefsohn von Hedy Lamarr …

Die US-Society-Kolumnistin Hedda Hopper bezweifelte noch kurz vor dem Trauungstermin den Wahrheitsgehalt der Gerüchte um eine

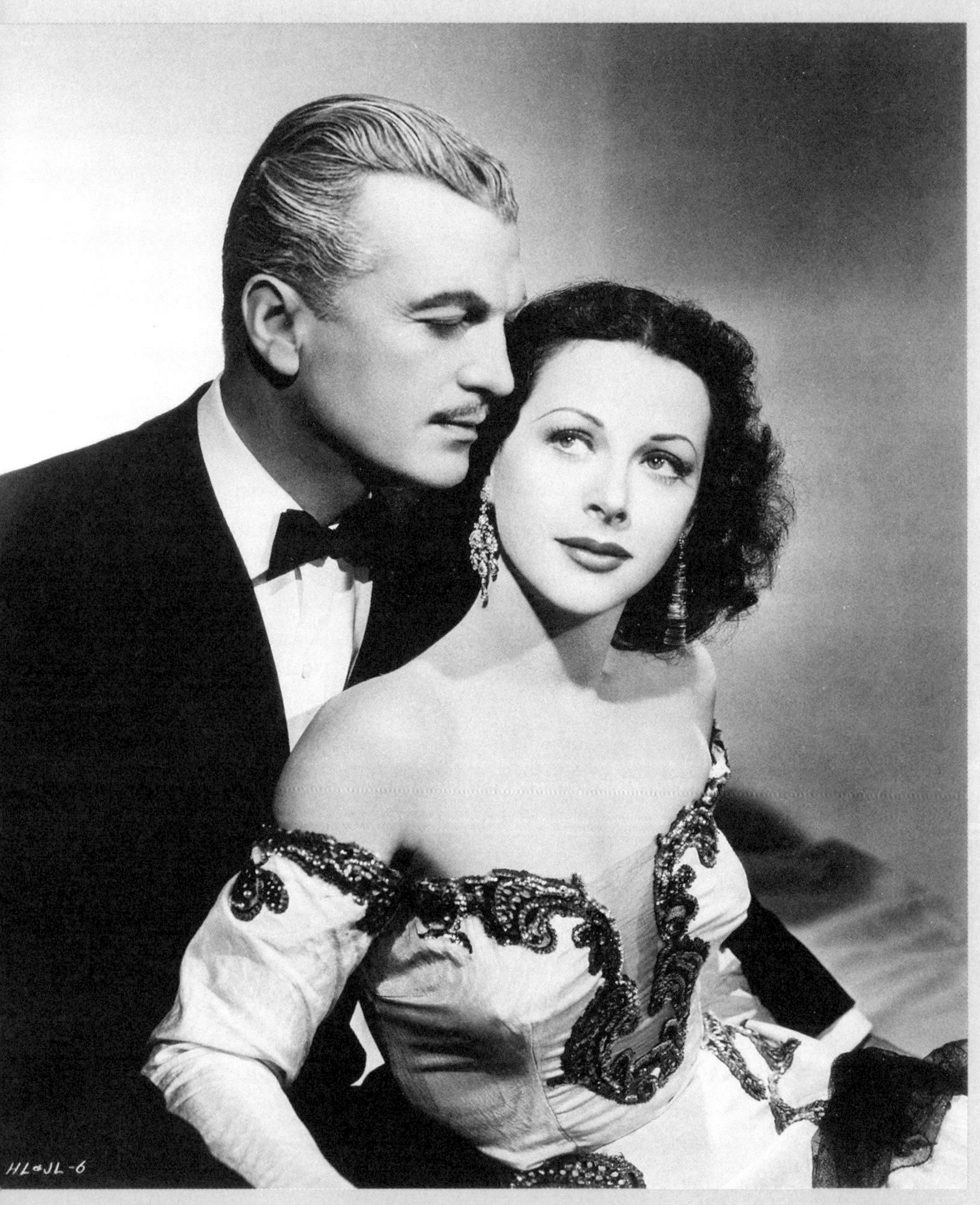


Hedy Lamarr und John Loder. Der wenig erfolgreiche Schauspieler wurde Hedy Lamarrs dritter Ehemann und ist der Vater der gemeinsamen Kinder Denise und Anthony.

angeblich bevorstehende Heirat Hedy Lamarrs mit John Loder. „Ich persönlich glaube nicht daran“, schrieb sie. „Bei dem ist ja nichts zu holen“, konkretisierte sie ihre Zweifel. In Hedys näherer Umgebung wussten die meisten von der eher materialistischen Lebenseinstellung, die für die Diva charakteristisch war. In ihrer Rolle als bösartige und gemeine Jenny im Film „The Strange Woman“ (1946) sagt Hedy einen Satz, der auch in ihrem Privatleben uneingeschränkt Gültigkeit besaß: „Männer mögen mich. Und es sind die Männer, die das Geld in der Welt besitzen.“ Ihrer Schauspielkollegin Zsa Zsa Gabor vertraute sie ihre Meinung über Blumengeschenke an: „Sobald ich von einem Mann Blumen bekomme, sehe ich sofort nach, ob zwischen den Blumen ein Diamantarmband versteckt ist. Wenn nicht – wozu dann die Blumen?“ Fritz Mandl hatte gelegentlich wertvolle Präsente in seinen Blumensendungen verborgen, die Hedy als „Sissy“ im Theater an der Wien entgegengenommen hatte.

Als junges Mädchen hatte sie von ihrer Mutter wohl oft gehört, wie wichtig es für eine Frau sei, „versorgt“ zu sein. Als sie John Loder heiratete, lag auch noch die Verantwortung für das Adoptivkind bei Hedy. Nicht zuletzt erlebte sie mehrfach, dass das Schauspielerinnen-Dasein mit einem Ablaufdatum versehen war. Viele Frauen aus der Welt des Films und des Theaters fielen, wenn sie über 40 waren und keine Rollen mehr bekamen, durchs soziale Netz. Verfügten sie über keine private Altersvorsorge und wurden schwer krank, kümmerte sich niemand um sie. Einige begingen Selbstmord oder starben im Armenhaus.

Hedy, die als privilegiertes Kind aufgewachsen war, wollte sich und ihrer Familie ein solches Schicksal ersparen und versuchte, vorzusorgen. Nicht zuletzt aus diesem Grund spielten Geld und alle materiellen Werte wie Schmuck, Immobilien oder Kunstwerke in ihrem Leben eine entscheidende Rolle. Zum Beispiel schickte sie ihrem Zukünftigen John Loder noch am Tag vor der Hochzeit eine Rechnung über 350 Dollar und meinte, das sei genau die Hälfte dessen, was sie in ihrer Verlobungszeit zusammen in ihrer Villa konsumiert hätten. Auch den Lohn ihres Kochs habe sie durch zwei dividiert und somit sei dies eine gerechte Kostenaufteilung. Bräutigam Loder sei etwas verwirrt gewesen, habe aber den gewünschten Scheck ausgestellt. Es muss ihm klar gewesen sein, dass Hedy damals um einiges mehr verdient hat als er, und mit dieser Form von „Halbe-Halbe“ dürfte er kaum gerechnet haben.

Seine zukünftige Frau befand sich auf dem Gipfel ihres Erfolgs, Männer auf der ganzen Welt lagen ihr zu Füßen. Gewohnheitsmäßig wollte sie hofiert werden, ihre Wünsche waren Befehle. Das galt nicht nur auch für ihren Ehemann, sondern für diesen ganz besonders. Hedys ständige Bedürfnisse und Forderungen, ihre Selbstbezogenheit und ihr minimales Einfühlungsvermögen trieben jedoch Liebhaber und Ehegatten über kurz oder lang gleichermaßen in die Flucht. Auch die Mutter musste parieren. Hedy wies Trude in den USA an, ja nie zu viel Trinkgeld zu geben. Als ihre Mahnungen nichts fruchteten, übernahm sie die Rechnungen der Mutter selbst.

## Szenen einer Ehe

Das Ehepaar Lamarr-Loder lebte in Beverly Hills auf einem großen Grundstück mit vielen Grünflächen. Wichtig waren für Hedy ihr geliebter Swimmingpool, den sie nach Möglichkeit täglich in den Abendstunden nutzte, und ein Tennisplatz. Jeden Raum zierten riesige Blumensträuße. Das Schlafzimmer war in Anlehnung an Hedys alten Wiener Rückzugsraum in der Peter-Jordan-Straße eingerichtet, mit weichen Teppichen auf dem Boden, Bücherregalen und einem alten Schreibtisch, an dem die Schauspielerin die Haushaltsrechnungen durchging. Drei Angestellte, die früher in der Villa des 1937 verstorbenen Filmstars Jean Harlow tätig waren, sorgten für das Ehepaar und den Adoptivsohn James, der von John Loder ebenso adoptiert wurde. Es gab auch zwei philippinische House-Boys, die leichtere Arbeiten im Haushalt verrichteten. Hedy nannte John Loder „Pops“ und er sie „Putzi“. Eine dänische Dogge („Donner“) gehörte auch zur Familie Pops, Putzi und Jamesie. All diese „Family Life“-Details wurden von der MGM-PR-Maschinerie bereitwillig den Medien zur Verfügung gestellt. John Loder wurde als häuslicher Typ beschrieben, der gern im Kreis englischer Freunde in Hollywood seine allabendliche Pfeife rauchte. Beide Ehepartner würden Musik und Bücher lieben, hieß es.

Selbst wenn das alles genau so gestimmt hätte: Hedy wäre eines solchen Daseins rasch überdrüssig geworden. Dinge, die sie bereits hatte, waren in ihren Augen nicht länger von Wert oder Interesse. Zufriedenheit gehörte nicht zu ihren Stärken und sie begab sich bald wieder auf die Reise zu neuen Ufern. Loders Hausschuhe vor dem Kamin wollte sie nach kurzer Zeit nicht mehr gesehen haben. Bereits das erste gemeinsame Weihnachtsfest entwickelte sich zu einem Härtetest. Hedy hatte im Sommer die Frau des international angesehenen Juweliers Cartier kennengelernt und so schenkte John Loder ihr einen Diamantring aus dem Schmuckatelier Cartier. Im Gegenzug dazu versprach Hedy ihrem Mann einen Cadillac. Unter dem Weihnachtsbaum überreichte sie ihm eine kleine Schachtel in der Größe einer Ringschatulle. Darin entdeckte der überrumpelte Loder einen Spielzeug-Cadillac aus Plastik.

Die Unstimmigkeiten gingen in dieser Tonart weiter: Bei einer Reise nach Mexico City benötigte Loder einen Regenmantel, den Hedy um 200 Pesos herunterhandelte. Dem Ehemann war der Auftritt seiner reichen Gattin peinlich. Trotz der Alltagsprobleme versuchte Hedy angestrengt, das von ihr neuerdings gewünschte Image einer guten amerikanischen Ehefrau in die Welt hinauszutragen. Dazu gehörten in der Wahlheimat auch eigene Kinder. Als Hedy im Frühjahr 1944 bemerkte, dass sie schwanger war, informierte MGM sofort die Presse über das bevorstehende freudige Ereignis. Tochter Denise kam im Jänner 1945 zur Welt. Mit „Deedees" schwieriger Geburt begann ein neuer Abschnitt in Hedys Leben: ihre dauerhafte Abhängigkeit von Psychiatern, Psychotherapien und „Feelgood"-Medikamenten.

In ihrer Autobiografie erzählte Hedy, ihr Ehemann habe lediglich ein „Aaaahhhh" von sich gegeben, als sie ihm ihre Schwangerschaft mitgeteilt habe. Dann habe er unbeeindruckt weiter seine Pfeife gestopft. Sie selber vertrat die Ansicht, dass eine Mutter und ihr Kind sich quasi „automatisch" gegen den Rest der Welt verbünden würden. Es sei ganz normal, dass ein Ehemann die zweite Geige spielen müsse, sobald das Kind geboren war. Aus ihrem Buch „Ecstasy and Me" geht weiters hervor, dass für sie als junge Mutter der Ehemann hauptsächlich als unerschöpfliche Quelle von Ärger und Frust wahrgenommen wurde. Er sei ständig eingeschlafen, im Restaurant, im Kino, sogar zu Hause nach dem Abendessen, noch auf dem Sessel sitzend. Außerdem trank er viel, was sie hasste. Besonders zuwider waren ihr Biertrinker, denn Bier sei „plebejisch", so ihr Urteil in der Autobiografie. Es tranken allerdings alle ihre sechs Ehemänner – in der Auswahl ihrer Lebenspartner war ihr auch in Zukunft kein Glück beschieden. Sobald Hedy mit Loder über seine Schläfrigkeit und/oder seinen Hang zum Alkohol reden wollte, bekam er Wutanfälle. Es wurde demnach täglich lautstark gestritten. Der Kindsvater zeigte keinerlei Interesse an der neugeborenen Tochter und auch Hedy richtete sich bald wieder auf Filmsets ein. Sie erwartete – ähnlich wie man es heute von Angelina Jolie lesen kann –, dass ihre Kinder als ihre Satelliten fungierten. Man durfte sie gerne sehen, hören sollte man sie nicht. Hedys Sohn Tony erinnerte sich, dass seine Mutter ihm und seiner Schwester Wiener Schlaflieder vorsang, wenn sie von der Arbeit nach Hause kam. Es gibt eine Aufnahme von Hedy, in der sie „Weißt du wie viel Sternlein stehen" singt. „Das Schönste an ihr war ihre Stimme", sagt Tony heute, „auch wenn sie nicht übel aussah."

Wie einst ihre Mutter in Wien konnte auch Hedy kühl und fordernd zu ihren Kindern sein. Ihre Zuneigung zum Nachwuchs war immer an Bedingungen geknüpft. Und natürlich an ihre Zeiteinteilung, denn der Beruf hatte oberste Priorität. Aus wenig verständlichen Gründen wünschte sich Hedy trotz allem noch ein zweites eigenes Kind. Sie erklärte, sie tue das für die Tochter, denn diese solle nicht – wie einst sie selbst in Wien – als Einzelkind aufwachsen. Ihr Mann ging ihr gleichzeitig immer stärker auf den Nerv und so fasste sie den folgenden – wieder einmal nicht ganz durchdachten – Plan: Nach der hoffentlich bald erfolgten Empfängnis würde sie die Scheidung von Loder einreichen.

Verantwortungsgefühl blieb ihr auch als Mutter fremd; die Konsequenzen ihres eigenen Handels hatten für sie bis an ihr Lebensende keine Bedeutung. Eines Abends erschien Hedy vor ihrem nichts Böses ahnenden Ehemann, der im Wohnzimmer saß, ein Buch las und seine Pfeife rauchte. John Loder hatte sich seiner Frau gegenüber schon seit Jahren immer minderwertiger gefühlt. Seine ohnehin wenig glanzvolle Karriere war weiter eingebrochen. Er sprach davon, wie sehr es ihm zusetze, „mit einer Legende verheiratet" zu sein. Die Filmfirmen würden ihn nicht mehr als Schauspieler wahrnehmen. „Sie hören den Namen Loder und schon sagt jemand: Ach, der Typ, der Hedy Lamarr geheiratet hat", beschrieb Loder seine unerfreuliche Lebenssituation. Die Ehe der Lamarr-Loders ähnelte jener Situation zwischen amerikanischen Männern und Frauen, wie sie der eher reaktionäre US-Autor Norman Mailer als „The Womanization of America“ beklagte:

> *„In den Köpfen der meisten Männer hat sich etwas verändert, nämlich ihre Vorstellung von der Funktion der Ehe. Sie sind nicht unbedingt schwächer geworden gegenüber ihren Frauen, aber sie haben Frauen geheiratet, die ihnen zu Hause weniger, in der Welt draußen mehr von Nutzen sind. Die Frau, die keine Teller wäscht, ist in der Regel eine Schönheit, die zehn bis zwölf Stunden im Bett bleibt und zwei Stunden zum Schminken braucht; sie muss ein Kindermädchen anstellen …“*

Und nun kam also Hedy ins Wohnzimmer, verkündete, dass sie schwanger sei und die Scheidung wolle. Wie überrascht John Loder war, kann man sich als Außenstehende/r schwer vorstellen. Jedenfalls drehte er sich kurz zu seiner Frau um, beschimpfte sie als „cold bitch“ und nahm dann seine Lektüre wieder auf. Hedy entfernte sich. Loder erinnerte sich an das (vorläufige) Ende seiner dritten Ehe etwas anders: Hedys Rechtsanwalt soll ihn angerufen haben, um ihm mitzuteilen, dass Hedy die Scheidung wolle. „Ja, aber warum denn?“, soll er verständnislos gefragt haben. Der Anwalt berichtete ihm, Hedy halte ihn beruflich für einen mediokren Schauspieler und privat für einen unerträglichen Langweiler. Er schliefe dauernd im Lehnstuhl ein, ließ sie ausrichten. Dennoch versöhnten sich die beiden Partner für einen überschaubaren Zeitraum wieder. Eine Grundlage für eine lebenslange Beziehung dürfte die Heirat nie gehabt haben.

Da das MGM-Starsystem weiterhin nach Homestorys über die (nach außen hin) glücklich verheirateten Turteltäubchen Hedy Lamarr und John Loder verlangte, ließ Hedy zu ungefähr dieser Zeit einen Journalisten in ihre Villa, um ihm das Haus zu zeigen und seine Fragen zu beantworten. Es muss sagenhaft zugegangen sein. Die mit Tony schwangere und gleichzeitig vor der Kamera stehende Hedy war mit Haushalt, Ehe und Kindererziehung trotz der Bediensteten heillos überfordert und empfing den Reporter mitten in einem Chaos, das der Journalist später so schilderte:

„Im Erdgeschoß rumpelten drei Waschmaschinen lautstark vor sich hin, denn die Herrin des Hauses hatte beschlossen, die Teppiche zu

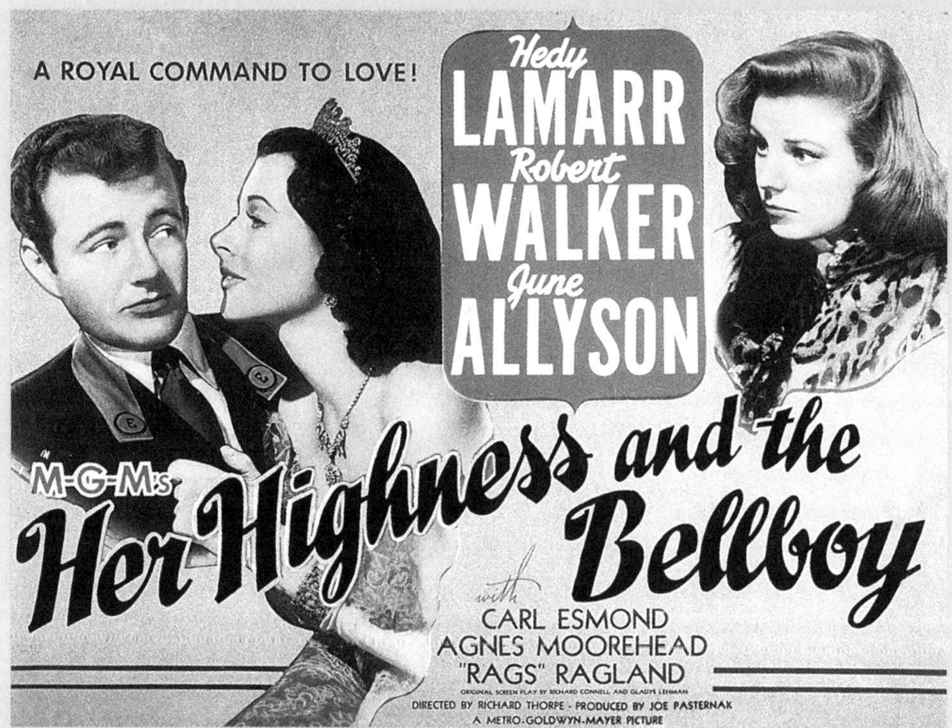


Ein Filmplakat zu einem der zahlreichen enttäuschenden Filme, die Hedy Lamarr in den 1940er-Jahren drehte.

waschen. Im nächsten Raum waren Elektriker am Werk, die eine neue Telefonleitung im Haus verlegten und sägten. Eine Hilfskinderschwester ging mit der 15 Monate alten Denise auf dem Arm in dem ganzen Krach umher und versuchte, das Kind durch Streicheln zu beruhigen. Ununterbrochen läutete das Telefon auf Hedys Nachtkästchen. Jamesie erschien laut jammernd, da er ein Spielzeug nicht finden könne. John Loder streckte alle paar Minuten den Kopf herein und rapportierte, dass es ihm noch immer nicht gelungen sei, das gewünschte Fleisch fürs Abendessen zu bestellen. Daraufhin flippte Hedy aus. Und bald sollte ja das zweite Baby kommen. Darauf angesprochen sagte Hedy nur: ‚Poof! Das ist alles gar nichts. Nach dem Albtraum des letzten Jahres bin ich immun gegen alles, solange keine Bombe unter meinem Bett explodiert.'"

Der gemeinsame Sohn Anthony kam am 1. März 1947 zur Welt. Hedy klagte weiter, Kindsvater Loder würde im Sitzen einschlafen, ungeachtet dessen, ob sie gerade mit ihm spreche. Er schnarche im Kino und sei an Denise und Anthony nicht interessiert. Im Juli 1947 wurden Hedy und John Loder geschieden. Sie erhielt die alleinige Fürsorge für alle Kinder, außerdem gingen das Haus, zwei Autos, Alimente in beträchtlicher Höhe und einige hoch dotierte Versicherungen an sie. Und bald auch die kommerziell erfolgreichste Rolle ihres Lebens.

Nach der dritten Scheidung, mit drei kleinen Kindern am Hals, keinem positiv wahrgenommenen Film seit Jahren und auf die 40 zugehend, drohte Hedy in den Jahren nach dem Zweiten Weltkrieg der Abstieg in die Liga der B-Schauspielerinnen.

Sie wurde zunehmend unberechenbar und psychisch labil. Ihr ganzes Leben lang habe sie sich immer auf einen Mann verlassen, der sie dann fallen gelassen habe, fasste sie ihre bedenkliche Lage zusammen. Sie wirkte nach außen hin immer mehr wie eine Frau, der die Kontrolle über ihr Leben entglitten war. Es war definitiv schwierig, ihren aufwendigen Lebensstil, den problematischen Adoptivsohn, die eigenen Kinder und vor allem die Suche nach der fehlenden großen Rolle, auf die sie ihr Leben lang gewartet habe, wie sie sagte, zu managen und unter einen Hut zu bringen. Und das alles ohne Unterstützung durch einen verlässlichen Partner oder Ehemann.

Dazu kam noch die schwerwiegende Kränkung, dass das US-Magazin „Look" im April 1948 behauptete, sie habe sich eine neue Nase machen lassen. In den Jahren nach „Algiers“ verlangten viele Schauspielerinnen nach einer „Hedy-Lamarr-Nase“ und ließen sich dementsprechend operieren. Und nun sollte das Perfektionsidol schlechthin selbst etwas verändert haben? Ganz Hollywood redete wochenlang von nichts anderem als von diesem chirurgischen Eingriff in das schönste Gesicht der Welt. Ihr Ruf als „Naturschönheit“ sei durch den gehässigen Artikel beschädigt worden und nun brachte Hedy, wie meistens auch in Zukunft, ihre Kinder ins Spiel. Diese seien die Hauptleidtragenden solcher verleumderischen Zeitungsartikel. Sie verklagte das Blatt auf 200.000 Dollar. Was sie allerdings viel dringender benötigte als einen gewonnenen Prozess um eine kleine „Verschönerung“ – Beauty-Operationen waren seit Jahrzehnten gang und gäbe in Hollywood –, war ein Film, in dem sie brillieren konnte und über den alle Welt sprechen sollte. Ein Sensationsfilm, der ihre private und berufliche Misere, ihre erratische Launenhaftigkeit und den emotionalen Stress vergessen machen ließ.

## „Es ist vorbei – Delilah“

Mithilfe ihres Agenten, des Deutschen Robert Lantz, den sie schon als 16-Jährige in Berlin kennengelernt hatte, gelang ihr nun tatsächlich noch ein letztes Mal der ganz große Coup. Lantz rief den berühmten, großen „alten Mann Hollywoods“ Cecil Blount DeMille, genannt „C. B.“, an. Der Regisseur war schon bald 70 Jahre alt, er hatte als Stummfilmdarsteller begonnen und gehörte 1913 zu den Gründern der Filmstadt Hollywood. Schon in den 1910er-Jahren war er für jene Filmfirma tätig gewesen, aus der einmal Paramount hervorgehen sollte. Als Regisseur der bildgewaltigen Bibelfilme ist er Filminteressierten in Erinnerung geblieben. Monsterspektakel mit Tausenden Statisten wie „Die Zehn Gebote“ (1923), „König der Könige“ (1927), „Im Zeichen des Kreuzes“ (1932) oder „Kreuzritter – Richard Löwenherz“ (1935) begründeten seinen Ruf in einem Land, in dem es zwar ziemlich egal ist, an welchen Gott man glaubt. Doch dass der Begriff Religionsfreiheit an sich Freiheit von der Religion bedeutet – diese Botschaft hat weite Teile der USA bis heute nicht erreicht. DeMilles Filme zeichnen sich im Allgemeinen durch ein Übermaß an Action, Sünde und Gewalt, Sex und ausschweifendes Lotterleben aus, bis Gottes Allmacht strafend über die frevelnde Menschheit kommt und sich zum Schluss alles zum Guten und Rechten wendet. Die Zuschauer können beruhigten Gewissens das Kino verlassen und moralisch gestärkt den Heimweg antreten. DeMille kannte das beste Rezept, um in den USA berühmt zu werden.

Was in der Reihe der alt- und neutestamentarischen Kolossalproduktionen noch fehlte, war die Geschichte von „Samson und Delilah", beinhaltete diese Story doch alles, was das Herz eines Regisseurs wie „C. B." höherschlagen ließ: einen kräftigen tumben Muskelprotz, eine schöne, sexy, gemeingefährliche Verführerin, böse Könige, kriegführende Parteien, Verräter – und natürlich einen gerechten Gott, der Ordnung schafft. DeMille wollte diese Erzählung aus dem Alten Testament eigentlich schon 1934 auf die Leinwand bringen, doch er fand die passende Delilah nicht. Als er im Jahr 1946 den Paramount-Leuten erneut den Stoff näherzubringen suchte, schlug ihm vorerst Ablehnung entgegen. „Was sollen wir mit dieser Sonntagsschul-Fabel?", wimmelten ihn die Financiers ab. Doch Cecil B. DeMille wusste zu kontern: Würde man die Bibel genau lesen, erkenne man sogleich, dass da mehr Sex und Gewalt zu holen seien, als er es sich jemals ausdenken könnte. Für den Part des Samson stelle er sich eine Mischung aus Tarzan, Robin Hood und Superman vor. Und als Delilah – da wolle er ein Destillat finden aus den Schauspielerinnen Jean Simmons und Vivien Leigh, garniert mit einem guten Schuss Lana Turner. Die Paramount-Verantwortlichen bissen an. In diesem Moment kam der Anruf von Hedys Agent Robert Lantz, der C. B. als einzig wahre Delilah Hedy Lamarr ans Herz legen wollte und dem Regisseur aktuelle Fotos von Hedy in aufreizenden Posen zukommen ließ. Hedy wollte die Rolle der „Delilah" unbedingt, vor allem als sie hörte, dass der Film in Technicolor produziert werden sollte. Es schmeichelte ihrer Eitelkeit, in Farbe zu sehen zu sein. Und der Name C. B. DeMille stand für den alten Hollywood-Glamour der 1930er-Jahre – eine bessere Möglichkeit zum Comeback würde sie nicht mehr bekommen.

Nachdem der äußerst perfektionistisch agierende DeMille zahlreiche Schauspielerinnen ausgeschlossen hatte („zu jung", „zu nett", „nicht sexy genug"), schaute er sich den Film „The Strange Woman" an, den Regisseur Edgar Ulmer – heute ist er Kult – mit Hedy 1946 gedreht hatte.

Darin erschien die Heldin als lockeres Frauenzimmer der Biedermeierzeit. Hedy liebte Kostümfilme, weil sie der Ansicht war, in historischer Aufmachung käme ihr unvergleichliches Gesicht ausnehmend gut zur Geltung. Als Jenny Hager musste sie erstmals eine den gesamten Film tragende Hauptrolle spielen, was ihr allein nicht gelungen wäre.

Die zwischen Film Noir und Gothic Horror oszillierende Geschichte um die wunderschöne, aber todbringende Jenny rettete Regisseur Ulmer durch überraschende Effekte und beeindruckende Szenerien. Zum Beispiel sieht man, wie Hedy mit einer Kerze in der Hand, die Augen wie immer weit aufgerissen, durch eine Art Spukhaus schleicht und überall von Spiegeln umgeben ist. Da viele Mitbürger des puritanischen Städtchens, das die Kulisse für „The Strange Woman" abgibt, durch Jennys Machenschaften zu Tode kommen, muss sie am Ende selbstverständlich sterben. Zu diesem Zweck kommt ihre Kutsche vom Weg ab und stürzt über eine Klippe hinunter ins Meer. Hedy wird aus dem Gefährt geschleudert, erhebt die Augen zum Himmel und haucht ihre schwarze Seele aus. Obwohl sich Ulmer, mit dem Hedy am Set eine Affäre hatte, über ihre hölzerne Darstellung beschwerte, gefiel C. B. DeMille der Streifen. Als die Lichter nach der Vorführung von „The Strange Woman" wieder angingen, stand er aus dem Kinosessel auf und erklärte mit einem Wort: „Delilah!"

Das fantastische Salär, das Hedy für ihren Auftritt als „Delilah" verlangte, betrug 100.000 Dollar. Umgerechnet auf die Kaufkraft der Gegenwart wären das über eine Million Dollar – für eine Drehzeit von zehn Wochen. Nach 46 Tagen war der Streifen im Kasten. Zusätzlich zu ihrem mehr als fürstlichen Honorar erhielt Hedy exklusives Personal einzig und allein zu ihrer Verfügung: einen Sprachtrainer (sie lebte nun bereits seit elf Jahren in den USA), einen Friseur, ein Garderobenmädchen sowie die obligate Limousine mit Chauffeur. Nach der Vertragsunterzeichnung entschwand Hedy, die eigentlich für die ersten Kostümproben zur Verfügung stehen sollte, vorübergehend in den Urlaub. Sie musste sich wohl von der großartigen Aussicht auf den baldigen Geldsegen erholen. Erst einmal flog sie nach Paris und logierte dort einige Zeit im Luxushotel George V.

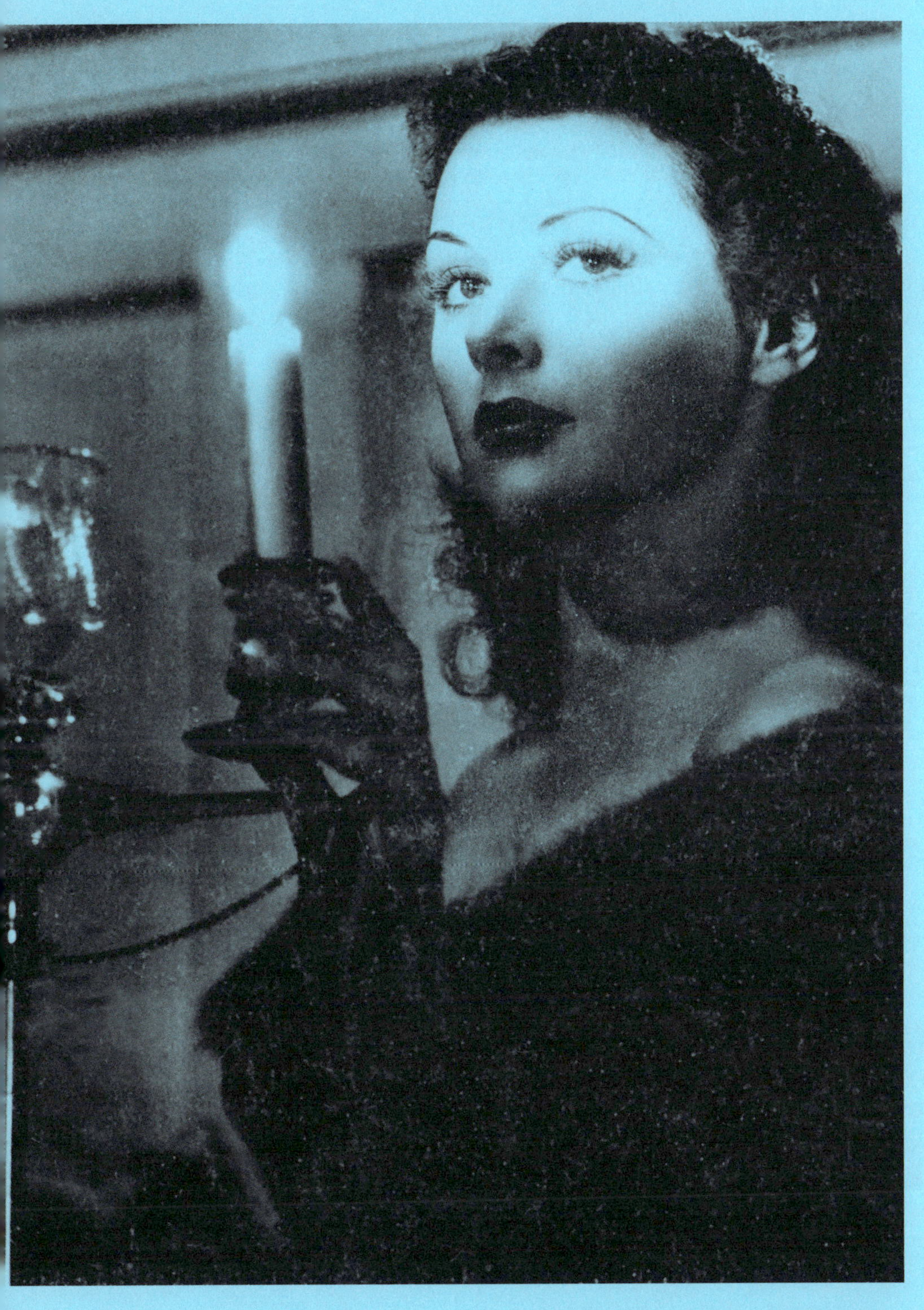

Hedy Lamarr als böse Jenny Hager in Edgar Ulmers Streifen „The Strange Woman“ (1946).

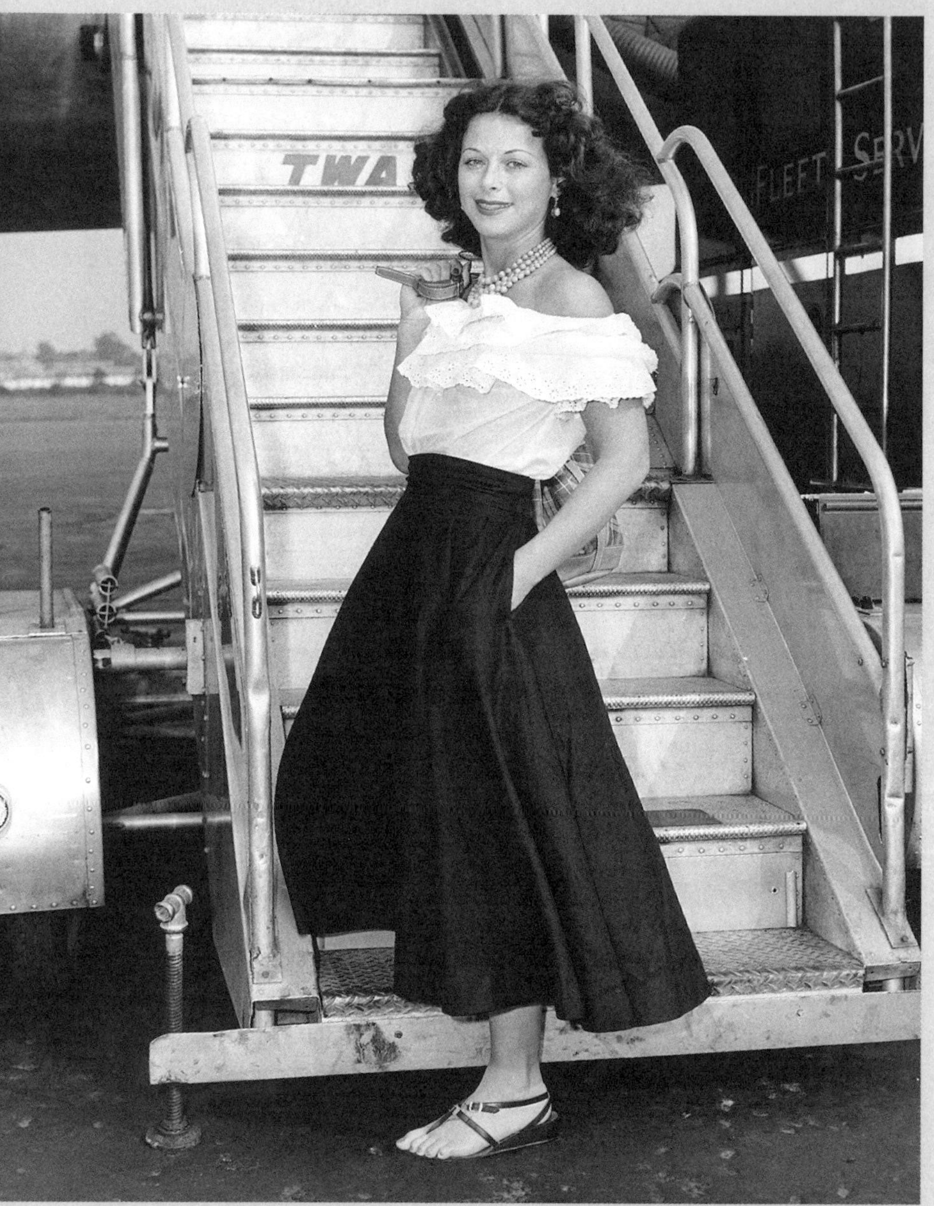


Eine im Gegensatz zu ihrer Rolle als „Delilah“ auffallend normal aussehende Hedy Lamarr kurz vor ihrer Abreise nach Europa im Jahr 1949. Der Beginn der Dreharbeiten für den Bibelfilm musste wegen ihres Urlaubs verschoben werden.

Nach ihrer Rückkehr aus good old Europe ließ sie sich wieder nicht am Set blicken, sondern fuhr nach Nevada an den Lake Tahoe. Dort befand sich ein Treffpunkt des amerikanischen Geld- und Filmadels, ein Hotel mit Casino („Cal-Neva Lodge"), in dem unter anderen die Kennedys verkehrten und in dem später Marilyn Monroe das letzte Wochenende vor ihrem Tod verbrachte.

Die anfänglich versäumte Kostümprobe könnte man nachträglich als Menetekel interpretieren; denn die Kleiderfrage blieb bis zum Drehschluss ein ständiger Streitpunkt zwischen der berühmten US-Kostümdesignerin Edith Head, Regisseur DeMille und „Delilah" Hedy. Edith Head war damals das Synonym für Hollywood-Kostüme. Mehr als 1000 Kleider schneiderte sie für Filmschauspielerinnen und Filmschauspieler, 35-mal war sie für den Oscar nominiert und achtmal hat sie ihn auch erhalten. Grace Kelly nahm 1955 in einem Seidentraum von Edith Head ihren Oscar für „Ein Mädchen vom Lande" entgegen.

Niemand am Set hätte es für möglich gehalten, dass der aufreibende Kampf um die Filmkostüme ein geradezu fulminantes Ende finden würde. „Samson und Delilah" erhielt einen Kostüm-Oscar – eine heute nicht ganz leicht nachzuvollziehende Entscheidung, denn gerade Hedys Kostüme wirkten billig bis trashig und werden gerne und sehr treffend mit dem englischen Wort „camp" umschrieben.

Wie man in der Ausstellung „Camp: Notes on Fashion" (New York, The Metropolitan Museum of Art Costume Institute, 2019) erfahren konnte, steht dieser Ausdruck schon seit Susan Sontags Essay „Notes on ‚Camp'" (1964) für eine Überfülle an Künstlichkeit und Übertreibung, aber auch für eine Anlehnung an Nostalgie, Theatralik und Ironie. Sontag hat etwa „Samson" Victor Mature in seinen überdimensionalen Männlichkeitsdarstellungen als „camp" empfunden. Das Wort stammt ursprünglich vom französischen „se camper", was auf das bühnenartige Posieren im Frankreich des 17. Jahrhunderts Bezug nimmt. In Hyacinthe Rigauds berühmtem Porträt des Sonnenkönigs Ludwig XIV. erscheint dieser in Wirklichkeit kahlköpfige, zahnlose und vermutlich wenig wohlriechende Monarch in seiner heutzutage durchaus „camp" wirkenden Krönungsrobe; seine Waden wurden mit weißen Seidenstrümpfen in Szene gesetzt, der nur durchschnittlich groß gewachsene Herrscher trug dazu weiße Schuhe mit den typischen, dem Adel vorbehaltenen hohen roten Absätzen.

Zu Hedy Lamarrs großer Zeit hätte man auch Marlene Dietrichs und Judy Garlands Gala-Auftritte durchaus als „camp“ bezeichnen können; moderne Ikonen des „Camp-Stils“ sind Cher oder Elton John. Überaus erfolgreich in diesem Metier ist derzeit Alessandro Michele als Designer der italienischen Traditionsmarke Gucci. Er ließ 2018 seine absolut nicht dem herkömmlichen Schönheitsideal entsprechenden Models mit Babydrachen und Menschenköpfen unterm Arm oder mit riesigen Totensträußen in der Hand, schwarzen Capes überm Kopf und bei Fackelgeflacker den alten römischen Friedhof in Arles, die sogenannten Alyscamps („elysische Felder“), entlang defilieren.

„Delilah“ hätte bei einer Gucci-Show sofort ihren Platz gefunden. In den meisten Filmszenen sieht Hedy Lamarr aus, als trüge sie ein Turn- oder Badetrikot und darüber irgendein güldenes Stoffmuster Marke „orientalischer Bazar“. Der Oscar ging wahrscheinlich vor allem aufgrund eines Designs an Edith Head: In einer kurzen Einstellung am Ende des Films sieht man Hedy in einer spektakulären Robe aus 2000 Pfauenfedern, die Vögel von DeMilles Ranch „spendieren“ mussten. Eine der Federn wird übrigens Gloria Swanson als Norma Desmond in Billy Wilders Film „Sunset Boulevard“ (1950) an ihrem Hut tragen, als Talisman. Hedy hätte in diesem Hollywood-Klassiker eine kleine Rolle übernehmen sollen, aber sie verlangte von Wilder 25.000 Dollar für ihre Mitwirkung, wobei allein die Verwendung ihres Namens schon 10.000 Dollar gekostet hätte. Billy Wilder verzichtete dankend auf Hedys Beitrag.

Edith Head lehnte es anfangs strikt ab, das gewünschte Pfauencape zu entwerfen, da sich diese Idee nicht mit ihrem Verständnis von historischer Kleidung in biblischer Zeit in Einklang bringen ließ. Ihrem Agenten Robert Lantz hatte Hedy versprechen müssen, sich ja nicht mit dem Regisseur anzulegen und dem großen „C. B.“ mit gebührlichem Respekt und unterwürfiger Ehrerbietung zu begegnen. Da DeMille gehört hatte, dass die Arbeit mit Hedy strapaziös werden konnte, stellte er gleich zu Beginn klar: „I don’t act. You don’t direct.“ Edith Head übernahm jedoch gewissermaßen Hedys angestammten Part und überwarf sich mit DeMille. Der legendäre Regisseur sei ein Freak, der versuche, Gott zu spielen, sagte die Modefachfrau. Und Hedy hatte nichts Besseres zu tun, als ständig

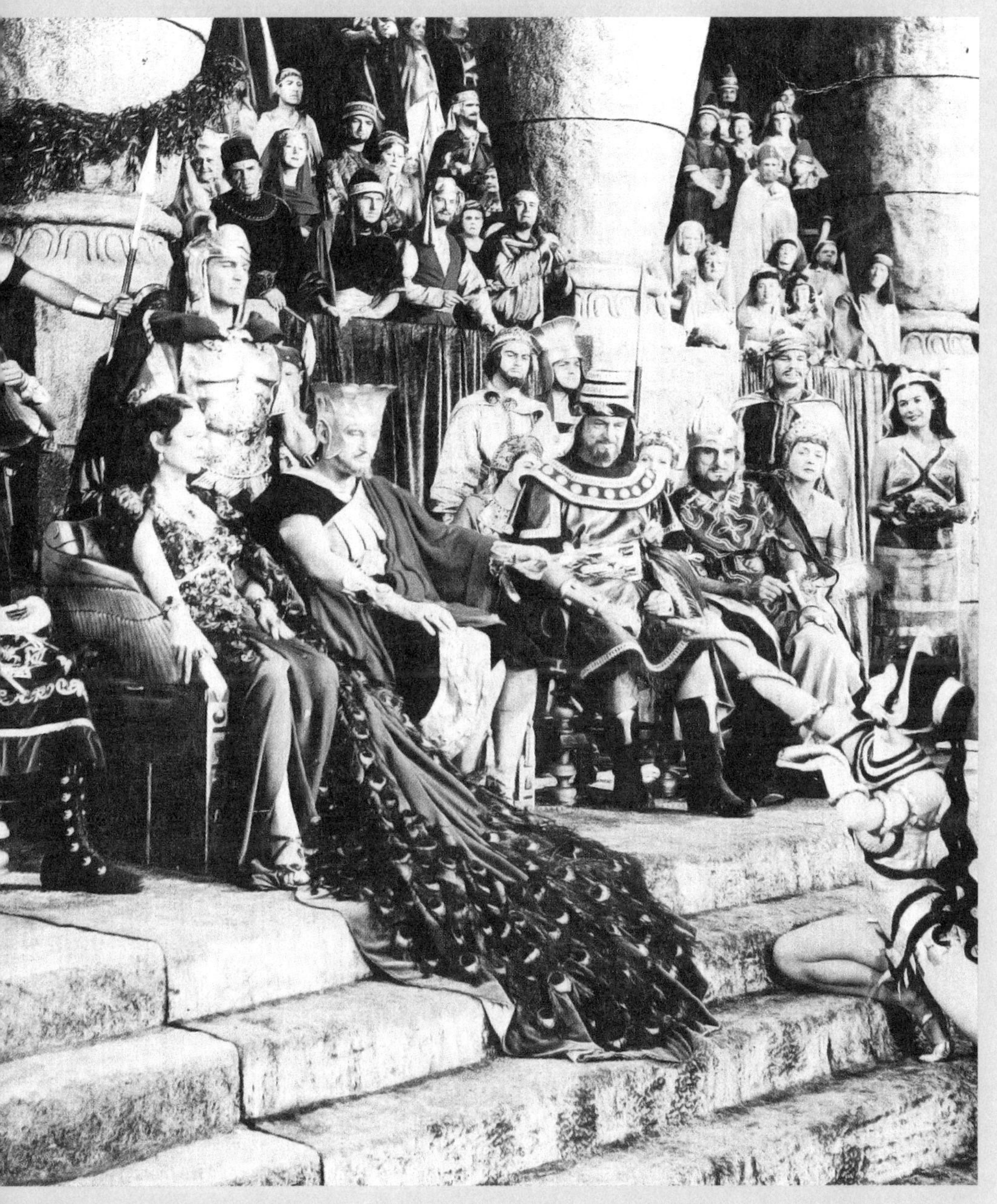

Hedy Lamarr in ihrer Oscar-gekrönten Pfauenrobe als „Delilah“ (1949).

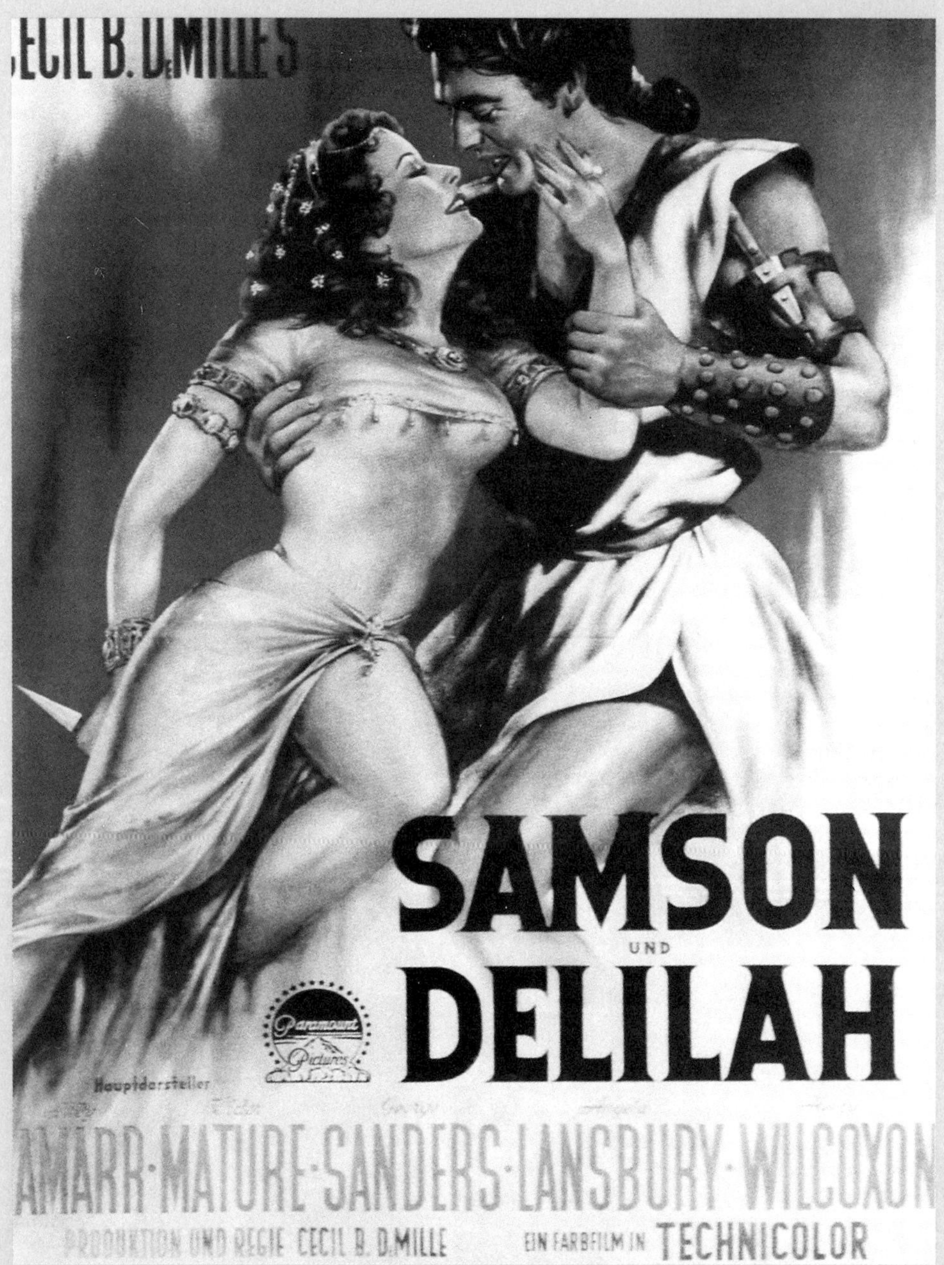


Das unmissverständliche Filmplakat zu „Samson und Delilah": wenig Bibel, viel Sex, Gewalt und Verrat. Bauchnabel und Brustwarzen waren dennoch tabu.

Zwietracht zwischen ihr selbst und der Designerin zu säen. In ihren eigenen Worten hörte sich eine solche Auseinandersetzung wie folgt an:

> „Edith Head bringt das Kleid für die erste Szene.
> Hedy: ‚Das ist ganz nett, aber es entspricht nicht meiner Stimmung. Es ist zu öde. Ich will Samson ja verführen.'
> Edith Head ruft DeMille herbei, um seine Meinung zu hören. Der Regisseur begutachtet das Kostüm und meint: ‚Ich kann nichts Negatives daran erkennen.'
> Hedy: ‚Das ist genau das Problem. Ich will ein Kleid, das etwas Positives ausstrahlt, nicht nur ‚nichts Negatives'.'
> DeMille schaut finster auf die beiden weiblichen Streithähne, ordnet aber einen Kameratest an. Daraufhin gibt er Hedy recht. ‚Es passt nicht', meint er zu Head. ‚Probieren wir es mit einem roten Kleid.'"

In Rot war das Kostüm aufregend und Hedy setzte somit ihre Vorstellungen durch. „Runde eins ging an mich", resümierte sie in „Ecstasy and Me". Der Dreh zu „Samson und Delilah" war eine prägende Erfahrung in Edith Heads Leben als Kostümdirektrice für Großproduktionen. Nichts davon würde sie je vergessen. „Es gab wahrlich Stars, mit denen man einfacher zusammenarbeiten konnte", meinte sie später. Es sei sehr mühselig gewesen, Hedy zur Zufriedenheit aller zu kostümieren. Die Hauptdarstellerin habe keine Ahnung gehabt, wie die Rolle der Delilah anzulegen sei. Aber sie hatte genaue Vorstellungen, wie die Kleider an ihr wirken sollten. DeMille wünschte eine üppige und wollüstige Verführerin – ein kniffliges Unterfangen bei einer flachbrüstigen, langen „Bohnenstange", wie es auch die ältere Hedy war – trotz ihrer aufgrund der Hinterlassenschaften zweier Schwangerschaften leicht matronigen Statur. Edith Head schlug wie immer in solchen Fällen vollbusige (= ausgestopfte) Gewänder vor – doch das hatte Hedy schon zu Beginn ihrer Filmlaufbahn abgelehnt: „Ich bin keine Busenfrau. Mit Aufpolsterungen fühle ich mich, als ob ich Ballons schleppen muss." Sie könne in diesen unnatürlichen Proportionen nicht spielen, erläuterte sie Edith Head. Also wickelte Head Stoffe um Hedy herum und versuchte, ihre Figur nach den Vorstellungen DeMilles zu gestalten, ohne den Wunsch der Schauspielerin nach „Natürlichkeit" zu ignorieren.

## Drama am Film-Set

Hedy glaubte trotz aller gutwilligen Versuche der Modedesignerin, sich an Edith Head rächen zu müssen. Nach jeder Anprobe rauschte sie in deren Büro, fasste sich dramatisch an die Stirn und ließ sich anschließend zu Boden fallen. Sie klagte beständig über Rückenschmerzen und gab die Schuld daran ihren Kindern, von denen sie am Set unablässig redete: „Wenn Sie Kinder haben, haben Sie Rückenschmerzen", sagte sie zu Head und schaute sie mit ihren riesigen Augen an, erinnerte sich die Kostümbildnerin. Alle Proben fanden im Liegen statt: „Edith, ich muss mich ausruhen", sagte Hedy und glitt zu Boden. Sie sei, so Edith Head, „einfach nur faul" gewesen. Gefiel ihr das Kostüm nicht, so blieb sie liegen und stand nicht mehr auf. Außerdem aß sie dauernd am Set. Wienerische Süßigkeiten, Sandwiches mit Grillfleisch, ständig musste Essbares für die Hauptdarstellerin herangekarrt werden: „Die verführerische Sirene lag da und mampfte", erzählte Edith Head. Das andauernde Stecken der Kostüme sei gar keine Arbeit gewesen im Vergleich zu den Anstrengungen, „Delilah" aus der Horizontalen wieder in die Vertikale zu bekommen. Und dann gab es da noch die Vorschriften der hauptberuflichen Hollywood-Moralapostel: Man durfte keinen Busen sehen. Wie in „White Cargo" war auch der Bauchnabel eine verbotene Region. Edith Head bedeckte ihn mit einer Perle und Hedy schmückte ihre Hüften mit einigen superengen juwelenbesetzten Gürteln. Es war für alle Beteiligten eine Herausforderung, eine sexuell attraktive und moralisch akzeptable „Delilah" auszustaffieren.

Hedys männlichen Gegenpart übernahm der damals berühmte Schauspieler Victor Mature in der Rolle des langhaarigen und deswegen sehr starken Schafhirten Samson. Auch er nicht gerade ein „Feuerball" – bemängelten mehrere Filmkritiker das steife Spiel des Helden, der seiner dösigen Geliebten um nichts nachstand. In der zentralen Sequenz des Löwenkampfes sieht man einen armen, fetten, zahnlosen und mottenzerfressenen Löwen und einen lethargischen Samson, der an dieser Stelle von einem Stuntman verkörpert wurde. Hedy nahm ihrem Co-Star Victor Mature diese „Feigheit" übel. Für die beim Löwenkampf notwendigen Close-ups wurde zwar der echte Mature eingesetzt, dafür aber ein ausgestopfter Löwenkopf verwendet, was bis heute im Endprodukt deutlich wahrnehmbar ist. Trotz all dieser Schwächen marschierte Hedy mehrmals zu DeMille und teilte ihm mit, dass Mature ihrer Meinung nach in vielen Szenen zu präsent sei und sie als Hauptfigur daher zu kurz käme. Der Regisseur wollte daraufhin von ihr wissen, wie viele amerikanische Männer sie kenne, die auf Matures Gesicht achten würden, wenn in derselben Einstellung ihr Hintern zu sehen sei.

Die 1925 geborene Angela Lansbury („Miss Marple"), die im Film Delilahs (in der Bibel nicht vorhandene) Schwester darstellte, beobachtete als junge Schauspielerin die berühmte Hedy Lamarr sehr genau. Hedy habe sich am Set immer als von Ränken und Intrigen umwittert, geheimnisvoll und unnahbar gegeben, sagte sie. Aber auch sie selbst sei geblendet gewesen von Hedys schier unfassbarer Schönheit. „Delilah" ist im fertigen Film eine ätherische schläfrige Märchenfee, nicht von dieser Welt. Sie wirkt kaum wie ein Mensch aus Fleisch und Blut und Hedys typische Art der Darstellung lässt an die im 19. Jahrhundert beliebten „Tableaux vivants" denken, an „lebende Bilder". Diese Art des großbürgerlichen Freizeitvergnügens bestand darin, dass man sich in historische Kostüme warf und berühmte Gemäldekompositionen wie auf einer Theaterbühne nachstellte. Hatten alle Familienmitglieder ihre Positionen eingenommen, drückte ein Fotograf auf den Auslöser und hielt die Szenerie für die Nachwelt fest. Statisch, ohne jede Lebendigkeit, auf keinen Fall zum Mitfiebern gedacht, wie es bei einer Sex-and-Crime-Story wie „Samson und Delilah" doch eigentlich der Fall sein sollte.

Hedys mit verschiedenen Juwelenaufbauten verzierter Kopf ließ das Publikum an die große Vorkriegsproduktion „Algiers" denken, als Hedy den Turban und ähnliche „orientalisch" anmutende Kopfbedeckungen in die Alltagsmode eingeführt hatte. Die „Harem"-Tops erinnerten an die skandalumwitterte „Tondelayo" und knüpften somit erneut an eine typische, gefahrvolle Frauendarstellung Hedys an. Auch die S/M-Zwischentöne erlebten unter C. B. DeMille eine Neuauflage: „Er ist großartig, gerade in Ketten", sagt Delilah über Samson, als ihr bereits blinder Geliebter den Mühlstein drehen muss und dabei sein Schicksal beklagt. In die Filmgeschichte ein ging aber vor allem ihr triumphierender Ausruf „No man leaves Delilah!": In einem Anfall von Eifersucht schert sie Samson den Kopf, beraubt ihn damit seiner übermenschlichen Kräfte und gibt ihn dem Untergang preis.

Mit etwas über drei Millionen Dollar Herstellungskosten schaffte es der als „No nonsense"-Filmemacher bekannte Cecil B. DeMille, mit seinem Opus magnum unter dem Budgetlimit zu bleiben. Letztlich spielte das biblische Monsterepos 11,5 Millionen Dollar ein, überflügelte damit „Vom Winde verweht", schrieb sich als finanziell erfolgreichster Film der 1940er-Jahre in die Geschichte dieser Dekade ein und war der größte kommerzielle Gewinn, den Paramount bis zu diesem Zeitpunkt (1949) einfahren konnte.

Was die Filmkritiker von Hedy als „Delilah" hielten, war mittlerweile vorhersehbar. Sie sei deswegen einigermaßen glaubwürdig in ihrer Rolle, weil sie sich selbst spiele. Hier würden die Darstellerin und ihr Filmcharakter perfekt übereinstimmen. Der Hauptinhalt des Films sei männliche Stärke und weibliche Schönheit und Hedy sei nun auf dem Gipfel der möglichen Vermarktung ihrer Person angekommen. Mit ihrer schrillen und bunten Klimpergarderobe wäre sie allerdings in einer Bar in Manhattan besser aufgehoben als in einem Palast der Philister, bemäkelte ein Reporter. „Alles in allem", so der Journalist, würde der Film weder „DeMille noch seinem Verbündeten (= Gott) etwas Gutes tun." Der Streifen glänze einzig und allein in der Kitschabteilung. Die Technicolor-Produktion tat Hedy nichts Gutes. Ihre kühle Erotik und der ihr eigene Sex-Appeal eines klassischen Hollywood-Stars kamen nur in Schwarz-Weiß-Filmen vollendet zur Geltung. Lediglich die publicity shots von Porträtfotografen wie Clarence Sinclair Bull vermochten diese Wirkung noch zu steigern: Das Schattenspiel auf ihrem Gesicht wurde hier zu einer wahren Meisterschaft entwickelt. In Schwarz-Weiß, versteht sich.

Den bis heute bekanntesten Kommentar zu „Samson und Delilah" gab Groucho Marx von den „Marx Brothers" ab. Nach der Erstaufführung meinte er, er habe noch nie einen Film gesehen, in dem der Busen des Hauptdarstellers größer sei als der seiner Partnerin.

Hedy war also wieder am Anfang ihrer Karriere angelangt, bei der Schwachstelle Oberweite, dem Dauerthema seit Jugendtagen. Louis B. Mayer und Walter Wanger hatten wohl doch recht gehabt, damals, im Jahr 1937, als sie Hedy klarzumachen versuchten, dass ihr Busen und

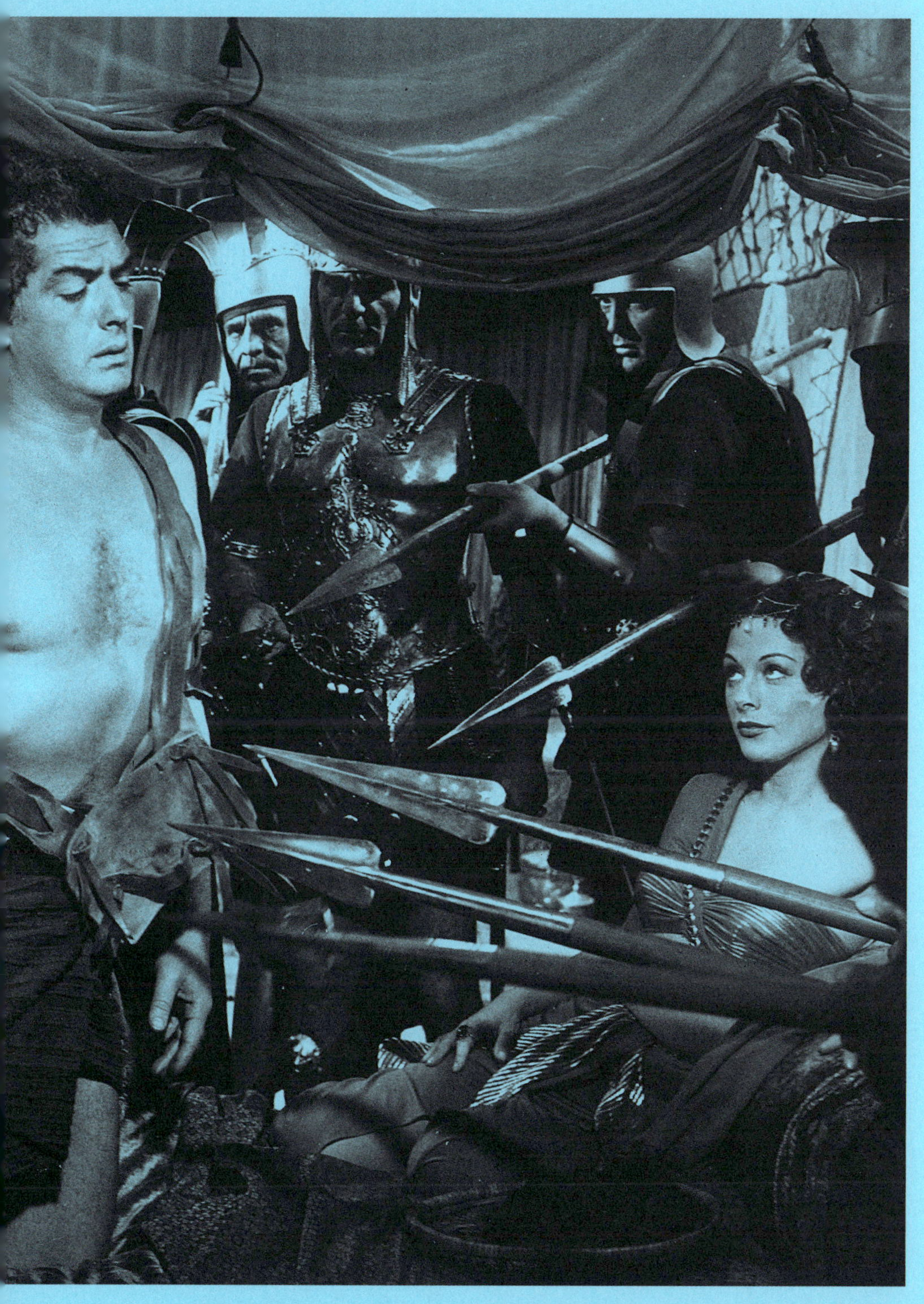

Hedy hat die Hosen an: Hedy Lamarr und ihr Co-Star Victor Mature am Set von „Samson und Delilah".

Hollywood nicht kompatibel seien. Und nun ging es auf die 1950er-Jahre zu, neue (alte) Gender-Stereotype machten sich in den Filmen breit: Frauen sollen nicht kühl, berechnend oder gar gefährlich agieren. Weiblichkeit sollte wieder für Sanftheit und Entsagung stehen und die Ehefrauen sollten zu Hause für ihre Männer da sein, kochen und die Betten machen. Der kommende Star hieß Marilyn Monroe. Diese ursprünglich brünette Schauspielerin hörte auf ihre Ratgeber. Sie ließ sich die Haare platinblond färben; Brüste und Nase wurden rechtzeitig auf Hollywood-Proportionen getrimmt. Die Zeit der dunkel gefärbten Beautys ging – wie die der „Naturschönheiten" – ihrem Ende zu.

Dennoch: „Samson und Delilah" markierte den Ausgangspunkt für eine Flut von Sandalen- und Bibelfilmen, die in den 1950ern über die Welt hereinbrechen sollten. Die berühmtesten sind heute wahrscheinlich „Quo vadis?" (Peter Ustinov, 1951), „Das Gewand" (Victor Mature und Jean Simmons, 1953) und – der Gipfel der amerikanischen Römerfantasien – „Ben Hur" (Charlton Heston, 1959). Eine besondere Gemeinsamkeit dieser Filme besteht darin, dass sie viel mit den USA und vergleichsweise wenig mit antiken Geschichten zu tun haben. Vordergründig geht es um mutige, hübsch anzusehende Neuchristen und stereotype, kaum voneinander unterscheidbare Römer. Tatsächlich geht es um den Kalten Krieg und die die Politik bestimmende Auseinandersetzung mit der Sowjetunion. Die (christianisierten) Römer, das sind die Amerikaner, effizient, tatkräftig, robust. Sie stehen für die „gute", gläubige Weltmacht, die gegen den gottlosen sowjetischen Atheistenstaat antritt. Und natürlich den Sieg davonträgt. Im Zentrum der meisten Filme steht ein beeindruckender Römer, der sich zum Christentum hinwendet und dadurch die notwendige moralische Überlegenheit gewinnt, um seine Feinde zu besiegen. Römer ist man, Christ wird man.

Bei „Samson und Delilah" handelt es sich zwar um eine alttestamentarische Erzählung, dennoch dominieren auch hier die Themen Unterdrückung, Freiheit und Heroismus. Die Bibel erwähnt übrigens nichts zu Delilahs Ende, doch als böse Verräterin gelang es Hedy Lamarr nach mehreren Jahren Pause noch ein letztes Mal, endlich wieder die Covers der Film- und Society-Magazine zu dominieren. Sie erhielt lukrative

Werbeaufträge, zum Beispiel für die Zigarettenfirma „Lucky Strike". In ihrem Pfauenfedernkostüm liegt sie auf einer Ottomane und sagt: „Eine gute Zigarette ist wie ein guter Film – immer ein Genuss." Aufgrund ihrer im Film sehr weiß gepuderten Haut wurde sie das Gesicht für die „Lux-Toiletteseife" und auch der Kosmetikriese „Max Factor" engagierte sie als „Spokesperson" für seine Produkte. In ihren Werbeauftritten trug sie den „orientalischen" Kopfschmuck der „Delilah".

Nicht nur das Image der Hollywood-Schauspielerinnen war im Wandel begriffen. Auch das Studiosystem, wie Hedy es als MGM-Schauspielerin gekannt hatte, bröckelte. Gerade das Studio Paramount war zu der Zeit von „Samson und Delilah" in einen Prozess rund um mangelhafte Wettbewerbsrechte verwickelt. Filmherstellung und Kinoverleih wurden in der Folge voneinander getrennt. Was die Kino- und Filmlandschaft aber schließlich sehr bald völlig verändern sollte, war das neue Medium Fernsehen. In den USA kauften sich schon zu Beginn der 1950er-Jahre viele Menschen ein TV-Gerät. Visuelle Unterhaltung konnte nun im eigenen Heim stattfinden. Und auch die allmächtigen Studiobosse sollte es bald nicht mehr geben. Louis B. Mayer zum Beispiel starb 1957 an Leukämie. Hedy kam nicht zum Begräbnis. So wie sie ihren Adoptivsohn James wegen seines „unbotmäßigen" Verhaltens ihr gegenüber von heute auf morgen aus ihrem Leben verbannt hatte, schloss sie auch mit Verstorbenen rasch ab. Bei Begräbnissen erschien sie nie, selbst den Beerdigungen von Vater und Mutter blieb sie fern.

Studio-Tycoone, die einen vergleichbaren Einfluss wie Mayer hätten ausüben können, gab es kaum mehr und Anfang der 1960er-Jahre war es mit dem landläufigen Studiosystem endgültig vorbei. Viele der alten Namen (Metro-Goldwyn-Mayer, Paramount) existieren zwar bis heute, jedoch sind diese Unterhaltungskonzerne von der Organisation her völlig anders aufgestellt als Mitte des 20. Jahrhunderts und haben an Machtbefugnissen deutlich eingebüßt.

Unabhängige Produzenten tauchten um 1950 vermehrt auf der Bildfläche auf und Hedys Vertrag mit MGM wurde auf ihren Wunsch beendet. Sie versuchte nun, die Seiten zu wechseln. Statt nur vor der Kamera zu stehen, wollte sie ihre Filme auch selbst produzieren, um möglichst viel Kontrolle über das Endprodukt ausüben zu können.

# VI
# Amphetamine on Silver Screen

## Wunsch-Vorstellungen

„Die Welt ist mir etwas schuldig!“

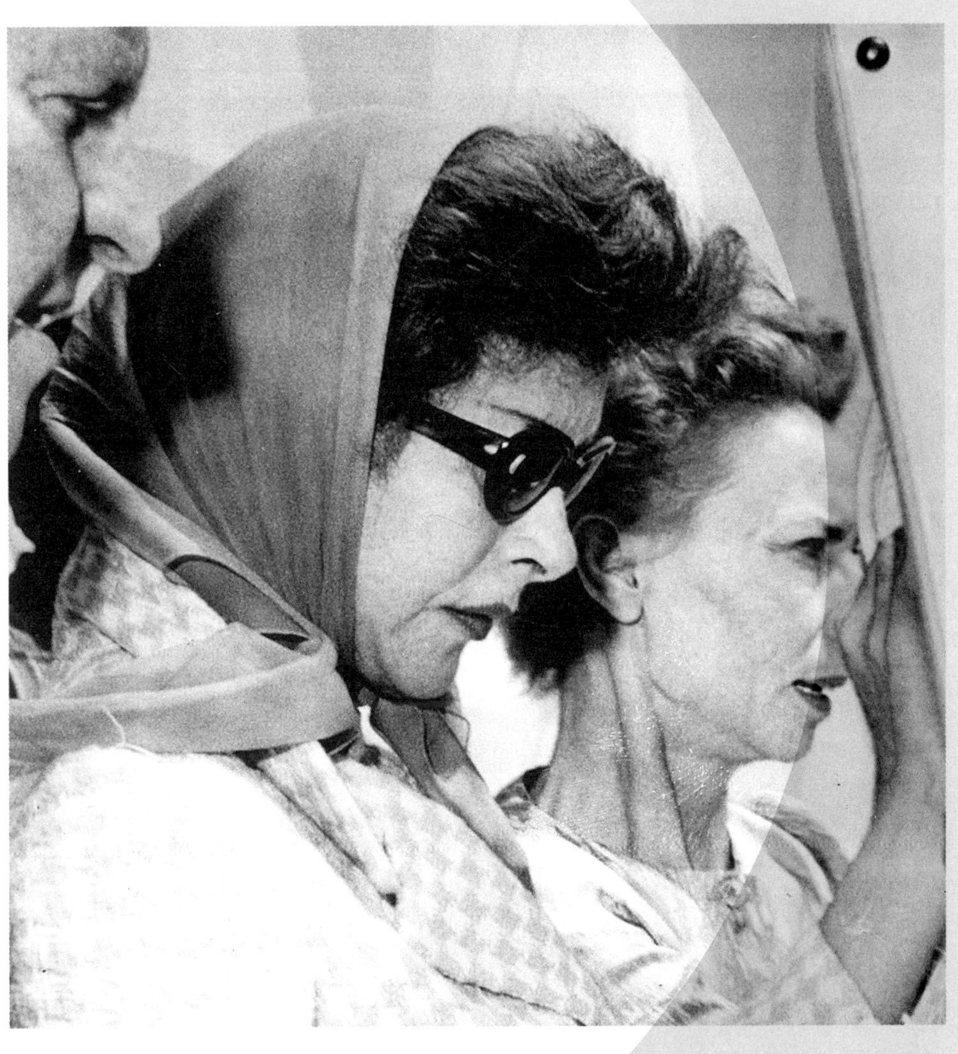

Der Mangel an Mitbestimmungsmöglichkeiten, der auf den Hollywood-Filmsets gang und gäbe war, wurde von den meisten Schauspielerinnen klaglos akzeptiert. Sie bekamen ihr Geld und hielten den Mund. Hedy Lamarr jedoch war mit hohen Gagen nicht zufriedenzustellen. Die Rollen, die sie spielen sollte, passten ihr nach Fertigstellung der Filme nicht. Sie fühlte sich in der Traumfabrik zusehends fehl am Platz.

„Ich war unglücklich", schrieb Hedy in ihrer Autobiografie und bezog sich damit auf verschiedene Spottverse in Bezug auf ihre kommerziell durchaus erfolgreiche Darstellung der Dschungelverführerin „Tondelayo" im Film „White Cargo". Die höhnischen Artikel und bissigen Bemerkungen zu diesem Streifen verunsicherten und kränkten sie. Ihre Selbstzweifel, gegen die ohnehin nur wenige Künstlerinnen und Künstler gefeit sind, verstärkten sich. Sie sinnierte ständig, ob sie noch schön genug sei für die Schauspielerei, ob sie überhaupt Talent habe und ob ihre Leistungen für die Filmindustrie in Hollywood von Bedeutung seien. Ihr damaliger Ehemann John Loder hatte ihr zu Recht von der Rolle der „Tondelayo" abgeraten: Sie mache sich lächerlich, fürchtete er.

Das fanden im Nachhinein auch viele amerikanische Filmjournalisten und Hedy vertraute sich in der Folge einem Psychiater an, der ihr angeknackstes Selbstbewusstsein wieder aufmöbeln sollte. „Wie üblich verliebte ich mich in ihn", bekannte sie. Klischees als solche zu entlarven war ihre Sache nicht. Sie schlug sich lieber mit dem Luxusproblem herum, in mehrere Männer zur selben Zeit verliebt zu sein. Die langen und intensiven „Gespräche" mit dem Psychiater brachten Loder gegen seine Frau auf. Nach der Scheidung sagte er, die diversen „shrinks" seien am Scheitern seiner Ehe mit Hedy Lamarr nicht unbeteiligt gewesen. So habe sich ihre Geldgier im Lauf der Sitzungen ins Obsessionshafte gesteigert. Möglicherweise haben die Erinnerungen an ihre wohlhabende Herkunftsfamilie in Wien, über die sie mit dem Arzt sprach, erneute Verlustängste in ihr wachgerufen. Vielleicht kamen all die schlimmen Erfahrungen der Zwischenkriegszeit, der Antisemitismus,

S. 183: Die bereits desorientierte Hedy Lamarr auf der Flucht vor Journalisten. Sie hatte soeben eine Klage gegen einen angeblichen Vergewaltiger zurückgezogen.

den sie erleben musste, die Verarmung und Ermordung jüdischer Künstlerinnen und Künstler, die Hedy gekannt hatte, wieder zum Vorschein. Wie bei vielen Emigranten waren der Statusverlust, die erzwungene Flucht und das neue Leben in völlig fremder Umgebung, an das man sich anpassen musste, ein daseinsbestimmendes Trauma, mit dem auch Berühmtheiten wie Hedy Lamarr täglich aufs Neue zurechtkommen mussten.

Während Hedy in der Wahrnehmung ihres Mannes nach Reichtum – oder wahrscheinlich eher nach finanzieller Absicherung für sich und ihre Kinder – strebte, versuchte sie, den meist engagementlosen Schauspieler John Loder anzuleiten, sich im Haus nützlich zu machen. So habe sie ihn ersucht, die Vorhänge aufzuhängen. „Die einfachsten Dinge der Welt – er schaffte es nicht", schrieb sie in ihrer Autobiografie. Sie wurde ärgerlich und sagte ihm das auch. Er reagierte mit weiterer Ablehnung. Wie man eine halbwegs funktionierende Ehe führt, habe sie trotz mehrfacher Versuche nicht herausbekommen, sagte sie 1965 nach der Scheidung von ihrem letzten Ehemann, dem Scheidungsanwalt Lewis J. Boies. Einer Journalistin gegenüber drückte sie ihre Bemühungen als Ehefrau einmal so aus: „How is my marriage? Well – how is any marriage? You do your best. And hope."

## Therapien

Dass diverse Psychiater Hedys Leben in immer größerem Ausmaß bestimmten, nahm nicht nur John Loder (negativ) wahr. Auch ihre professionelle Film-Umgebung reagierte auf ihre Depressionsschübe, die mit der Geburt von Tochter Denise beängstigende Ausmaße angenommen hatten. Louis B. Mayer empfahl eine Auszeit und natürlich professionelle „Begleitung", also psychiatrische Konsultationen, wie sie in Hollywood-Kreisen zum Alltag der meisten Schauspielerinnen und Schauspieler gehörten. Heute würde man Hedys Missstimmung, zumindest im Anfangsstadium, „Babyblues" nennen, also die Erschöpfung, Müdigkeit und Traurigkeit, die viele Frauen verspüren, nachdem sie ein Kind zur Welt gebracht haben. Im Allgemeinen geht die Medizin davon aus, dass diese die neue Mutterrolle ablehnenden Gefühle mit den plötzlichen hormonellen Veränderungen nach dem Ende der Schwangerschaft in Zusammenhang stehen.

Hedy hatte eine anstrengende Geburt durchstehen müssen, da Denise in Steißlage zur Welt kam. Mit körperlichen Schmerzen umzugehen hatte die Schauspielerin nie gelernt und vielleicht war sie über Komplikationen, die bei einer Geburt auftreten können, zu wenig oder gar nicht informiert. Die Wehen dauerten viele Stunden und die Ärzte behandelten die werdende Mutter mit einer schmerzhaften Lumbalpunktion nach der anderen. Hedy befand sich in einer Art Bewusstlosigkeit, als sie den ersten Schrei der Tochter hörte, und für sie selbst klang es eher wie das Quieken einer Maus, erinnerte sie sich in ihrer Autobiografie. Der Gynäkologe informierte sie schließlich: „Es ist ein schönes Mädchen. Eine neue berühmte Schauspielerin!" Denise absolvierte später eine Ausbildung zur Kosmetikerin.

Das für sie belastende Ereignis der Geburt der Tochter überfiel Hedy immer wieder, sie konnte das durch die Wehen entstandene Trauma nicht überwinden und begab sich aufgrund der andauernden psychosomatischen Beschwerden in die Behandlung eines Psychiaters, der in der Nähe von Boston ordinierte. Sie verließ nun die kleine Denise für endlose Gesprächstherapien in Cape Cod, wo sie einen Großteil des Sommers 1945 verbrachte. Mit dem Arzt redete sie über die Rollen, die Mutter und Vater in ihrer Kindheit gespielt hatten. Insbesondere meinte sie im Lauf der Psychoanalyse erkannt zu haben, dass ihr ansonsten so positiv besetzter Vater eine destruktive Kraft in der Familie ausgeübt hätte. Er habe nichts dagegen getan, dass sie hauptsächlich von Angestellten und der Kinderfrau aufgezogen worden sei. Ihr Unglück führte sie nun darauf zurück, dass alle Leute – insbesondere der Vater – schon früh ihre Schönheit geliebt hätten, nicht jedoch sie als Person. Sie habe diese auf ihr Aussehen bezogene Zuneigung bereits als kleines Mädchen als unbefriedigend empfunden und es habe sie sehr traurig gemacht. In ihrem ganzen Leben habe sie deswegen immer nach Liebe gesucht, doch sei ihre gesamte Existenz lediglich von ihrer äußeren Erscheinung bestimmt gewesen. Statt Liebe habe sie Bewunderung bekommen, für die Bewunderung habe sie Sex gegeben.

Die erwachsene Hedy behandelte folgerichtig Männer wie Accessoires, die ihre Schönheit betonen sollten. Ihre Bewunderer fungierten gewissermaßen als Spiegel, in dem Hedy ein möglichst makelloses Bild ihrer selbst wiedererkennen wollte. Für Hedys Selbstwertgefühl waren die Massen an männlichen Fans unbedingt notwendig. Das Verlangen der Männer nach ihrem Körper reflektierte ihren Wert als Frau, der (in ihren Augen) darin bestand, begehrt zu werden. Eine Journalistin befragte Hedy zu ihrer Wirkung auf Männer und erkannte den Zwiespalt, in dem sich die Schauspielerin befand. Sie fasste ihren Eindruck zusammen: „Es gibt zwei Hedys. Die Sirene, die sie darstellt. Und das unscheinbare, humorlose Wiener Mädchen, das sie ist."

## Down in Acapulco

Diesem „Wiener Mädchen" sei in der Kindheit einmal ein Exhibitionist begegnet, worüber Hedy in ihren Psychoanalyse-Sitzungen genauso gesprochen habe wie über ihr Verhältnis zu ihren familiären Bezugspersonen, schrieb sie in ihrer Autobiografie. Mit ihrem Ehemann John Loder hingegen gab es kaum noch eine Gesprächsbasis, im Gegenteil: Sie schob ihm die Schuld an ihrem schlechten psychischen Zustand zu und klagte, er sei für ihre Ängste und die Depression hauptverantwortlich. Als Loder wegen der ständigen Auseinandersetzungen mit seiner Frau ein Arbeitsangebot an der Ostküste annahm, kehrte Hedy nach Beverly Hills zurück, um sich wieder mehr um ihre Tochter zu kümmern, hauptsächlich aber, weil der Drehbeginn zum Film „The Strange Woman" angesetzt war. Dr. Philip Solomon, der sie damals hauptsächlich behandelte, wurde später Leiter der psychiatrischen Abteilung am Boston City Hospital. Er kam immer wieder nach Beverly Hills, um die Gesprächstherapie mit Hedy fortzusetzen. Dass er für seinen Beruf vielleicht nicht wirklich geeignet war, veranschaulicht eine Erinnerung von Hedys Sohn Tony. Der Psychiater traf den Buben beim Spielen vor Hedys Villa an und sagte zu ihm: „Deine Mutter hätte nie Kinder haben sollen." Für den Kleinen klang es so, als hätte er nicht auf der Welt sein dürfen. Tony verstand diese im Prinzip korrekte Analyse des Arztes erst viel später und litt als Bub lange darunter: „Ich habe diese sieben Worte nie wieder aus dem Kopf gekriegt."

Höchstwahrscheinlich war es auch Dr. Solomon, den Hedy mit einem Dollar pro Stunde entlohnte, während er ihren zukünftigen Mann Teddy

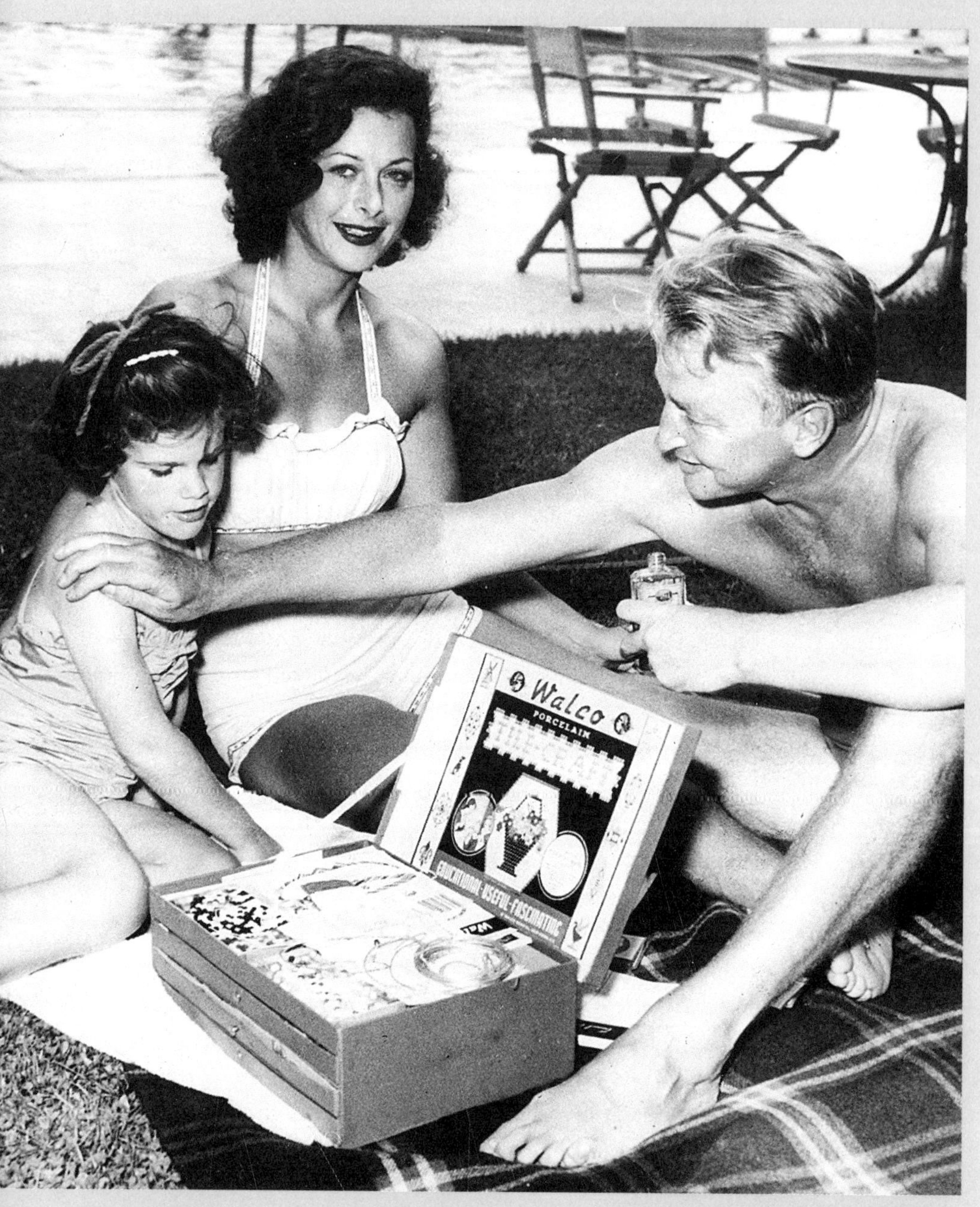


Hedy Lamarr mit ihrer Tochter Denise und ihrem vierten Ehemann Teddy Stauffer in Acapulco. Das Paar hatte soeben geheiratet.

Stauffer in Mexiko observieren sollte. Sie wollte wissen, ob abgesehen von ihr möglicherweise auch noch andere „Ehefrauen in spe“ in Stauffers Hotel in Acapulco ein und aus gingen. Nach „Samson und Delilah“ hatte Hedy eingesehen, dass ihre große Zeit in Hollywood Geschichte war. Ihr nächstes Lebensziel bestand darin, recht rasch nach der Scheidung von Loder einen neuen reichen Versorger zu finden. Teddy Stauffer schien die Bedingungen, die sie stellte, zu erfüllen. Er verfügte über genügend Geld und dass seine Muttersprache Deutsch war, machte ihn der heimwehgeplagten Hedy sympathisch. Hedy war ihm 1944 das erste Mal begegnet, als sie mit Loder eine Reise nach Mexiko unternahm. Stauffer stammte ursprünglich aus der Schweiz und war in den 1930er-Jahren mit einer Jazz- und Swingband in Berlin sehr erfolgreich gewesen, bis die Nationalsozialisten an die Macht kamen. Die Vertreter der Reichsmusikkammer hatten musikalische Vorstellungen, die dem Stauffer-Sound diametral entgegengesetzt waren, und Stauffer beschloss in der Folge, seine Karriere in den USA fortzusetzen. Als es dort Schwierigkeiten mit der Einwanderungsbehörde gab, zog er weiter nach Acapulco, wo er ein Unterhaltungsetablissement gründete und mithilfe der dort ansässigen einheimischen Klippentaucher ein Vermögen erwirtschaftete. Stauffer gehörte zu den ersten Unternehmern, die den Sensationswert der waghalsigen Männer erkannten, die von den schwindelerregenden Klippen bei Acapulco ins Meer sprangen. Bald galt der blonde Schweizer als „Mr. Acapulco“, denn ohne ihn wäre die heute weltberühmte Jetset-Destination vermutlich noch etwas länger ein unbedeutendes Fischerdorf geblieben.

Eine Heirat mit Hedy Lamarr, das bedeutete für Stauffer vor allem Glamour. Die Schauspielerin sollte Werbung für sein Lokal machen, sich mit den Gästen unterhalten, Kontakte knüpfen, neue zahlungskräftige Besucher anlocken. Wie etwa Pablo Picasso, damals bereits über 70 Jahre alt, der oft in Hedys Begleitung am Pool gesichtet wurde. Eines heißen Nachmittages nahm Picasso eine Serviette, zeichnete Hedys Gesicht mit Filzstift darauf und signierte das Werk. Sie soll nicht erbaut gewesen sein von Picassos Porträt und fragte wenig enthusiastisch: „Soll das etwa ich sein?“ Die Serviette landete im Müll. Vielleicht war Hedys Kunstverständnis doch nicht ganz so überragend, wie in manchen Biografien aufgrund ihrer Sammelleidenschaft behauptet wird. Bestimmt kaufte sie gern Bilder alter Meister, doch sah sie in diesen wohl hauptsächlich eine Wertanlage. Immerhin kamen bei jedem Umzug und jeder Scheidung viele wertvolle Gemälde und ungewöhnliche Besitztümer – einmal sogar ein Liebesstuhl – unter den Hammer. Hedy machte nie den Eindruck, als könne sie sich nur schweren Herzens von (Kunst-)Objekten trennen.

In Acapulco wollte Hedy das Hotel mit Stauffer gemeinsam führen, doch sie war lediglich als Nachtclub-Hostess erwünscht. Die Ehe mit dem geradezu manisch eifersüchtigen Manager dauerte sieben Monate. Hedy verließ ihr mexikanisches „sickening paradise", wie sie das Hotel „La Perla" in Acapulco nannte, und kehrte zurück nach Hollywood. Sie spreche kein Spanisch und die Kinder hätten das heiße Klima nicht vertragen, versuchte sie die neuerliche Scheidung vor der Presse zu rechtfertigen. Man habe das Leitungswasser wegen gesundheitlicher Gefährdungen nicht trinken können und Eidechsen und Geckos in den Klassenzimmern seien mit ihren Vorstellungen von sinnvollem Schulunterricht nicht vereinbar gewesen, beschrieb sie das „primitive Leben" in Mexiko.

Dr. Solomon, der anfangs keine Hedy-Konkurrentinnen im Hotel in Acapulco hatte ausfindig machen können, übersiedelte Ende der 1960er-Jahre nach Kalifornien. Seine Spezialgebiete lagen vor allem in der Behandlung alkoholsüchtiger oder selbstmordgefährdeter Patientinnen und Patienten.

## Der wundervolle Dr. Feelgood

Eine noch viel zentralere Rolle als Dr. Solomon nahm in Hedys Leben bald jener Arzt ein, der in Künstler- und High-Society-Kreisen der USA als „Miracle Max" oder „Dr. Feelgood" bekannt und berühmt geworden war: Max Jacobson. In Deutschland geboren, war Jacobson 1936 aus Berlin vor den Nationalsozialisten geflohen. Über Prag und Paris gelangte er in seine Wahlheimat New York. Dass Hedy schon in ihrer Berliner Zeit von ihm gehört oder ihn gekannt hat, ist durchaus möglich, bisher aber nicht bewiesen. In Hollywood behandelte er Künstler, Politiker und praktisch alle ihre Kolleginnen und Kollegen: Ingrid Bergman, Judy Garland und später deren Tochter Liza Minnelli, „Delilah"-Macher Cecil B. DeMille, Marlene Dietrich, Billy Wilder, Montgomery Clift,

Truman Capote und viele andere. Seine „Geheimmixturen“, die er als Vitaminpräparate bezeichnete, halfen gegen die vielen nervösen und anderweitig gesundheitlich problematischen Zustände, über die fast alle Hollywood-Stars regelmäßig Klage führten. Der charismatische Alchemist wurde von seinen von ihm abhängigen Anhängern wie ein Wunderheiler verehrt. Er verabreichte seine Amphetamin-Aufbereitungen, denn darum handelte es sich in den meisten Fällen, in Pillen- oder Spritzenform. Für jeden Klienten könne er einen individuell abgestimmten Medizin-Cocktail zusammenstellen, erklärte er. In den „miracle tissue generator shots“ befanden sich „Wirkstoffe“ wie etwa Tierhormone (diese wurden bereits im 19. Jahrhundert zur „Verjüngung“ von Menschen eingesetzt), Knochenmark, Enzyme, menschliche Plazenta (wird heute in speziellen kosmetischen Gesichtsbehandlungen verwendet), Schmerzmittel, Steroide und Multivitaminmischungen. Die Kundinnen und Kunden scherten sich kaum um die Bestandteile ihrer „little helpers“. Nur der Effekt zählte.

Dass so viele Stars auf „Dr. Feelgood“ angewiesen waren, erklärt sich aus ihren Lebensumständen. Ein normales geregeltes Dasein war für Schauspielerinnen und Schauspieler der Oberklasse nicht möglich. Nichts war planbar, weder ein Urlaub noch eine Hochzeit. Kinderbetreuung während eines Filmdrehs war für schauspielernde Eltern praktisch unmöglich. Hedy schrieb in ihrer Autobiografie über den Stress, der sie überkam, wenn Drehbücher kurzfristig geändert wurden und sie als Schauspielerin plötzlich einen Text sprechen musste, der für sie neu war und den sie nicht hatte einüben können. Es konnte sich an jedem Drehtag der gesamte Zeitplan ändern. Es konnten Drehtage von heute auf morgen verschoben werden. Es konnten ganze Drehwochen kurzfristig abgesagt und verlegt werden. Im Prinzip konnte Hedy nie wissen, ob um fünf Uhr früh, wenn sie ans Set kam, auch wirklich gedreht wurde. Es geschah häufig, dass vor zwölf Uhr mittags gar nichts passierte. Dafür wurde dann bis drei Uhr morgens gedreht. Es konnte vorkommen, dass man sie schminkte, ankleidete und frisierte, dass der Dreh dann aber aus welchen Gründen auch immer abgesagt wurde. Warten ist bis heute eine zentrale „Tätigkeit“ bei Fotoshootings und Filmdrehs; man wartet auf das richtige Wetter, das passende Licht, ein dringend benötigtes Requisit, ein zu änderndes Kleidungsstück, einen Beleuchter, einen Co-Darsteller usw. Kurz: Eine Tagesplanung, wie es für eine Mutter von drei Kindern nötig gewesen wäre, kam für einen Filmstar nicht infrage. Somit konnte Hedy auch nie sagen, ob sie abends nach Hause kam und schon gar nicht, wann. Die immer wieder auftretende Müdigkeit, für die Hedy so berüchtigt war, erklärt sich aus diesem jahrelang andauernden, schwer gesundheitsschädlichen Berufsleben. Sie war müde, wenn sie drehen sollte. Sie war überdreht, wenn sie nach Hause gefahren wurde. Jederzeit konnte ein Anruf kommen, dass sie in einer Stunde am Set erwartet wurde. Dass fast alle Darstellerinnen und Darsteller abhängig waren von den Tranquilizern und Aufputschmitteln des „Dr. Feelgood" – darüber kann sich bei den Hollywood-Drehplänen niemand wundern.

Hedy litt vor allem anfangs stark unter dem Druck, der vonseiten des Studios MGM auf sie ausgeübt wurde. Aus Wien, Berlin oder Prag war sie relativ „normale" Arbeitszeiten gewohnt: Man probte und drehte nach Möglichkeit untertags, traf sich abends in Restaurants oder Bars und hatte die Nächte für sich. Drehpläne wurden im Vorhinein erstellt und im Allgemeinen eingehalten. Aber in Hollywood tickten die Uhren anders. Nicht umsonst wiederholte Hedy später bei jeder Gelegenheit, bei MGM sei es nur um Geld gegangen. Was allein zählte, war der kommerzielle Erfolg des jeweiligen Films. Die Handlung, die Darsteller, das alles sei im Grunde genommen Nebensache gewesen. Künstlerischer Anspruch sei als unnötiger Luxus angesehen worden, resümierte Hedy ihre US-Karriere. Dieses Empfinden dürfte auch der Grund dafür gewesen sein, dass Hedy 1970 über ihre Rollen sagte: „Ob eine Königin oder eine Tänzerin ... das war mir egal. Ich hatte einen Vertrag, verstehen Sie? Ich musste das machen, was die sagten." Auch bei diesem Interview merkte man ihr die Abhängigkeit von Medikamenten besorgniserregend an. Als der Journalist sie fragte, welche Rolle aus ihren Hollywood-Jahren sie gerne noch einmal spielen würde, wehrte sie erschrocken ab: „Keine!" Ihre oft wenig einfühlsame Leinwand-Performance könnte auf die Erfahrung zurückzuführen sein, es sei ohnehin egal, wen sie spiele. Ihr Gesicht genüge für die zu erwartenden Einspielergebnisse, sagte man ihr, und so gab sie sich keine Mühe mehr.

## „Young at Heart“

Als Hedy Lamarr 51 Jahre alt war, wurde sie wegen Ladendiebstahls angezeigt und verhaftet. Sie war in einem Drugstore auf frischer Tat ertappt worden, als sie eine Halskette, billiges Make-up, Grußkarten und ein Männerparfum mitgehen lassen wollte. Die Verkäuferin, die sie aufhielt, hatte sie schon früher bei einem Diebstahl im selben Laden beobachtet. Bald hieß es, Hedy Lamarr sei eine unverbesserliche Kleptomanin. Ihre Tochter Denise sah das Foto ihrer Mutter hinter Gittern auf dem Titelblatt einer Tageszeitung – ein Schock für die Schülerin. Ohnehin war das Leben der beiden leiblichen Kinder der Leinwandlegende kein Zuckerschlecken. Zu ihrem biologischen Vater John Loder hatten sie gar keine Beziehung. Ihm folgten noch drei fremde „Väter“, die ihnen teilweise zugetan waren, teilweise weniger. Jeder neue Ehemann im Leben der Mutter bedeutete ein Herausgerissen-Werden aus dem gewohnten Lebensumfeld, neue Internate, neue Sommercamps. (Schul-)Freunde, die man gerade erst mühsam gewonnen hatte, mussten wieder verlassen werden. Nach jedem Umzug fühlten sich Deedee und Tony entwurzelt. Deedee verlor sogar ihren ersten Freund, weil Hedy wieder heiratete und einen neuen Hausstand in einem anderen US-Bundesstaat begründete. Die Kinder wurden ohne Rücksicht auf Verluste mitgenommen. Als der Hotelmanager Teddy Stauffer aktuell war, stand ein Umzug nach Mexiko an. Dann ein weiterer nach Houston in Texas, als Hedy den Ölmilliardär W. Howard Lee heiratete.

Trotz – oder wegen – der Berühmtheit der Mutter und all des Reichtums, der die Kinder umgab, muss der Alltag hart und alles andere als kindgerecht gewesen sein. Deedee erzählte als erwachsene Frau in einem Interview, man könne Kinder nicht dauernd im Winter in ein Internat und im Sommer auf ein Zeltlager schicken. „Well, you can“, fügte sie abgeklärt hinzu und meinte damit, wie sehr das unstete Leben ihre Kindheit und Jugend überschattet hätte. Sie liebte ihre Mutter sehr und vermisste die häufig abwesende Schauspielerin über alle Maßen. Im Schlafsaal ihres Internats spielte sie mit dem Verkaufsschlager „Hedy Lamarr Paper Doll“ – einer Pappfigur zum Ausschneiden, der man verschiedene Frisuren machen, Tages- und Abendgarderobe sowie verschiedene Schuhe anziehen konnte. Die Starschnitte waren in Gestalt zahlreicher Hollywood-Stars erhältlich. Da die einsame Denise viel geweint habe, seien die glamourösen Papierkleider der Hedy-Puppe immer ganz durchnässt gewesen.

Als sie älter wurden, meldete Hedy beide Kinder an der Stockbridge School in Interlaken, Massachusetts, an. Es soll sich dabei um eine Eliteschule gehandelt haben, an der die Schüler jeden Tag die „New York Times“ lesen mussten und klassische Musik zum Tagesablauf gehörte. Mit 17 Jahren wurde Denise ein halbes Jahr auf eine Schule in der Nähe von Paris geschickt, um sich in die europäische Kunstgeschichte zu vertiefen. Nach ihrem Schulabschluss besuchten Deedee und Tony in Kalifornien eine Universität. Deedee verlobte sich bald mit einem Baseballspieler; Tony fühlte sich orientierungslos und beschloss schließlich, seinen Vater zu treffen, den er praktisch nie gesehen hatte. Der mittlerweile pensionierte John Loder lebte mit seiner neuen südamerikanischen Frau in Argentinien. Tony kündigte sich bei seinem Vater an und lernte Spanisch, doch als er in Buenos Aires eintraf, erfuhr er, dass Loder zurück ins heimatliche England gegangen war. Seine Ehe war vorbei, doch die reiche argentinische Landbesitzerstochter, die Loder geheiratet hatte, zahlte ihm weiterhin die Miete für sein Londoner Apartment.

Als Tony schließlich seinen Vater in London ausfindig gemacht hatte, entdeckte er lediglich einen Schnorrer und Alkoholiker, der seine gescheiterten Beziehungen und seine beruflichen Misserfolge den ganzen Tag lang in einer Menge Scotch und Wodka zu ertränken suchte. Bis an sein Lebensende kam Loders Ex-Frau für seine Wohnung auf.

Für Deedee wurde die Entfremdung von der Mutter so übermächtig, dass sie an ihrem Hochzeitstag von Hedys Chauffeur Marvin Neal zum Altar geführt wurde. Der Fahrer kannte beide Kinder seit ihrer Geburt und fuhr sie überall hin – er war eine enge Vertrauensperson und stand ihnen viel näher als die Mutter oder gar der Vater. Oft fuhr er sie auch in ihre Sommerlager, zum Beispiel an den Grand Lake nach Colorado, wo sie sich mit anderen Kindern eine Holzhütte teilten, mit Booten herumfahren, im Freien grillen und in einem Naturpark wandern konnten. Hedy kam nicht dazu, sich von ihrem Nachwuchs zu verabschieden. Sie schlief bis mindestens ein Uhr mittags. Problemlos verliefen die Aufenthalte in den Jugendcamps nicht. Schon gleich nach der Ankunft stellten

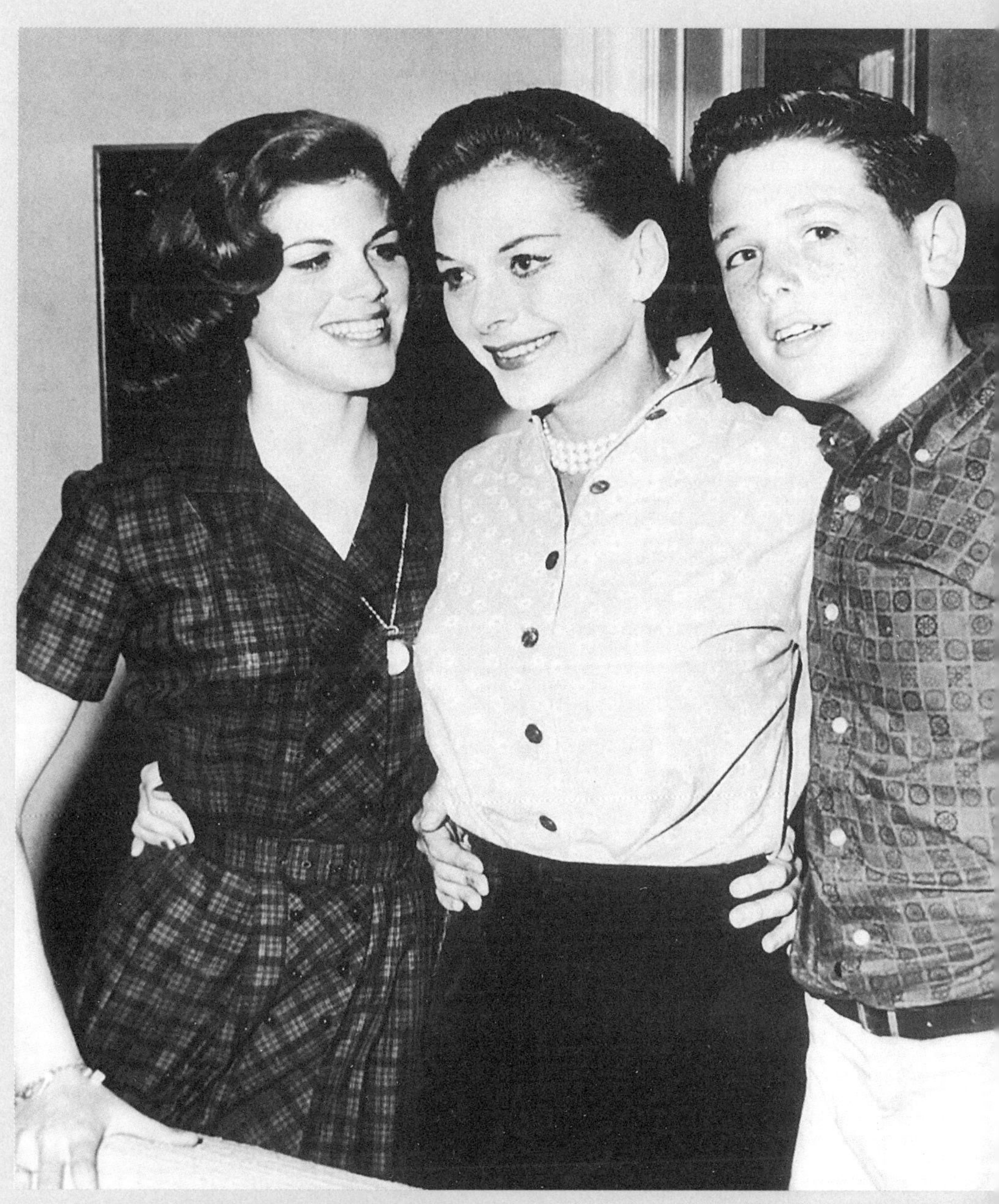

Hedy Lamarr mit ihren heranwachsenden Kindern Deedee und Tony. Ein glückliches Familienleben gab es meist nur vor den Kameras der Pressefotografen.

die Betreuer fest, dass die Lamarr-Kinder völlig unvorbereitet angereist waren. Sie hatten nichts von den Dingen dabei, die in einem Naturpark benötigt wurden und über die alle Eltern in Form einer Liste informiert worden waren. „Mit Sandalen kann man schlecht klettern", erinnerte sich Tony. Die Leiter des Camps begaben sich also mit den Celebrity-Kids in den nächstgelegenen Ort, um Wanderschuhe, Regenzeug und Schlafsäcke zu besorgen. Während die meisten Kinder laufend Post von ihren Eltern erhielten, warteten Deedee und Tony meist vergeblich auf Neuigkeiten aus Hollywood. Selten kam eine Postkarte, deren Text Hedy einem ihrer Mitarbeiter diktiert hatte. Darin stand dann, wie stressig ihr Leben sei und wie sehr sie hoffe, dass es den Kindern im Camp gefalle. Es gab immer einen Besuchstag, an dem die Eltern ihre Kinder treffen konnten. Hedy sei nie gekommen. „Meine Schwester und ich waren am Visitor's Day jedes Mal die einzigen Kinder, die allein blieben. Wir beobachteten die Moms und Dads, wie sie mit unseren Freunden spielten, und fühlten uns einsam, ungeliebt und ein bisschen peinlich berührt", berichtete Tony später über seine Gefühle im Sommercamp. Da sie mehr oder weniger keine Eltern hatten und aufgrund der zahlreichen Wechsel des Lebensmittelpunkts schwer Freundschaften schlossen, verbrachten Denise und Tony viel Zeit miteinander und entwickelten eine enge geschwisterliche Bindung.

## Kranke Prominente

Tony sagte als Erwachsener, seine Mutter habe nach dem abrupten Ende ihrer Filmkarriere ein gestörtes Verhältnis zur Realität gehabt. Sie sei durch Hollywood vollkommen ruiniert worden: „Schönheit war erst ihr Kapital, dann ihr Fluch. Ihr Sohn zu sein, hat mich ein Leben lang verfolgt." Anthony Loders Tragödie ist wohl, dass ihm eine Loslösung von der abgöttischen Adoration einer Mutter, die er nie hatte, bis heute nicht gelungen ist.

Als Hedy im Jänner 1966 vor Gericht erschien, um zur Anklage wegen Ladendiebstahls Stellung zu nehmen, machte sie den Eindruck einer verwirrten Frau, die sich von der Wirklichkeit bereits weit entfernt hatte. Schon zwei Tage vor dem Diebstahl war sie von der Verkehrspolizei angehalten worden, weil sie mit ihrem babyblauen Lincoln Continental Schlangenlinien gefahren war. Man hielt sie für betrunken, doch in Wirklichkeit stand sie unter Drogeneinfluss, weil sie wieder eine ihrer „Vitaminspritzen“, also Amphetamin-Mischungen, erhalten hatte. Auch ihren Kindern fiel auf, dass Hedy nach ihren Terminen bei „Dr. Max“ noch abwesender wirkte als sonst. Sie hörten sie zusammenhanglose Dinge sagen wie: „Meine Schönheit war mein Fluch.“ Oder: „Ich fühle mich ganz allein in einem Ruderboot, mitten auf dem Meer.“

Der bekannteste Patient des Amphetamin-Profis Max Jacobson war der frühere US-Präsident John F. Kennedy. Ähnlich wie Hedy lebte er nach dem krankmachenden Prinzip: Nicht, was man ist, sondern was die Leute von einem denken, ist das Entscheidende. Diese Lebensmaxime hatte dem jungen „Jack“, wie er genannt wurde, sein Vater Joseph „Joe“ Kennedy mit auf den Weg gegeben. Der Geschäftsmann und Diplomat Joe Kennedy war ein amerikanischer Patriarch gewesen, er hatte neun eheliche Kinder und einen unehelichen Sohn mit der Schauspielerin Gloria Swanson. Der legendäre Reichtum der Familie Kennedy ist zu einem großen Teil auf Geldwäsche und andere kriminelle Machenschaften zurückzuführen. Als zweite Lebensweisheit erhielten die Kennedy-Söhne folgende Empfehlung des Papas, die er ihnen untadelig vorlebte: „Legt so viele Frauen flach wie nur irgend möglich.“

Was dem jungen Strahlemann JFK niemand ansehen durfte: Er war schon seit seiner Jugend schwer krank. Und es mussten 40 Jahre vergehen, ehe Historiker Einsicht in die „Krankenakte JFK“ nehmen durften. Der jüngere Bruder Robert Kennedy berichtete, der spätere US-Präsident habe schon früh unter starken, chronischen Schmerzen gelitten. Ein normales Leben und Arbeiten sei ihm erst mithilfe von zwölf verschiedenen Medikamenten möglich gewesen, darunter befanden sich hochwirksame Schmerzmittel, Testosteron, Schlafmittel, Antidepressiva, Amphetamine und Antibiotika. Aus der Krankenakte ging hervor, dass der legendäre Präsident noch angeschlagener gewesen war, als man geglaubt hatte. Er litt an Lebensmittelallergien, Prostatabeschwerden und Harnwegsinfektionen, deren Ursprung in Geschlechtskrankheiten zu suchen war. Bekannt waren zu seinen Lebzeiten lediglich seine Rückenprobleme, denn in seinen Wahlkampfveranstaltungen war er noch gelegentlich auf Krücken zu sehen gewesen. Sein Schaukelstuhl, der die Rückenschmerzen kurzfristig lindern konnte, ist weltbekannt. Nach der geschlagenen Wahl durften keine Fotos mehr publiziert werden, die JFK in der Nähe von Krücken zeigten. Auch Brillen waren tabu. Solche Veröffentlichungen hätten das Bild des übermächtigen jungen Helden und der starken Vereinigten Staaten unnötig ins Wanken gebracht. Ex-Präsident Lyndon B. Johnson sagte einmal: „Da war dieser junge Spund, malariakrank und gelblich – krank, krank. Im Senat hat er kein Wort von Bedeutung gesprochen und auch sonst hat er nichts getan." Doch es war nicht die Malaria, die JFK zu schaffen machte. Seine PR-Strategen behaupteten, er habe sich bei seinem Kriegseinsatz im Südpazifik diese Tropenkrankheit zugezogen, in Wahrheit litt er jedoch seit seiner Kindheit an der Addison-Krankheit. Diese Erkrankung der Nebennierenrinde war für die zuweilen gelbliche Färbung seiner Haut verantwortlich. Im Allgemeinen suchte Kennedy die ungesunde Gesichtsfarbe mit einer in Palm Beach sorgfältig kultivierten Sonnenbräune zu übertünchen. Als er von Journalisten gefragt wurde, ob ein an Addison leidender Mann US-Präsident sein sollte, erklärte er: Nein, das sei nicht zweckmäßig. Und er selber leide trotz verschiedener Gerüchte keineswegs an dieser Krankheit. Er sei vollkommen gesund – alles andere seien Unwahrheiten.

Auch die Ursache der Rückenprobleme wurde beschönigt. Es handelte sich mitnichten um eine alte Sportverletzung, die im Krieg erneut virulent geworden war, sondern um Osteoporose, ausgelöst durch die langjährige Einnahme von Steroiden. Als sich Robert Kennedy immer mehr um den Speed-Präsidenten sorgte, herrschte ihn dieser an: „Und wenn es Pferdepisse ist, was Dr. Jacobson mir spritzt, es hilft. Und jetzt verschwinde." Robert wusste, dass der gepeinigte Körper JFKs seit Jahren mit Drogencocktails vergiftet wurde. „Wenn mein Bruder von einer Mücke gestochen wird, stirbt die Mücke", formulierte er drastisch. Schließlich zweigte er einige Proben der Medikationen von Dr. Max Jacobson ab und gab sie an das FBI weiter, dessen Mitarbeiter die Substanzen unter die Lupe nahmen. Von Antispastika bis Barbituraten war alles Mögliche darin enthalten. Die FBI-Vertreter waren definitiv keine Anhänger von „Miracle Max", er erschien ihnen ausgesprochen verdächtig und sie bezeichneten ihn als „Fledermausflügel- und Hühnerblut-Pfuscher“.

Dr. Jacobson arbeitete unabhängig vom vielköpfigen medizinischen Team, das den schwer kranken Präsidenten auf allen Auslandsreisen, auch zu dem bekannten „Wiener Gipfel“ mit dem sowjetischen Regierungschef Nikita Chruschtschow im Jahr 1961, begleitete. Der „Spezialarzt“ wartete mit seinen „Shots“ schon am Zielort, wenn der Präsident mit seiner Entourage eintraf. In Wien wurde Kennedy vor jedem einzelnen Termin mit Injektionen und Schmerzmitteln behandelt. Zu seinem „Miracle Max“ sagte er: „Das Treffen mit Chruschtschow könnte sehr lange dauern. Ich kann mir keine Komplikationen mit meinem Rücken leisten.“ Für JFK war der deutsch sprechende Arzt während der wichtigen Besuche in Berlin und Wien eine Art „Mädchen für alles“. Als Jackie Kennedy über einen nicht funktionierenden Föhn klagte, beauftragte Kennedy Jacobson, ein Ersatzgerät für seine Frau zu beschaffen.

Eigentlich galt das vornehmliche Interesse Jacobsons sein Leben lang der Multiplen Sklerose, doch machte er sich in den 1940er-Jahren einen Namen unter den traumatisierten Emigranten aus Deutschland und Österreich, die vielleicht körperlich gesund, aber auf der Suche nach einem Ausweg aus ihren Depressionen und nach einem besseren Lebensgefühl waren. Hollywood beherbergte zahllose Kundinnen und Kunden, für die Jacobson Tag und Nacht erreichbar war. Trotzdem brachen manche auf der Suche nach ihrer Spezialdroge sogar irrtümlich in Büros ein, die zufällig in der Nähe seiner Praxis lagen. Um derartige „Kollateralschäden“ zu verhindern, lehrte Jacobson seine Patienten von Hedys einstigem Geliebten Otto Preminger bis hin zu Anthony Quinn, wie man sich die Nadel selbst setzte, und verschrieb ihnen das jeweils passende Injektionsinstrument. Ein „User“ sagte, Jacobsons Medikamente ließen für ihn „das Leben in einem positiven Licht“ erscheinen. Die „Shots“ halfen, sich selbst stärker zu fühlen, Schmerzen vergingen und nicht zuletzt fühlte man sich dauerhaft wach.

Rückenschmerzen und Schläfrigkeit hatten sowohl Hedy Lamarr auf ihren Filmsets als auch John F. Kennedy während seiner Senatssitzungen geplagt. Abgesehen von ihrer Vorliebe für „Dr. Feelgood“ verbanden den Politiker und die Schauspielerin auch gemeinsame Erlebnisse. Als Hedy Zeit in Paris verbrachte, lernte sie dort den drei Jahre jüngeren John F. Kennedy kennen. Seinen Vater Joe, der Botschafter in London war, dürfte sie durch Bekannte, die in England lebten, schon länger gekannt haben. In Paris ging das auffallend hübsche Paar zusammen aus und Hedy antwortete, sie hätte gerne Orangen, als „Jack“ sie fragte, was er ihr denn bringen könne. Als ältere Dame berichtete sie, sie und John F. hätten Sex in der Badewanne gehabt. Aufgrund seiner starken Schmerzen in der Wirbelsäule sei es ihm lieber gewesen, wenn die Frau oben war. „Doch in einem impulsiven Moment drückte er mich zurück und mein Kopf geriet unter Wasser. Ich dachte, ich müsse ertrinken. Ich bekam einen Scheidenkrampf. Aber er hatte seinen Orgasmus“, erzählte sie ihrem Agenten Jay Garon. Nach ihrem missglückten One-Night-Stand habe sie nie wieder mit Kennedy gesprochen.

Noch in den 1970er-Jahren, als Kennedy längst tot war, rühmte sich Max Jacobson weiterhin, den Ex-Präsidenten behandelt zu haben. Da stand er allerdings kurz davor, seine Approbation als Arzt zu verlieren, da seine eigene Amphetaminsucht allzu offensichtlich geworden war. Er arbeitete 24 Stunden ohne Pause durch und empfing 30 Patienten an einem Tag. Einer seiner „Klienten“ soll außerdem an einer Amphetamininjektion gestorben sein. Im Zuge des Prozesses rund um den tödlichen Einstich wurde Jacobsons Drogenvorrat eingezogen. Von 1975 an durfte er nicht mehr legal praktizieren. Vier Jahre später starb er. Soul-Queen Aretha Franklin, laut „Rolling Stone“-Magazin die „größte Sängerin aller Zeiten“ (verst. 2018), hatte ihm 1967 mit ihrem Song „Dr. Feelgood“ ein Denkmal gesetzt:

> *„Got me a man named Doctor Feelgood (…)*
> *That man takes care of all my pains and my ills.“*

Doch selbst der Wunderdoktor Jacobson konnte nur temporär helfen. Patientin Hedy Lamarr war zum Zeitpunkt seines Todes bereits jahrzehntelang drogenabhängig. Zu ihrem Gerichtstermin vor den zwölf Geschworenen erschien die Ladendiebin durch Medikamentengabe schwer beeinträchtigt, doch mag das auch Kalkül gewesen sein. Man appellierte an das Mitgefühl der Zuhörer mit der „armen Frau“, deren Glanzzeit längst hinter ihr lag. Es war klar, dass sie bei Gericht als Schauspielerin in einer Rolle auftrat und demgemäß zeigte sie ihr althergebrachtes

Standardrepertoire: Augen aufreißen, schmollen, in Ermangelung eines Himmels zur Saaldecke blicken. Sie plädierte auf Unzurechnungsfähigkeit. Zwei Psychiater, in deren Behandlung sie sich befand, sagten übereinstimmend aus, dass Hedy eine kranke Frau sei, die noch immer unter ihren diversen Scheidungen leide. Sie zeige Symptome von „innerer Unruhe, Stress und Realitätsverlust", so die ärztlichen Gutachter. Sie selbst sagte, es täte ihr leid, dass sie die Waren im Wert von 86 Dollar nicht bezahlt habe.

In ihrer Desorientiertheit sprach sie zusammenhanglos von einer Handtasche und Schuhen, die sie am Tag des Diebstahls dabeigehabt habe. Nichts davon war Gegenstand der Verhandlung. Die sensationslüsternen Zurufe der Journalisten, ob sie kleptomanisch veranlagt sei, ob sie pleite sei, quittierte sie mit einem genervten Abwinken. Die Frage, ob es ihr gut gehe, beantwortete sie verwirrt mit einem gestammelten: „Ja ... Mein Sohn ist 1,90 Meter groß." Als die Anklageschrift verlesen wurde, in der es hieß, Hedy Lamarr habe mit voller Absicht das Geschäft verlassen, ohne die bei ihr gefundenen Waren zu bezahlen, schlug sie wütend mit ihrer behandschuhten Hand auf den Tisch. Über ihre bisherigen Hollywood-Gagen im Wert von etwa 30 Millionen Dollar verlor sie kein Wort. Sie sei immer vergesslich gewesen – was stimmte, hatten ihre Co-Darsteller doch kaum jemals ein positives Wort über Hedys Erinnerungsvermögen verloren. Sie habe sich kaum eine Zeile ihres Texts merken können und musste ständig vom sie umgebenden Team unterstützt werden. Als ein Geschworener zufällig in einer Verhandlungspause die Tür zum Gerichtssaal öffnete, sah er die Ex-Diva ausgestreckt auf zusammengeschobenen Tischen liegen. Sie musste sich wieder ausruhen.

Im Gegensatz zu ihren Auftritten auf manchen Filmsets erwies sich Hedys Darstellung der Ladendiebin vor Gericht als durchaus erfolgreich. Sie wurde tags darauf von der Anklage freigesprochen – und begann sofort, den aufgeregten Journalisten Interviews und ausharrenden Fans Autogramme zu geben. Eine ältere Frau, die von der jungen Filmschönheit Hedy beeindruckt gewesen war und den Prozess als Zuschauerin verfolgte, sagte zu den Journalisten, man solle doch eine Hedy Lamarr nicht mit Lappalien wie einer Anklage wegen ein paar läppischer, nicht bezahlter Grußkarten behelligen: „Lassen Sie sie einfach ein Star sein."

Es war nun eine Tatsache, dass man Hedy ihr Alter ansah. Eine Freundin aus Jugendtagen erinnerte sich, dass Hedy schon mit 30 über

Sorgen wegen ihrer „Falten“ geredet hatte. Bereits in diesem Alter habe sie über ein „Facelift“, wie sie gesagt haben soll, nachgedacht. Sie habe sich als „Eigentum“ von Louis B. Mayer gefühlt und sei besessen gewesen von ihrem Aussehen, da Mayer ständig von nichts anderem redete. In den Jahren um und nach 1949 ließ sie mehrere Schönheitsoperationen über sich ergehen – sogar die früher von den Filmbossen so dringend angeratene Busenvergrößerung wurde durchgeführt. Nur war es bereits zu spät. Die meisten Eingriffe konnten nur mehr dazu dienen, frühere OPs zu „verbessern“ beziehungsweise „ungeschehen“ zu machen. Hedy Lamarr war nicht wiederzuerkennen. Sie trug merkwürdige Haarfarben wie Erdbeerrot oder Kupferbraun, später Platinblond, was ihr alles nicht stand. Man sah, wie stark die Gesichtshaut über die mit Fillern behandelten Wangen gespannt und hinter den Ohren vernäht worden war. Knie und Ellbogen wirkten übermäßig straff, während Hände und Füße ein fortgeschritteneres Alter verrieten. Die Sicherheiten ihres Lebens, ihr Aussehen und ihre Anziehungskraft auf Männer, schwanden dahin. Während sich Hedys unleugbarer Hang zur gezielten Legendenbildung schon in den 1930er-Jahren bemerkbar gemacht hatte (man denke an die vielen Geschichten rund um ihre Affären während der Mandl-Zeit sowie ihre Flucht 1937), griff 20 Jahre später eine zunehmende Entfremdung von ihren Lebensumständen immer mehr Platz. Realität und Einbildung konnte sie nur noch schwer auseinanderhalten und der Österreicher Hans Janitschek, der in den USA lebte und Hedy durch endlose Telefonate gut kannte, meinte, die ältere Hedy habe wohl Züge von Schizophrenie an sich gehabt.

Ihr Niedergang, der mit dem Prozess rund um den Ladendiebstahl nicht mehr aufzuhalten war, inspirierte mehrere Personen aus Andy Warhols „Factory“ zum Film „The 14 Year Old Girl“, auch bekannt unter dem Titel „Hedy – The Shoplifter“. Der ironisch aufgeladene Kunstfilm kann als schonungsloser Kommentar zur alternden Ladendiebin Hedy Lamarr gesehen werden, zeichnet sich aber auch durch Zuneigung zum Ex-Superstar der großen Zeit Hollywoods aus – allerdings erst auf den zweiten Blick. Hedy dürfte die Zwischentöne begriffen haben; sie klagte niemanden aus der „Factory“ und als sie eine Geburtstagsparty schmiss, ersuchte sie alle Geladenen, ihre Party-Kleider mit gut sichtbaren Preisetiketten auszustatten. In Andy Warhols Film wird sie von einem Mann dargestellt – ein solcher Twist könnte Hedy durchaus zugesagt haben, begann sie doch in den 1960er-Jahren, sich immer mehr mit jungen schwulen und bisexuellen Männern zu umgeben, die sie und ihren Camp-Stil bewunderten. Andy Warhol war auf jeden Fall eine Person nach Hedys Geschmack. Die ultimative Camp-Popikone löste in den 1960ern endgültig die Grenze zwischen elitärer Kunst und Massenkultur auf. Sein Werk stand für Leidenschaft, Witz und Fantasie – das Leben als humorvolles Gesamtkunstwerk, das dem Grau der Welt leuchtende Farben entgegenzusetzen wusste.

Mario Montez, neben Candy Darling eine von Warhols Lieblings-Drag-Queens, stellte im „Shoplifter"-Film Hedy Lamarr dar. Zu Beginn des Films wird Montez von Chirurgen zurechtgeschnippelt, die versuchen, Hedys Wunsch, sie „beautiful" zu machen, zu erfüllen. Die fertig optimierte Hedy blickt schließlich in den Spiegel und ist zufrieden. Denn nun sehe sie aus wie ein 14-jähriges Mädchen, sagt sie und trällert „Young at Heart". In den folgenden Szenen wird sie in einem Kaufhaus wegen Diebstahls verhaftet, kommt vor Gericht, muss sich von Verkäuferinnen, Ex-Ehemännern und Ärzten Unverschämtheiten anhören – doch das alles tangiert sie nicht. Obwohl ihre ganze Wohnung voller gestohlener Waren ist, dreht sich ihre ganze Wahrnehmung einzig und allein um sich selbst und ihre neu erlangte, verjüngte Perfektion. Kult um das eigene Aussehen, Ruhmsucht und Konsumwahn stehen im Mittelpunkt dieser schrillen Story um die einstige Hollywood-Ikone Hedy Lamarr. Die Filmmusik stammte übrigens von gewichtigen Szenegrößen wie Lou Reed und John Cale („The Velvet Underground"). Dokumentationen schaffen es meist nicht, so nahe an Hedys Charakter heranzukommen wie die überzogene Andy-Warhol-Persiflage um die schwer derangierte ehemalige Hollywood-Schönheit.

Ihren vermutlich letzten Ladendiebstahl beging Hedy in den 1990ern. Sie war in Begleitung eines Homosexuellen in Drag, der sich gleich aus dem Staub machte, als man Hedy erwischte. Sie nannte sich zu dieser Zeit „Mimsy" und suchte vor allem eines zu vermeiden: als die ehemalige Filmdiva Hedy Lamarr erkannt zu werden. In den Jahren rund um 1940 hatte sie wohl tatsächlich geglaubt, der Mittelpunkt der Welt zu sein. In der Folge konnte sie Privatperson und öffentliche Figur nicht mehr voneinander unterscheiden und ihre doch sehr verschiedenen Identitäten verschmolzen zu einer unwirklichen Karikatur ihrer selbst. So hatte sie bis zum Überdruss wiederholt, ihr Aussehen sei ihr nicht wirklich wichtig, doch sie scheute keine Beauty-OP; ein einfaches Leben würde sie Hollywood vorziehen, doch sie gab tagtäglich Tausende Dollar aus; Mutter zu sein sei das Wichtigste in ihrem Leben, doch ihre Kinder fühlten sich vernachlässigt und ständig allein. Das trügerische Netz aus Oberflächlichkeiten hatte sich längst um sie geschlossen. Von der einst strahlenden Hautevolee-Prinzessin aus Döbling war kaum etwas geblieben. Hedy Kiesler war tot. Hedy Lamarr hatte sich in eine kapriziöse Nervensäge verwandelt, deren einst so betörendes Gesicht zu einer monströsen Fratze verkommen war.

Obwohl Hedy 1966 den Gerichtssaal als freie Frau verlassen konnte, berichteten die Zeitungen alles andere als schmeichelhaft über die ehemalige „Love Goddess" und jene Frau, „die 20 Jahre lang als Sex-Symbol der westlichen Zivilisation" gefeiert wurde. Sie sei nun eine der „unglücklichsten Frauen" und sie verfluche ihre Schönheit. Doch sei Hedy für ihr Dasein als „Has-Been" selbst verantwortlich, habe sie doch entschieden, Hollywood aufzugeben, um ein fünftes Mal zu heiraten. Diese Ehe, die sie als hauptberufliche Gattin nach Texas führte, sollte nun für ewig halten, wünschte sich die alternde Diva. Doch es kam anders. Ein Journalist war der Meinung, „She-Devil" Hedy Lamarr habe „seit ihrem 14. Lebensjahr Männer angezogen, die ihr nicht widerstehen konnten". Nach kurzer Zeit sei es aber den Männern langweilig geworden mit ihr, „nachdem sie mehr erwartet hatten von der Illusion, die man Schönheit nennt".

Dies beruhte auf Gegenseitigkeit. Hedy sollte sich im heißen Houston nur allzu bald langweilen.

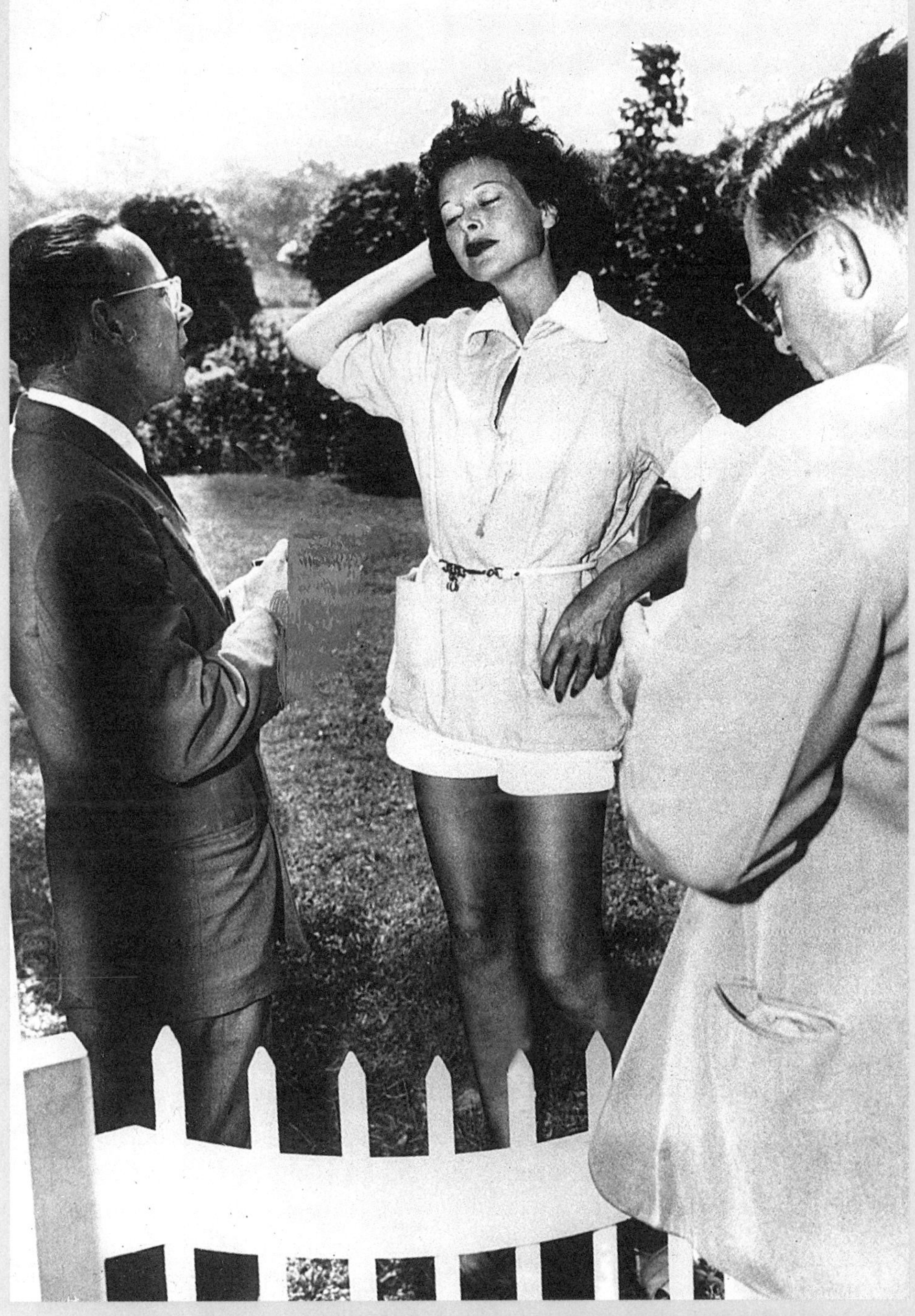

Hedy Lamarr, perfekt zurechtgemacht und in auffälligen Shorts, erzählt Reportern von einem vermeintlichen Diebstahl wertvoller Schmuckstücke. Die Juwelen tauchten bald wieder auf.

# VII Snow White and the Huntsmen

## Abgesang

„Wenn jemand mein Leben erfindet, dann bin ich es."

Hedy Lamarr in „Sieben Sekunden Ewigkeit" von Peter Turrini

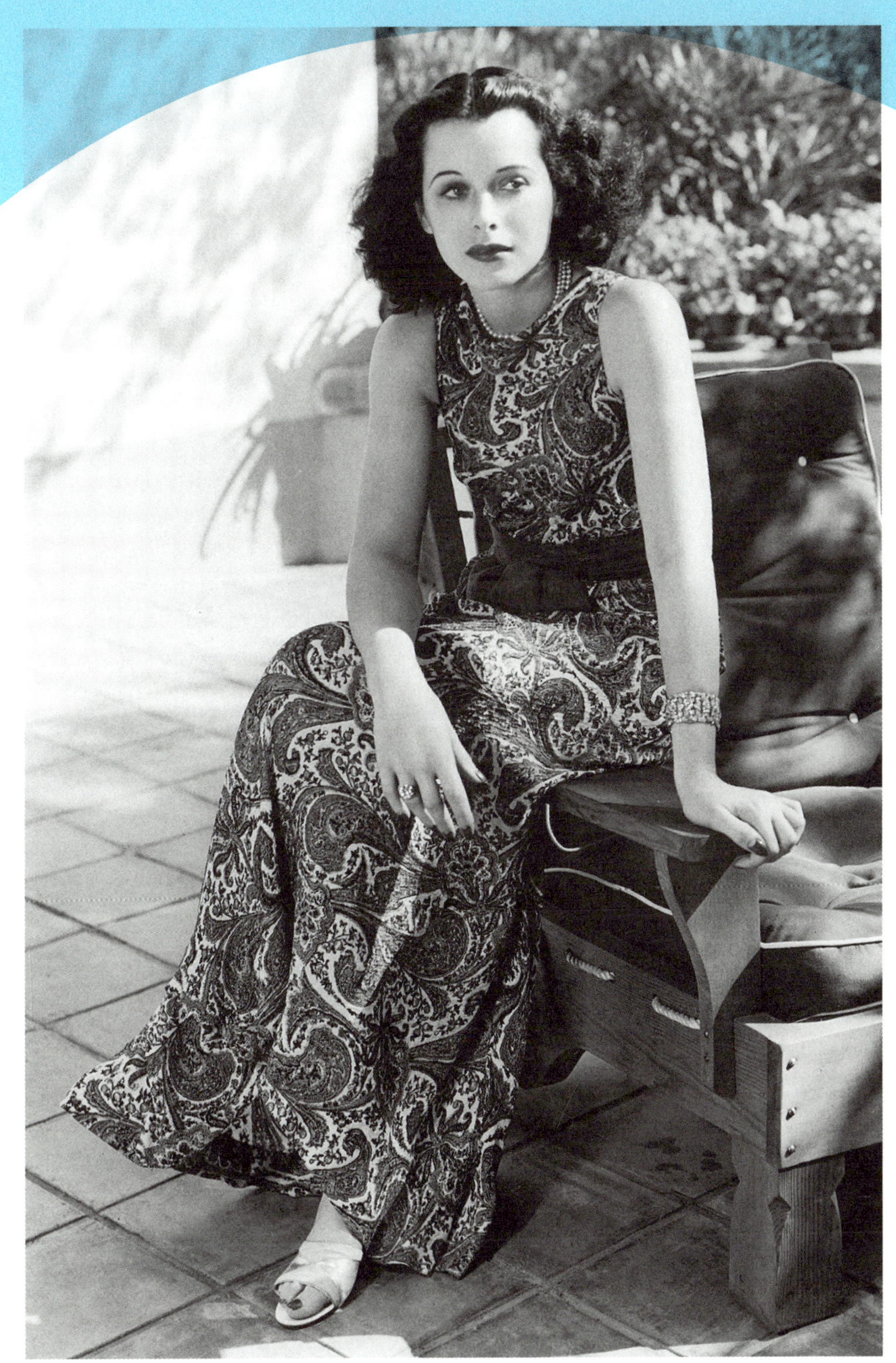

Als die amerikanische Gesellschaftsreporterin Hedda Hopper 1938 in Hedys Hollywood-Bungalow kam, um mit ihr ein Gespräch zu ihrer Rolle in „Algiers“ zu führen, staunte sie nicht schlecht: Im Vorgarten der jungen Leinwandschönheit tummelte sich Disneys Schneewittchen mit ihren sieben Zwergen. Die Figuren standen wahrscheinlich für Hedys anfängliche Bewunderung des US-(Trick-)Filmbusiness, das Walt Disney wie kaum ein anderer Repräsentant der Traumfabrik verkörperte. Und dann gab es noch einen zweiten Grund für den etwas kitschigen, damals topaktuellen Grünraum-Schmuck: Disneys „Snow White“-Zeichentrickfigur hätte ursprünglich blond sein sollen – eine für Mitteleuropäer, die seit Generationen mit der Märchensammlung der Gebrüder Grimm aufgewachsen sind, abstrus erscheinende Vorstellung. Doch 1937 stellte Louis B. Mayer mit großem Enthusiasmus und Werbeaufwand landesweit seinen neuen Star, die dunkelhaarige Hedy Lamarr, vor – und ein Umdenken setzte ein. Wahrscheinlich erinnerten sich Disney und seine Zeichner an den ursprünglichen Wunsch der Mutter des Mädchens Schneewittchen: Sie wünschte sich ihre Tochter „so weiß wie Schnee, so rot wie Blut und so schwarz wie Ebenholz“. Das Schwarz bezog sich auf die Haarfarbe. Disneys „Snow White“ in blauer Korsage, gelbem Rock und mit – klarerweise – rabenschwarzen Haaren mauserte sich im Lauf der Jahrzehnte zu einem Fixpunkt der Popkultur, wie etwa Rammsteins Untertagefabel „Sonne“ (2001) mit ihrem sündigen Sex-and-Drugs-Schneewittchen beweist. Wie würde sich in diesem Musikvideo eine von Schneefall umflorte Glassarg-Blondine machen? Man will es nicht wissen.

Auch Hollywood hält sich bis in die jüngste Vergangenheit an die von Hedy Lamarr inspirierte schwarzhaarige Filmfigur. Das bisher letzte Leinwand-Schneewittchen aus dem Jahr 2012 („Snow White and the Huntsman“) wurde in dieser Tradition mit einer Brünetten besetzt, nämlich mit Kristen Stewart, die als vampirliebende „Bella Swan“ aus der „Twilight“-Saga international die Mädchenherzen erobern konnte. Die böse Stiefmutter durfte blond sein: Charlize Theron aus Südafrika

S. 207: Der junge Hollywood-Star Hedy Lamarr posiert für eine Homestory.

übernahm den Part von Schneewittchens mörderischer Konkurrentin im Beauty-Contest.

Im Winter 1937 kam „Snow White and the Seven Dwarfs“ als erster abendfüllender Zeichentrickfilm in die amerikanischen Kinos – ein Meilenstein der Filmgeschichte. Bis heute ist die Disney-Verfilmung des beliebtesten Märchens der Mitteleuropäer der erfolgreichste Trickfilm aller Zeiten. Schneewittchens dunkelhaarige Erscheinung dürfte zur großen Sensation einen nicht unerheblichen Teil beigetragen haben, denn es war Hedy Lamarr, die diesen Frauentyp soeben modern gemacht hatte. Die zentrale Figur des Märchentrickfilms entsprach exakt Hedy Lamarrs Aussehen: ein hellhäutiges Mädchen mit mittellangen schwarzen Haaren und Hedys Markenzeichen, dem Mittelscheitel. Die hübsche Nase weist leicht nach oben, die roten Lippen sind perfekt gezeichnet. Ein passenderes Vorbild für Disneys Schneewittchen hätte sich unter allen Hollywood-Schauspielerinnen kaum finden lassen. War Schneewittchen nicht vor allem aufgrund des Kontrasts zwischen ihrer hellen Porzellanhaut und ihren dunklen Haaren die Schönste im ganzen Land?

Nur wenige Jahre danach folgte schon die nächste von Hedy inspirierte Comic-Figur: „Catwoman“. Das erste „Batman“-Heft erschien im Frühjahr 1940 und bereits in dieser ersten Ausgabe hat Batman eine Frau an seiner Seite. Sie heißt Selina Kyle, stammt aus einer privilegierten Gesellschaftsschicht, ist von ihrer gewohnten Umgebung jedoch gelangweilt und verlegt ihre Aktivitäten ins Dunkel der Nacht. Zuerst wird sie nur „Cat“ genannt, doch bald entwickelt sich dieser Charakter zur bekannten „Catwoman“. „Batman“-Erfinder Bob Kane begründete die äußere Erscheinung seiner weiblichen Hauptfigur mit der Faszination, die Hedy Lamarr auf ihn ausgeübt hätte. Er empfinde sie in ihren Filmen als katzenhaft, meinte er, und somit adäquat für seine „Catwoman“. Vermutlich hatte Kane vor allem Hedy Lamarrs umstrittene „Tondelayo“ in „White Cargo“ im Sinn, scheint „Catwoman“ ihren Batman doch zumindest unterschwellig durch ihre suggestiven, hautengen schwarzen Kostüme und ihre rot geschminkten Lippen in sadomasochistische Sexspiele zu verwickeln. Hedy Lamarrs diesbezügliche Neigung dürfte im Lauf ihres Lebens zahlreichen Bewunderern aufgefallen sein.

Viele Jahrzehnte später bekannte der renommierte britische Regisseur Ridley Scott („Thelma & Louise“, „Gladiator“) seine lang gehegten Sympathien für Hedy. In seinem berühmten Science-Fiction-Streifen

„Blade Runner“ (1982), der im Jahr 2019 spielt, verliebt sich die männliche Hauptfigur in eine künstlich erschaffene Frau. Der „Replikantin“ Rachael liegt die Gestalt von Hedy Lamarr zugrunde. Die Diva der 1940er-Jahre habe in vielen ihrer Filme auf eine spektakuläre Art kühl, unnahbar und abgeklärt gewirkt, was ihn sehr fasziniert habe, so Ridley Scott. Rachael, verkörpert von Sean Young, wirkt für heutige Sehgewohnheiten „typisch 80s“, doch zeigt ihr Aussehen bei genauerer Analyse viele Merkmale des klassischen Lamarr-Looks: dunkle Haare, bleiches Gesicht, riesige Augen, stark konturierte, glossige rote Lippen. Die „Rachael“ wäre vielleicht sogar eine Rolle gewesen, die Hedy gern übernommen hätte – wollte sie doch laut eigener Interview-Aussage endlich „eine richtige Person“ spielen, „nicht immer so ein Pupperl“.

## Producer: Hedy Lamarr

Science-Fiction-Filme in der Art von „Blade Runner“ gab es nach Hedys Glanzrolle als „Delilah“ allerdings noch nicht. Doch hat sie vermutlich auch die Verkörperung der biblischen Sirene rückwirkend als „Pupperl“-Part empfunden. Vielleicht versuchte sie aus diesem Grund Anfang der 1950er-Jahre, den USA den Rücken zu kehren, um Filme in Europa zu drehen, und zwar nicht nur als Schauspielerin, sondern auch als Produzentin. Der immense Aufwand und das traurige Scheitern des europäischen Abenteuers wären allerdings nicht notwendig gewesen. Hedy hatte nämlich nach ihrem „Delilah“-Megaerfolg einen sehr lukrativen Deal für Diätpillen abschließen können. In einem trägerlosen und schulterfreien weißen Kleid sowie in einem todschicken Badeanzug posierte sie in Anzeigen für das Schlankheitsmittel „Ayds“. Der Vertrag als Werbebotschafterin für diese Marke garantierte ihr über viele Jahre hinweg ein lukratives Einkommen.

Doch das Model-Dasein war Hedy nicht genug; sie wollte wesentlich mehr im Leben erreichen. Schon länger verfolgte sie ihre Idee, einen

Episodenfilm nach Momenten aus dem Leben „echter" historischer Frauenfiguren zu drehen. Episodendramen kamen in den Jahren nach 1945 stark in Mode und waren gewissermaßen die Vorläufer der heutigen Serien. Große italienische Schauspielerinnen wie Claudia Cardinale oder Sophia Loren hatten ihre Karrieren in den „Novellas" (Episodenserien) begonnen, die zuerst im Kino und bald danach auch im neuen Medium Fernsehen ihr Publikum begeisterten. Dass die „echten" Frauenfiguren, die Hedy darzustellen gedachte, sich durch überirdische Schönheit auszeichnen mussten, verwundert kaum. Hedy Lamarr dachte an Sagengestalten wie die schöne Helena aus der altgriechischen „Ilias", die (imaginäre) belgische Prinzessin Genoveva von Brabant, die heilig gesprochen wurde, aber auch an Frauen wie Joséphine de Beauharnais, die erste Ehefrau Napoleons und Kaiserin der Franzosen. Es war wichtig, dass die Hauptfiguren nicht nur in Europa, sondern auch in den USA über einen gewissen Bekanntheitsgrad verfügten, denn Hedy benötigte Geldgeber und diese wiederum investierten bloß in Projekte mit einer gewissen globalen Erfolgsgarantie. Ein Film, der nur für das europäische Publikum interessant sein könnte, lockte keine potenten Financiers an und Hedy, die das amerikanische Filmbusiness lange genug erlebt hatte, wollte ihr Werk auch in Amerika am Start sehen. Eine TV-Verwertbarkeit der Episoden, um damit neue, jüngere Publikumsschichten anzusprechen, war ebenfalls Teil von Hedys Überlegungen.

Einer ihrer einstigen Geliebten, der französische Schauspieler und Drehbuchautor Jean-Pierre Aumont, hatte ihr als Drehort Rom mit der dortigen Filmstadt Cinecittà vorgeschlagen. Das traf sich gut, hatte Hedy doch zu dieser Zeit eine Affäre mit dem Playboy und Fiat-Erben Giovanni Agnelli und war aus diesem Grund ohnehin viel in dessen Heimat anzutreffen. Später meinte Hedy, Agnelli wäre ein guter Ehemann für sie gewesen, ihn hätte sie heiraten sollen; in der für sie so typischen Widersprüchlichkeit sagte sie gleichzeitig, Agnelli habe sie an ihren ersten Mann Fritz Mandl erinnert, der sie immerhin so drangsaliert hatte, dass sie vor ihm bis nach Amerika geflüchtet war. Mit Agnelli jedenfalls wurde es nichts. Er heiratete 1953 eine „Vogue"-Fotografin, die auch Prinzessin von Neapel war und mit der er bis zu seinem Lebensende zusammenbleiben sollte.

Hedy indessen holte ihren alten Freund, den 1904 in Olmütz geborenen Edgar Ulmer, als Regisseur nach Italien. Mit ihm hatte sie den

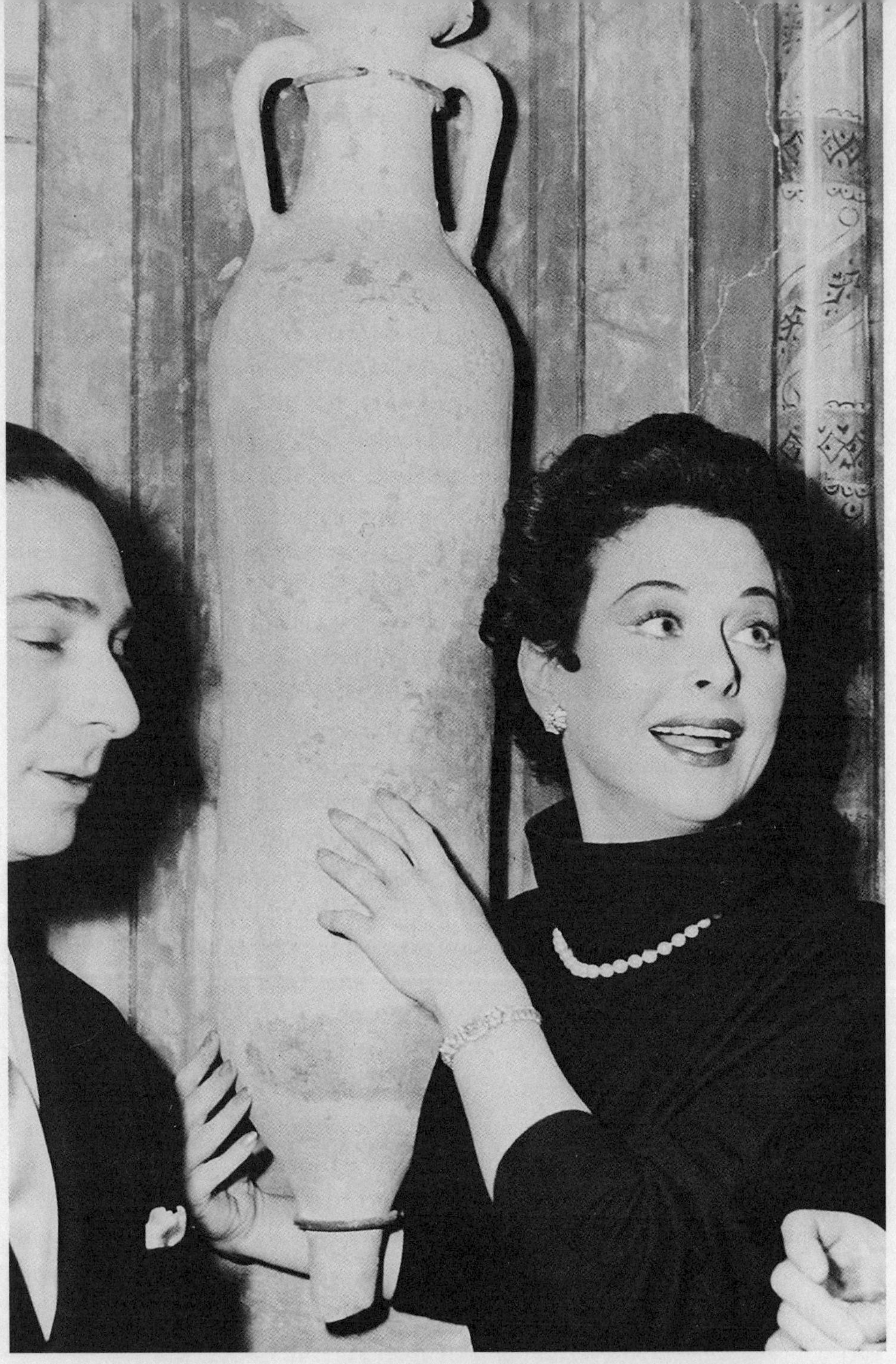

Hedy Lamarr in einem Lokal in Ostia bei Rom. Sie drehte in der Filmstadt Cinecittà einen Film über berühmte Frauen und ihre Liebesgeschichten.

in den 1820er-Jahren in Maine spielenden Gothic-Streifen „The Strange Woman“ gedreht und nun sollten die beiden (Alt-)Österreicher wieder zusammenarbeiten. Als sie noch mit Teddy Stauffer in Acapulco lebte, hatte Hedy dem von ihr damals geschätzten Ulmer bereits von ihrer Lieblingsidee erzählt: Sie wolle einen Film produzieren, der sich mit spannenden Frauenfiguren aus der Geschichte befasse, und alle Hauptfiguren selbst verkörpern. Außerdem wolle sie den Film selbst produzieren, damit die Oberhoheit über die Filmhandlung bei ihr selbst liege und sie nicht ständig nur als Befehlsempfängerin agieren müsse. Als Regisseur könne sie sich Ulmer gut vorstellen, da er historische Stoffe beherrsche und ebenfalls aus Europa stamme.

Doch standen die Dreharbeiten für den Film mit dem projektierten Titel „Love of Three Queens“ oder auch „The Great Loves of History“ von Anfang an unter keinem guten Stern. Vieles ging schief, es gab Geldprobleme am laufenden Band. Mit ihren hochfliegenden Plänen hatte sich Hedy gründlich verspekuliert. Sie war einer derartig vielschichtigen Aufgabe mit ihren bisherigen Erfahrungen als (wenig herausragende) Schauspielerin und kurzzeitige Co-Produzentin ganz einfach nicht gewachsen. Die Italiener in der Filmcrew und die italienischen Techniker sorgten regelmäßig für Aufregungen, denn sie waren es gewohnt, mit professionellen Meistern des Metiers wie beispielsweise Roberto Rossellini zu arbeiten und nicht mit überdrehten US-Stars wie Hedy Lamarr, die nach Meinung des „Fußvolkes“ vom Filmemachen wenig Ahnung hatte. In ihrer Autobiografie beklagte Hedy die missliche Lage: Niemand am Set habe sie ernstgenommen. Das war nicht wirklich verwunderlich, schließlich kannte man sie in Italien als Nacktstar aus „Ekstase“. Nicht wenige Filmleute hatten wohl noch die Gerüchte rund um Ex-Diktator Benito Mussolini gut in Erinnerung, der sein privates Filmexemplar nicht an seinen Waffenlieferanten Fritz Mandl hatte verkaufen wollen. Ebenso wussten die Leute in Rom, dass Hedy einmal die Gemahlin des Mussolini-Fans aus Wien gewesen war. Die folgenden Auftritte als halbnackte Dschungelnymphomanin oder biblische Kitsch-Sirene in Hollywood dürften auch nicht gerade dazu beigetragen haben, dass Hedy in Italien ein guter Ruf als seriöse Filmschaffende vorauseilen konnte … Sie habe zwar versucht, so sagte sie später, ihre Wünsche in der italienischen Macho-(Film-)Kultur durchzusetzen, aber sie hätte nichts erreichen können und sei kläglich gescheitert.

Die Hauptursache für den Misserfolg dürften jedoch die ständigen Querelen mit Edgar Ulmer gewesen sein, der Hedys mangelndes Einfühlungsvermögen in ihre Rollen als erfahrener Filmregisseur nicht unterstützen konnte, sonst wäre ihm fahrlässiges Handeln vorgeworfen worden.

Ulmer erinnerte sich an den gesamten Dreh als an eine einzige Katastrophe. In ihrer Rolle als verleumdete Prinzessin Genoveva hätte Hedy eine im Gefängnis schmachtende Frau des achten Jahrhunderts darstellen sollen, doch sie wollte nur in Glamour-Kleidern und „aufgedonnert wie ein Ziegfeld Girl“ (Ulmer) vor die Kamera. Ihre schauspielerische Leistung sei „alles andere als oscarreif“ gewesen, so Ulmer, und Hedy habe sich wie ein typisches Hollywood-Covergirl aufgeführt, das nur an ihrem Aussehen interessiert gewesen sei und nicht an der Filmrolle. Die Arbeit mit ihr sei ein Albtraum gewesen. Mehrmals sei sie in Rage vom Set gestürmt. Ulmer berichtete von den unerfreulichen Szenen zwischen Hauptdarstellerin Hedy und ihrem männlichen Gegenpart, dem jungen britischen Schauspieler John Fraser. Als sie sich wieder einmal über eine Einstellung beklagte, die ihrer Schönheit angeblich nicht ausreichend Tribut zollte, wollte der 22-jährige Fraser sie versöhnlich stimmen, indem er sagte, sie würde doch ganz fantastisch aussehen. Worauf Hedy ihn von oben bis unten musterte, um dann mit drohend leiser Stimme zu erwidern, er sei nichts als eine kleine Fliege, die ihr gar nichts zu sagen habe. Von diesem Moment an habe Hedy ständig versucht, Fraser zu feuern.

Dieser erzählte auch selbst von den aufreibenden Dreharbeiten. Er habe sich sogleich in die Stadt Rom verliebt, sonst könne er allerdings nichts Positives vom italienischen Abenteuer berichten. Sein Eindruck sei gewesen, dass sich Hedys Hass auf den von ihr selbst gewählten Regisseur Edgar Ulmer im Verlauf der Wochen immer mehr gesteigert habe, weil er sie Szenen mehrfach wiederholen ließ. Einmal habe Ulmer bei einer Liebesszene verlangt, sie möge doch bitte Frasers Kopf so an ihren Busen drücken, dass man sein Gesicht und nicht nur seine Haare sehen könne. Daraufhin soll Hedy Frasers Kopf mit aller Kraft gegen ihre Brust gerammt haben. Der verzweifelte Ulmer ließ die Szene ein weiteres Mal drehen.

Hedy ließ nun Frasers Kopf „wie einen Salatkopf" (Ulmer) fallen, sodass er sich am Boden anstieß. Noch Tage später habe Fraser Kopfschmerzen gehabt.

Bei einer anderen Filmprobe riss sich Hedy vor lauter Wut auf Ulmer ihr sündteures Filmkostüm vom Hals bis zur Hüfte herunter, sodass die Perlen und Steine, mit denen der Stoff besetzt war, überall herumkullerten. Der vielgeplagte Regisseur unterbrach daraufhin den Dreh für eine Woche. So lange dauerte es nämlich, bis die Schneiderinnen Hedys Kleid wieder zusammengeflickt hatten. Schließlich ging nichts mehr und Hedy feuerte Edgar Ulmer. Er war wohl nicht allzu deprimiert über das Ende der wenig fruchtbringenden Kooperation und wunderte sich später, dass der Film allen Erwartungen zum Trotz fertiggestellt wurde.

Das Endprodukt zeichnete sich nicht nur durch Hedy Lamarrs „wenig oscarreife" (© Ulmer) Schauspielerei aus, sondern der gesamte Film wirkte vom Anfang bis zum Ende amateurhaft, vor allem im Bereich der Produktion, der Regie sowie der unfreiwillig komischen Spezialeffekte. Das Allertragischste an der durchwegs misslungenen italienischen Produktion war die „Leistung" der Hauptdarstellerin. Nach Amerika schaffte es ohnehin nur die Episode mit der schönen Helena, die auf italienisch „L'amante di Paride" („Die Geliebte des Paris") hieß. Es dürfte sich im Lauf der Verhandlungen über einen US-Kinostart des Lamarr-Films herauskristallisiert haben, dass Genoveva und Joséphine in den USA kaum jemandem bekannt vorkamen. Die Hollywood-Kompatibilität der mykenischen Königsgemahlin Helena war jedoch unbestritten, wie die jüngste Verfilmung des Stoffes unter dem Titel „Troja" (2004) erneut unter Beweis gestellt hat. Der recht hölzerne Film des deutschen Regisseurs Wolfgang Petersen war in den USA durchaus erfolgreich, nicht zuletzt aufgrund des männlichen Hauptdarstellers: Brad Pitt spielte die legendäre griechische Kampfmaschine Achilleus, als nach Troja verschleppte Helena agierte die Deutsche Diane Kruger.

Während Hedys „Helena" wegen mangelnden Publikumserfolgs in den USA rasch wieder abgesetzt wurde, waren die drei Schönheitsköniginnen und ihre Geliebten auch in Europa kaum auf der Leinwand zu sehen. Die desaströsen Einspielergebnisse entmutigten Hedy Lamarr jedoch nicht. Sie vertrat die Auffassung, dass für einen wirklich guten

Film eben zu wenig Geld vorhanden gewesen sei, und reiste zurück nach Amerika, um dort die finanziellen Grundlagen für ihr nächstes italienisches Filmprojekt aufzutreiben. Beim zweiten Versuch werde es besser laufen, davon war sie überzeugt. Selbstverständlich wollte sie wiederum selbst produzieren und auch spielen. Einen Titel hatte sie schon parat: „L'eterna femmina" („Das ewig Weibliche") sollte der Film heißen. Erneut handelte es sich um eine Liebesgeschichte, diesmal angesiedelt im zeitgenössischen Italien. Hedy wollte wohl sichergehen, auf keinen Fall noch einmal eine Gefangene des frühen Mittelalters in Sack und Asche darstellen zu müssen. Eine glamouröse Italienerin zwischen mehreren Männern entsprach da schon eher ihren Vorstellungen.

## „Dallas"

Als Hedy in Texas im Rahmen einer Charity-Veranstaltung auftrat und dabei für ihre Filmpläne die Werbetrommel rührte, befand sich unter den zahlreichen vermögenden geladenen Gästen auch ein gewisser W. Howard Lee, seines Zeichens Inhaber der Lee Brothers Oil Company. Er dürfte eine Art J. R. Ewing („Dallas") auf Freiers Füßen gewesen sein, denn er stellte sich der feschen Schauspielerin nach dem Ende ihrer Rede vor und lud sie in sein Büro ein. Dort könne man dann in Ruhe über Finanzierungsmodelle sprechen. Hedy antwortete, sie komme in keine Büros und düste ab nach Hollywood. Doch Lee flog ihr hinterher und präsentierte ihr 400.000 Dollar Vorschuss zur Realisierung ihres nächsten Films. Die dankbare und erfreute Hedy heiratete ihren Geldgeber vertrauensvoll kurz vor Weihnachten 1953 in New York. Der Ölmilliardär wurde ihr fünfter Ehemann und war ihr Begleiter, als sie zwei Jahre später die lang ersehnte Reise nach Österreich unternahm. Zu Beginn seiner Ehe sah sich das Paar selten, denn Hedy weilte in Rom und kämpfte dort mit zahllosen Widrigkeiten, die sich selbst mit Lees vielem Geld nicht aus der Welt schaffen ließen. Das römische Wetter ist nun einmal im Winter nicht besonders einladend. Es regnet häufig und stark. Etwas größenwahnsinnig wie Hedy war, bildete sie sich Richard

Burton in der männlichen Hauptrolle ein, was der berühmte Schauspieler dankend ablehnte.

Viele Geldflüsse versickerten im italienischen Nirgendwo. Hedy hätte dringend wirtschaftliche Beratung und inhaltliche Unterstützung auf mehreren Ebenen gebraucht, doch sie wollte alles allein bestimmen und wurde wohl mehr als einmal übers Ohr gehauen. Da die Hoffnung auf ein erfolgreiches Endergebnis im Schwinden begriffen war, stellte Lee seine Geldspenden schließlich ein. Außerdem hatte Hedy, wenn sie auf „Heimaturlaub" kam, das gemeinsame Haus in Houston, das Lee für seine neue Familie gemietet hatte, so lange um Hunderttausende von Dollars umdekoriert, bis sich der Ölmagnat gezwungen sah, die Liegenschaft zu kaufen. Es war schlicht zu viel in eine Bleibe investiert worden, die Howard Lee nie als endgültiges Heim betrachtet hatte; Hedy hingegen schon. Ihren beiden Kindern Deedee und Tony gefiel es in Texas, sie mochten den neuen „Daddy" und aus diesen Gründen vergrößerte Hedy das Anwesen so lange, bis der Swimmingpool über die für sie passenden Ausmaße verfügte und der Anbau samt Garten für die Kinder entsprechend weitläufig gediehen war. Außerdem gab Hedy das „Haushaltsgeld", das Lee ihr als seiner Ehefrau monatlich für persönliche Anschaffungen zur Verfügung stellte, nicht für diese Zwecke aus, sondern behielt alles auf einem eigenen Konto für sich. Dinge, die sie täglich benötigte, kaufte sie auf Rechnungen, die dann dem Ehemann zugestellt wurden.

Dass sich bald Risse in der Beziehung zeigten, war wohl unausweichlich. Obwohl Lee Hedys Film nicht mehr unterstützen wollte, wurde dieser mit Ach und Krach fertiggestellt. Doch es gab niemanden, der ihn je sah. Das Endprodukt schaffte es nicht in die Kinos. Sogar ein realitätsferner Mensch wie Hedy Lamarr dürfte sich nach den beiden Debakeln in Rom zu der niederschmetternden Erkenntnis durchgerungen haben, dass ihr niemand mehr ein drittes Filmprojekt finanzieren würde. Von den Strapazen als Produzentin und Darstellerin erschöpft, ruhte sie sich vorerst in ihrem protzigen texanischen Schlafzimmer, das ganz in Weiß und Gold gehalten war, aus. Wie viel Geld Hedy monatlich benötigte, zeigt folgende Aufstellung, die aus der Zeit ihrer Ehe mit Howard Lee stammt (100 Dollar im Jahr 1958 entsprechen etwa 920 Dollar heute):

Haushaltsangestellte: 600 Dollar
Kleider: 500 Dollar
Tägliche Ausgaben: 100 Dollar
Unterhaltung: 150 Dollar
Auto: 40 Dollar
Unterhalt für Hedys Mutter und die beiden Kinder: 262 Dollar
Essen: 600 Dollar
Kosmetik und Schönheitssalon: 100 Dollar

Für einen Filmstar der damaligen Zeit waren das relativ moderate Ausgaben. Hedy aber hatte zusätzlich 45.000 Dollar Schulden bei der Bank und ihr Konto war um 2000 Dollar überzogen. Und am schwerwiegendsten: Hedy musste zur Kenntnis nehmen, kein Filmstar mehr zu sein. Da das Ende der fünften Ehe absehbar war und sie dringend wieder Geld verdienen musste, nahm sie eine kleine Filmrolle an, für die sie 5000 Dollar erhielt. Sie spielte die Johanna von Orléans, und zwar in einem der „50 schlechtesten Filme aller Zeiten", Irwin Allens „The Story of Mankind" (1957). Regisseur Allen gab an, er habe Hedy hauptsächlich deswegen gecastet, weil er die „Hure" aus „Ekstase" gerne in der Rolle einer „Heiligen" sehen wollte. Abgesehen von der Tatsache, dass Hedy viel zu alt war für die im Teenageralter hingerichtete französische Nationalheilige, „brillierte" dieser Film wieder einmal durch seine sehr amateurhaften Spezialeffekte, völlig unpassende Darsteller und eine miserable Story. Hedy trug nicht nur eine merkwürdig anmutende topfartige Perücke, sondern ihre Kleidung wechselte außerdem unversehens von einem weißen Hemd zu einer Rüstung und dann wieder zu einem hellen Büßergewand, in dem sie schließlich ausdruckslos und offenbar schmerzfrei in Flammen aufging.

Der Film dauert endlose 100 Minuten und weist auch ganz abgesehen von der grandios fehlbesetzten Hedy eine seltsame Besetzungsliste auf: Vincent Price ist als Teufel zu sehen, Harpo Marx von den Marx Brothers als Isaac Newton. Der Film drehte sich um die Frage, ob die Menschheit es verdient habe, weiterhin auf dem Planeten Erde ansässig zu sein. Die meisten Kritiker waren sich einig,

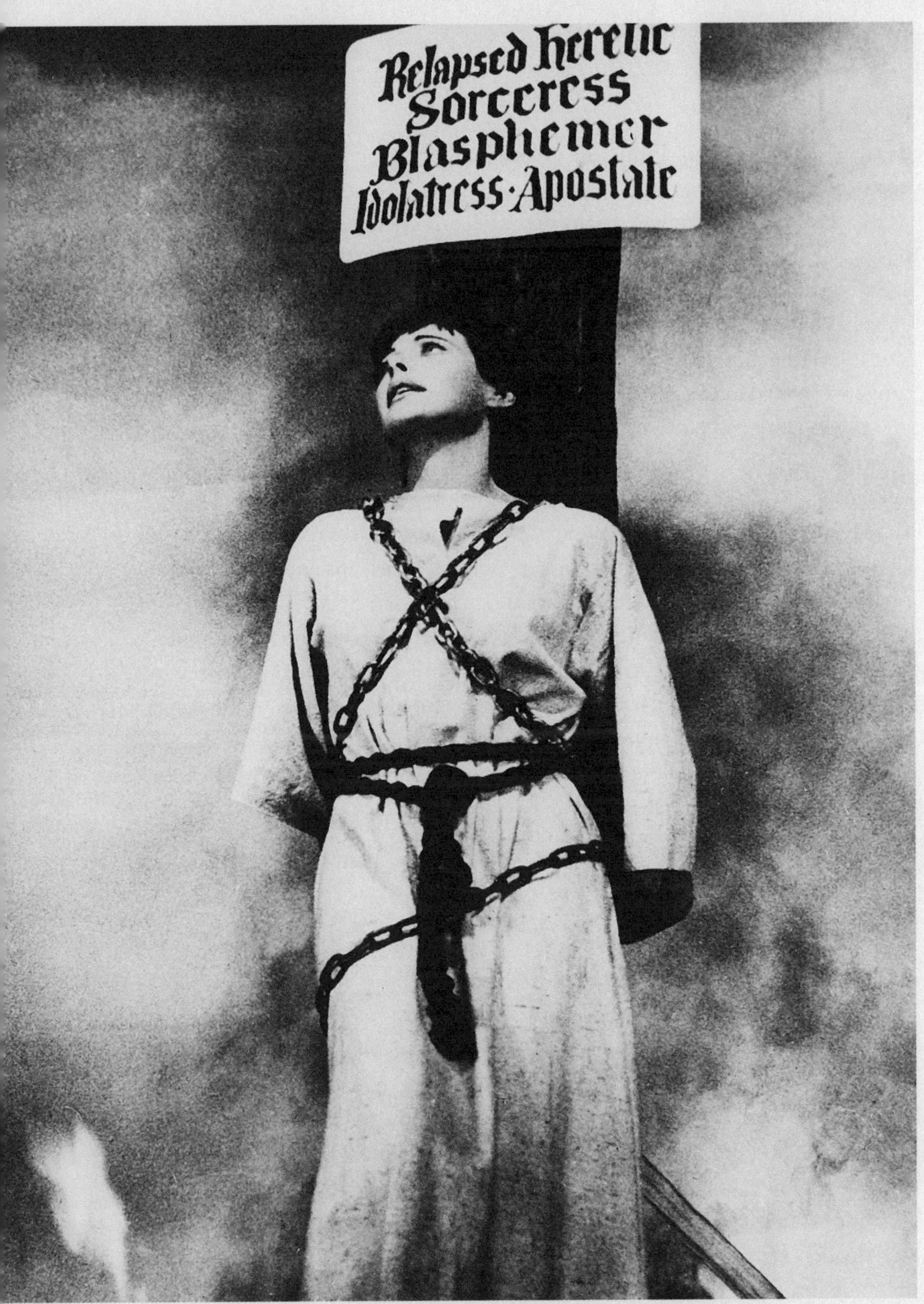


Hedy Lamarr in ihrer vielleicht schlimmsten Rolle: Als Über-40-Jährige versuchte sie, die 19-jährige Jeanne d'Arc darzustellen.

dass es nach diesem Film auf diese Frage nur eine Antwort geben konnte …

Für Hedys Verhältnisse hatte die Ehe mit dem texanischen Ölmulti überraschend lange gehalten, nämlich beinahe fünf Jahre. Im August 1958 wurde das Paar geschieden und Hedy stand erneut vor der alles entscheidenden Unterhaltsfrage. Neben den bei einer Scheidung üblichen Zwistigkeiten um Häuser, Autos und Finanzen thematisierten die Zeitungen erneut Hedys geistige Verfasstheit während des Prozesses. Denn die Schauspielerin hatte ihr Hollywood-Stand-in Sylvia Hollis – auch bekannt als Sylvia Lamarr – an ihrer statt zur Verhandlung Lamarr vs. Lee geschickt. Stand-ins kommen in Film- und TV-Produktionen häufig zum Einsatz. Vor dem eigentlichen Drehbeginn hilft ein Double, das in Größe und Gestalt dem eigentlichen Schauspieler ähnelt, beim Kamera-Set-up und der passenden Beleuchtung. Dass ein Stand-in eine Schauspielerin bei ihrem Scheidungsprozess vertritt, war kaum vorgesehen. Nach wiederholten Aufforderungen durch ihre Rechtsbeistände kreuzte die echte Hedy doch noch im Gerichtssaal auf, was bestimmt zu ihrem Besten war. Sie wird nämlich alsbald eine Affäre mit ihrem Scheidungsanwalt Lewis J. Boies beginnen und ihn einige Jahre später heiraten. Boies wurde ihr letzter Bräutigam und er war gleichzeitig der erste, der jünger war als sie. Ganze sechs Jahre. Dieser sechsten, finalen Ehe sollte eine Dauer von 19 Monaten beschieden sein.

## Sex Sells

In den Jahren um 1960 war Hedys Schauspielkarriere endgültig Geschichte, doch es zeichnete sich bereits ein neues Geschäftsmodell am Horizont ab. Hedy hatte das Zeug zum Fernseh-Star und war in Frageshows mit Prominenten oder ähnlichen Formaten der damaligen Zeit ein gern gesehener Gast. Die Sendungen, bei denen sie mitwirkte, richteten sich meist an ein älteres Publikum, also an Menschen, die sie noch von der großen Leinwand kannten. Bei allen sich bietenden Gelegenheiten, so auch im TV, sprach sie von der bevorstehenden Veröffentlichung ihrer Memoiren. Sie werde „alles erzählen", prahlte sie. Da ihr abwechslungsreiches Sex- und Liebesleben nicht wirklich ein Geheimnis war und auch ihre Filmrollen diesbezüglich keine Fragen offenließen, lag es auf der Hand, dass ganz Amerika mit gebührender Spannung auf dieses Elaborat aus der Hand der Ex-Diva Hedy Lamarr wartete. Sie war 51 Jahre alt und hatte außer ihren verflossenen Liebeleien nichts zu verkaufen. Im Prinzip war es eine mehr als tragische Geschichte.

Hedys Lebenserinnerungen werden die beiden italienischen Filme noch an Katastrophenpotenzial übertreffen. Je näher der Erscheinungstermin des Buches rückte, desto klarer wurde Hedy, dass an eine weitere Tätigkeit in Hollywood endgültig nicht mehr zu denken war. Sie begann, jegliche Mitarbeit an ihren Memoiren abzustreiten, und hielt an dieser Aussage bis ans Ende ihrer Tage fest. Im Jahr 1966, mitten in der viel beschworenen „wilden" Zeit der freien Liebe und der sexuellen Revolution, kam das Buch „Hedy Lamarr: Ecstasy and Me. My Life as a Woman" auf den Markt und löste einen Riesenskandal aus. Es dürfte wohl stimmen, dass Hedy keinen einzigen Satz in ihrer Autobiografie selbst geschrieben hat, wie sie nicht müde wurde zu wiederholen. Grundsätzlich hatte sie der ganzen Memoiren-Idee, die wohl von einem New Yorker Verleger zusammen mit einem ihrer Agenten ausgekocht worden war, nur des Geldes wegen zugestimmt. Sie hoffte, dass gerade im großteils prüden Amerika, wie sie selbst es oft genug erlebt hatte, ein Buch mit einer Menge an geschilderten Sex-Eskapaden ein Verkaufsschlager sein müsse. Unklar ist, welche Summe Hedy für ihre Erinnerungen erhalten hat – aber wahrscheinlich dürften die in einigen englischsprachigen Werken kolportierten 200.000 Dollar an den tatsächlich ausbezahlten Betrag herankommen. Die ebenfalls in manchen biografischen Unterlagen genannten 30.000 Dollar wären ihr sicherlich – auch mit Gewinnbeteiligung – zu wenig gewesen. Hedy war von ihrem ersten Hollywood-Tag an eine harte Verhandlerin gewesen. Es scheint unwahrscheinlich, dass sie in fortgeschrittenerem Alter auf dringend benötigte Honorare verzichtet hätte.

Der Verlag stellte ihr zwei Ghostwriter zur Verfügung, wie es bei Promi-Biografien bis heute gang und gäbe ist. Laut ihrem Sohn Anthony, der in dieser Zeit oft bei seiner aus der Bahn geworfenen Mutter weilte, hatte sich die Genese der Autobiografie folgendermaßen zugetragen. Ein älterer Mann namens Cy Rice habe Hedy in den ersten Monaten des Jahres 1966 mehrfach aufgesucht und sich ihre Geschichte erzählen lassen. Die Interviews habe er mit einem Rekorder aufgenommen. Auf diese Weise seien ungefähr 50 Stunden Gesprächsmaterial zusammengekommen. Die so entstandenen Oral-History-Aufnahmen seien dann dem Journalisten Leo Guild übergeben worden mit der Aufgabe, daraus ein Buch zu machen. Der Autor Leo Guild und sein Biografie-Subjekt Hedy Lamarr hätten einander nie getroffen.

Leo Guild war in der Show- und Pressebranche kein unbeschriebenes Blatt. Er hatte einen mehr als „windigen" Ruf, galt als Ghostwriter für Sexhefte und veröffentlichte beispielsweise zweideutige Taschenbücher über jugendliche Starlets, schwarze Callgirls, minderjährige Prostituierte, alle mit zahlreichen Fotos (halb-)nackter Models ausgestattet. Heute kennt man ihn bestenfalls noch wegen seines Werkes über Liberace, den berühmten schwulen Pianisten der 1960er- und 70er-Jahre. Regisseur Steven Soderbergh hat sich 2013 mit dem Leben von Liberace filmisch auseinandergesetzt. Er engagierte den fantastischen Michael Douglas in der Rolle des alternden Las-Vegas-Stars sowie Matt Damon, der überzeugend den jugendlichen Lover gibt. Auf Leo Guilds Buchcover jedenfalls sieht man den auffällig gekleideten Liberace, der gerade im Begriff ist, ein Cowgirl zu küssen. Liberace behauptet in Guilds Opus, er sei deswegen nicht verheiratet, weil er wie ein Seemann lebe – in jedem Hafen habe er eine Braut. An sich aber würde sein Hauptinteresse seiner polnischen Mutter gelten, bei der er wohne, weiters begeistere er sich für Inneneinrichtung, Kochen, mehr oder minder fragwürdige Mode, seine Musik und seine Fans. Dass Liberace homosexuell war, schwang praktisch in jedem Satz mit, durfte aber im Jahr 1956, als das Buch „The Loves of Liberace" erschien, nicht explizit erwähnt werden.

## Hedys „Sexbeichte"

Hedy Lamarr, die in den 1960er-Jahren durchaus Kontakte zur Schwulenszene in New York pflegte, musste Liberace gekannt und auch gewusst haben, wer Leo Guild war. Sie hätte sich ausmalen können, was jemand wie Guild aus einer Geschichte wie der ihren logischerweise machen würde. Vielleicht verließ sie sich auf ihre Angestellten, von denen sie annahm, sie würden in ihrem Sinn agieren. Doch ihr Manager Earl Mills hatte sie nicht gewarnt – im Gegenteil, er ließ sie direkt ins Messer laufen. Als er mit dem Papierstapel, der einmal ihre Autobiografie werden sollte, zu Hedy auf Besuch kam, erkundigte sie sich mit wenig Interesse: „Steht hier, was ich gesagt habe?" Mills bejahte und Hedy autorisierte daraufhin jede einzelne Seite, ohne sich den Text genauer anzusehen oder gar durchzulesen.

Das Desaster rückte immer näher. Mills dürfte wohl mit Leo Guild und dem Verlag gemeinsame Sache gemacht haben, jedenfalls vertrat er auf keinen Fall die Anliegen seiner Klientin, wofür er als Hedys Manager jedoch bezahlt wurde. Ihm war bewusst, dass die von Guild „nachgepfefferten" Lebenserinnerungen sich besser verkaufen würden, und sicher schnitt er bei den Tantiemen ordentlich mit. Hedys immer stärker zutage tretender Verfolgungswahn gründete sich auf Leute wie Earl Mills; sie fühlte sich als Gejagte. Ihrem Sohn gegenüber sprach sie ständig davon, dass sie ausgenutzt würde und dass sie von Menschen umgeben sei, die sich auf ihre Kosten bereichern wollten.

„Sexbeichten" wie die Autobiografie der Hedy Lamarr hatten Ende der 1960er-Jahre Konjunktur, denn das Lebensgefühl der Epoche drehte sich zu einem Gutteil um solche Fragen. Kein Wunder, dass neben Hedys „Ecstasy and Me" auch ein neues Buch über die legendärste Schauspielerin der Jahre um 1900 Furore machte: „Madame Sarah" von Cornelia Otis Skinner, selbst Schauspielerin und auch Journalistin. Nun handelte es sich bei dieser Biografie über Sarah Bernhardt im Gegensatz zu Hedys Werk um eine seriöse und vorbildlich recherchierte Story, dennoch könnte man zwischen dem französischen Theaterstar der Belle Époque und Hedy Lamarr durchaus einige Parallelen ziehen. Beide Schauspielerinnen stammten aus jüdischen Häusern, beide stiegen sehr jung ins Showgeschäft ein und begannen ihre Laufbahnen mit Nacktaufnahmen. Beide hatten unzählige Liebhaber und Affären mit den Berühmtheiten ihrer Zeit, beide waren selten glücklich, aber weltberühmt, in ihren Heimatländern genauso wie in den USA. Hedy Lamarr und Sarah Bernhardt stellten ihre außergewöhnlichen Gesichter in die Dienste der Kosmetikindustrie und waren somit die Vorgängerinnen der heutigen Beauty-Testimonials. Mit ihrem „Sarah-Bernhardt-Puder La Diaphane" war „die

Göttliche“ (Beiname der Bernhardt) überhaupt die erste Schauspielerin, die Schönheitsprodukte mit ihrem Namen bewarb. Werbeverträge mit den Herstellern von Mode oder Kosmetika gehören gegenwärtig zu den lukrativsten Verdienstmöglichkeiten junger und jung gebliebener Leinwandstars.

Bei Sarah Bernhardt kam noch hinzu, dass sie neben ihrer Theater- und späteren Filmkarriere auch definitiv als Sexarbeiterin tätig gewesen war. Und auch der familiäre Hintergrund war grundverschieden. Während Hedy aus einem gutbürgerlichen Milieu stammte, arbeitete Sarahs nicht verheiratete Mutter als Nobelprostituierte in der Umgebung des französischen Kaisers Napoleon III.

Dennoch: Die verhandelten Themen waren ähnlich. Nachdem ihr ein wohlwollender Bekannter am Telefon berichtet hatte, was wirklich in „ihrem“ Buch stand, versuchte Hedy, die Veröffentlichung ihrer Memoiren gerichtlich zu unterbinden. Der Ruf seiner Mandantin würde durch die Lügen in dem Buch ruiniert werden, argumentierte ihr Anwalt. Er sei zutiefst geschockt gewesen über den Inhalt, dieser sei schmutzig und verursache Ekel und Übelkeit. Der Schreiber Leo Guild habe Hedys Erzählungen „substanziell verändert“ und diese seien durch den fremden Eingriff nun weit entfernt von Realität und Anstand. Die Richter kamen sehr bald zu dem Schluss, dass der Ruf der Schauspielerin Hedy Lamarr nie sonderlich herausragend gewesen sei und somit kaum beschädigt werden könne.

Sie sei sechsmal verheiratet gewesen und habe alle sechs Ehemänner verlassen. Außerdem sei die Anklägerin seit 15 Jahren nicht mehr im Filmgeschäft tätig, es gäbe also keinen Grund anzunehmen, dass sie nun wegen der Veröffentlichung ihrer Erinnerungen keine Rollen mehr erhalte. Zu allem Überfluss habe sie sich von den an sie ausbezahlten Tantiemen bereits einen Bentley zugelegt.

Hedys Versuchen, „Ecstasy and Me“ zu stoppen, war also kein Erfolg beschieden. Schließlich hatte sie alle Seiten persönlich abgezeichnet und ihr Honorar erhalten. Die 22 Audiokassetten mit ihrem Lebensbericht sind unglücklicherweise verschollen. Damals wurden sie als Beweismittel vor Gericht nicht zugelassen – vielleicht liegt darin der Grund,

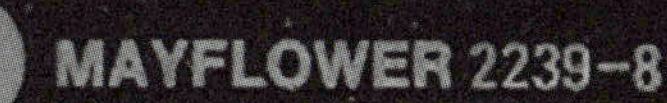


Das Cover von Hedy Lamarrs Autobiografie „Ecstasy & Me", 1966

dass sie nie transkribiert worden sind. Das Buch liest sich über weite Strecken sehr ähnlich wie ihre unzähligen Publicity-Interviews; es steckt also trotz – vermutlich – einiger zusätzlicher Erfindungen viel „Hedy" in „Ecstasy and Me". Gemessen an heutigen Standards hält das Buch ohnehin keine Sensationen bereit und damals ging es wohl nur darum, sämtliche voyeuristische Interessen eines mannigfaltig begeisterungsfähigen, ausschließlich männlichen Leserkreises zufriedenzustellen. So kamen zu den von Hedy – vielleicht – wirklich erzählten erotischen Erlebnissen mit Schulkameraden, Co-Schauspielern, Regisseuren oder Politikern noch ein paar lesbische Begegnungen und einige Erlebnisse mit schwulen Kollegen hinzu. Ähnlich wie bei erotischen Klassikern von Marquis de Sade oder Georges Bataille sollten einfach möglichst viele sexuelle Spielarten abgedeckt werden, damit kein Leser sich beschweren konnte, nicht auf seine Kosten gekommen zu sein.

Was Hedy nicht zu bieten hatte, das erledigte kurzerhand Leo Guild. So erscheint im Nachkriegswien der 1920er-Jahre ein Exhibitionist vor der kleinen Hedy. Im Buch sagt sie, sie habe sich schuldig gefühlt, weil sie nicht gucken wollte, aber dennoch geguckt hat. Sogar von einer Vergewaltigung als Teenager ist die Rede. Hedy erzählt hier, dass es sich bei ihrem Angreifer um einen Wäschereiangestellten handelte, der den Kieslers die saubere Kleidung zuruckbringen sollte. Sie habe versucht, ihn mit einer wertvollen Porzellanstatue aus dem elterlichen Wohnzimmer von sich abzuwehren, wobei das Kunstwerk zu Bruch gegangen sei. Da sie das abstoßende Erlebnis für sich behalten wollte, erklärte sie auf Nachfrage der Eltern, die Statue sei ihr heruntergefallen. Ihre Mutter sei sehr ärgerlich geworden und habe ihr ins Gesicht geschlagen. Da Hedy als sehr behütetes Mädchen aufgewachsen ist, besteht an sich kein Grund, warum sie als Tochter des Hauses ein Wäschepaket entgegennehmen sollte. Für solche Tätigkeiten gab es in ihrer Familie Dienstpersonal. Diese Episode wurde also möglicherweise von Leo Guild „ausgeschmückt". Im schweizerischen Internat habe eine Mitschülerin Hedy im Mädchen-Schlafsaal verführt. Vor ihrem Mann Fritz Mandl sei sie Mitte der 1930er-Jahre in eine Peepshow in der Wiener Innenstadt geflüchtet und habe dort mit dem Darsteller auf der Couch Sex vor Publikum

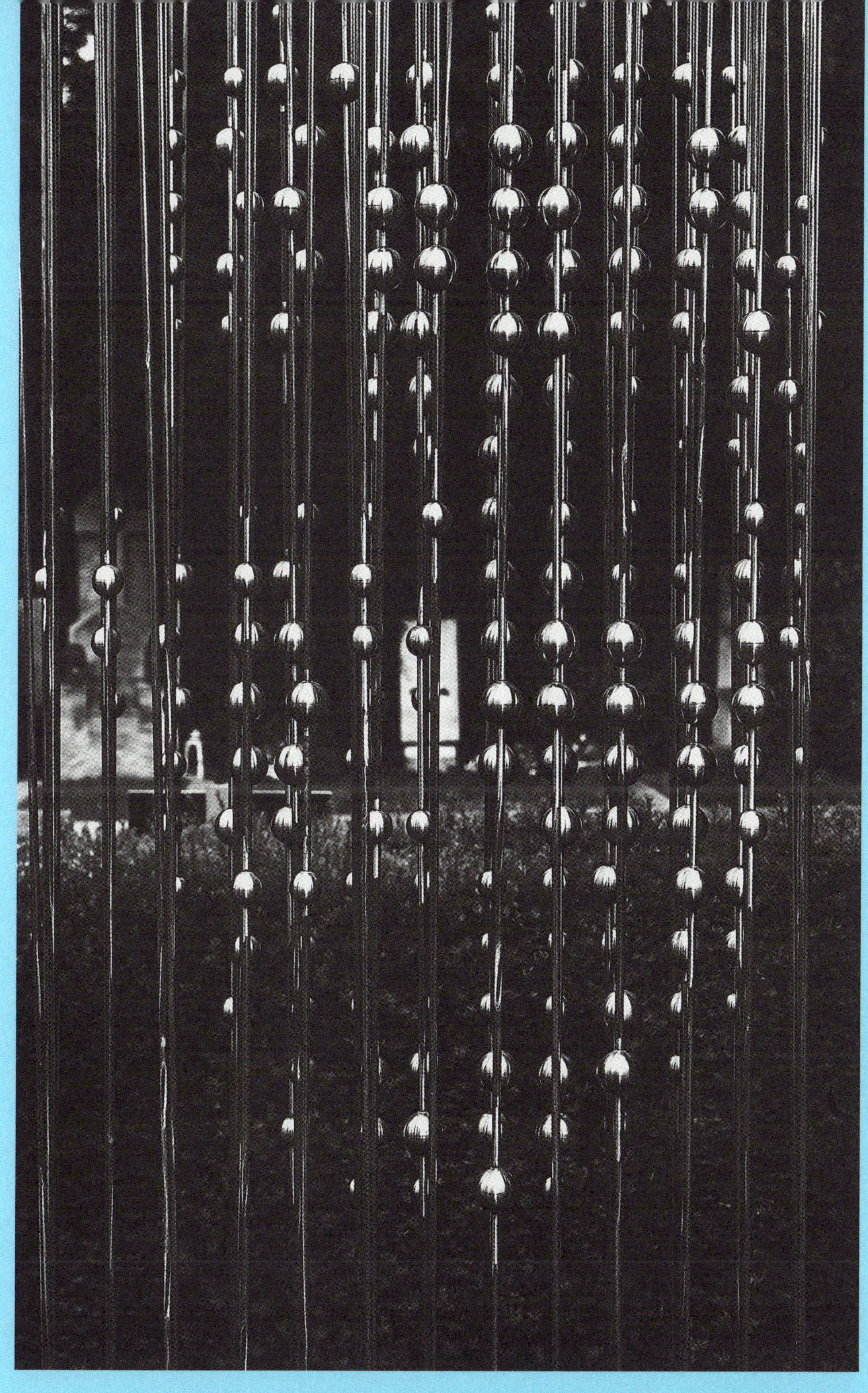

Hedy Lamarrs Ehrengrab auf dem Wiener Zentralfriedhof ziert eine Kunstinstallation, die sowohl auf ihr berühmtes Gesicht als auch auf ihre Erfindung hinweist.

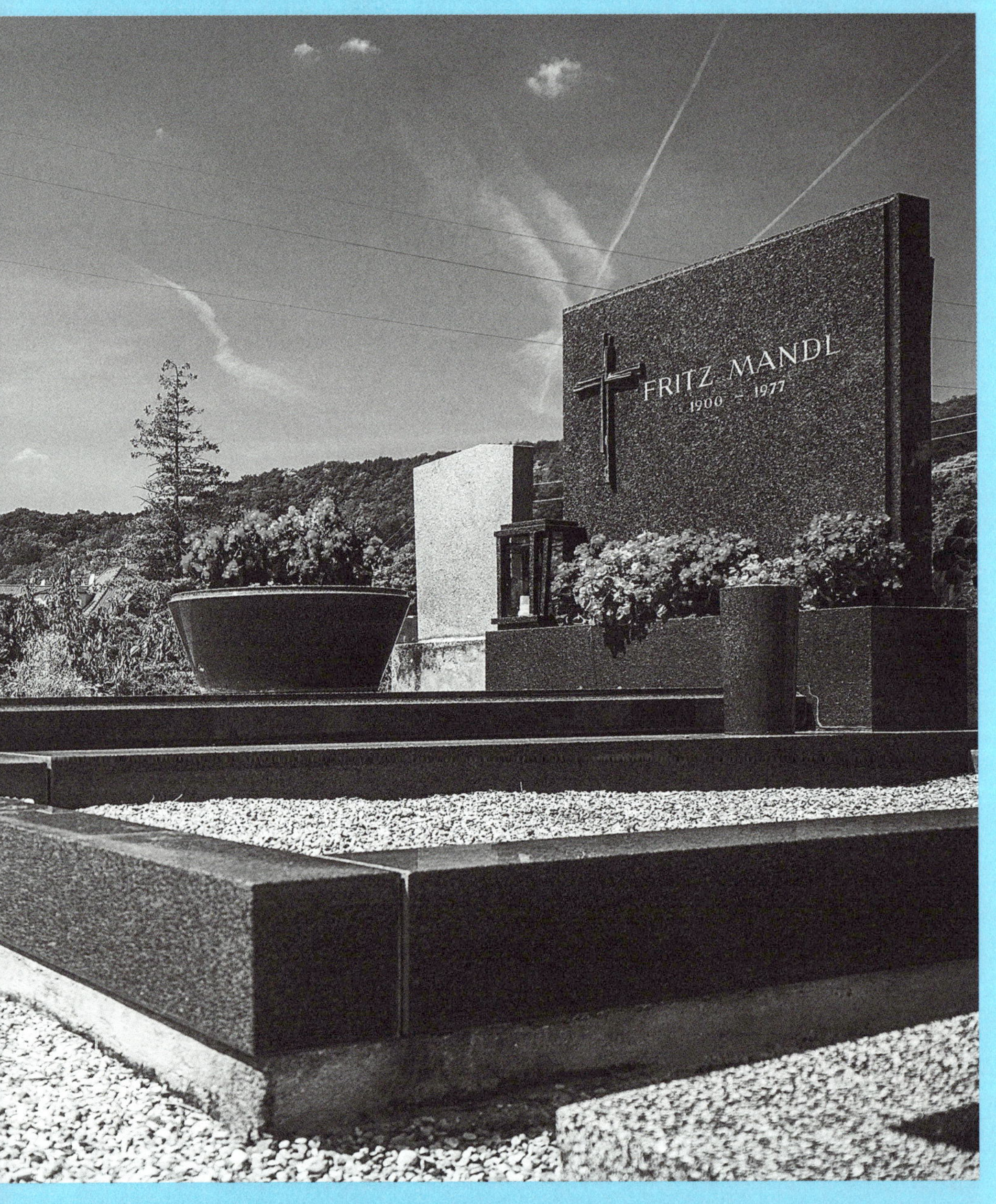


Die letzte Ruhestätte Fritz Mandls in Hirtenberg.
Sein Grab ist kaum zu übersehen.

gehabt, während der vor Eifersucht rasende Mandl beinahe den Eingang des Etablissements einschlug. Das Ganze habe ihr großen Spaß gemacht.

Dem halbseidenen Machwerk wurde das Vorwort eines Psychiaters vorangestellt, um dem Text einen in den 1960er-Jahren üblichen (pseudo-)wissenschaftlichen Anstrich zu geben – es war die Zeit der TV-Sex-Exegeten und der familienorientierten Aufklärungsbroschüren. Der weitschweifige Einführungsaufsatz will jedoch im Prinzip nur erläutern, dass Hedy Lamarr eine veritable Nymphomanin sei und sich ihr gesamtes Dasein von Kindheit an um sexuelle Begegnungen aller Art gedreht habe.

Mit solchen Bekenntnissen und Geständnissen wäre ihre Karriere als Leinwandstar in Hollywood ohnehin erledigt gewesen, auch wenn sie nicht zusätzlich noch über Kollegen aus der Filmbranche ausgepackt hätte. Über den als „Held in Strumpfhosen“ bekannt gewordenen Schauspieler Errol Flynn („Robin Hood“) schrieb Hedy, er sei sexsüchtig gewesen und habe in seinem Swimmingpool Sexorgien mit käuflichen Mädchen und Starlets gefeiert. Auch andere Kollegen bekamen ihr Fett ab, wie etwa C. B. DeMille, doch der war wenigstens schon 1959 verstorben.

Im Jahr 1967 fand sich „Ecstasy and Me“ auf allen wichtigen Bestsellerlisten, obwohl die professionellen Kritiken erwartungsgemäß eher verhalten waren. Hedy witterte trotz ihrer zur Schau getragenen Ablehnung der Autobiografie wieder ein Geschäft und wollte nun ein Parfum auf den Markt bringen, das sie – man ahnt es – „Ecstasy“ nennen wollte. Die Idee kam ihr, als Elizabeth Taylor einen eigenen Duft kreierte und da sie die nicht einmal 160 Zentimeter große Liz ohnehin nur für „a rather heavy little girl“ hielt, dachte sie wohl, was die Taylor kann, könne sie schon lang. Aber wie so oft hatten Hedys Geschäftsideen nicht wirklich Substanz und die Welt war gezwungen, auf den Hedy-Lamarr-Skandalgeruch zu verzichten.

Da sich Hedy in Hollywood von den Reportern gejagt fühlte, die wegen der Autobiografie nicht aufhörten, ihr nachzustellen, übersiedelte sie dauerhaft nach New York. Wie um alle Erwartungen der doch so ungeliebten Memoiren zu erfüllen, ging sie nun mit einem Produzenten von Sexfilmen aus. Sohn Anthony, der ebenfalls in New York lebte, war darüber „not amused“, insbesondere über einen Auftritt seiner zweifelsohne zugedröhnten Mutter, als sie ihm in schwarzen Netzstrümpfen, einem bunten Minirock und weißen Overknee-Stiefeln entgegenkam. Weiße Schuhe mit hohen Absätzen gelten generell als Kennzeichen von Frauen (und Männern), die in der Sexindustrie arbeiten. Doch vielleicht sah Hedy die Farbe gar nicht mehr, denn ihre Augen wurden immer schlechter und aus Eitelkeit weigerte sie sich, eine Brille zu tragen. Mitte der Siebzigerjahre war sie fast blind. Zusätzlich zu ihrer Medikamentenabhängigkeit machten ihr zwei schwere, altersbedingte Augenerkrankungen zu schaffen, Makuladegeneration und ein fortgeschrittener Grauer Star.

Das mittlerweile irrationale Gefühl das Gejagtwerdens dominierte weiterhin ihren Alltag und ihre New Yorker Wohnung verslumte immer mehr. Schmutz und Dreck fielen ihr wegen des Augenleidens nicht auf und besaßen somit auch kein Störpotenzial. Zugehfrauen ließ sie wegen ihres Verfolgungswahns nicht ins Apartment. Besucher kämen nur, um sie zu beklauen, erklärte Hedy ihrem Sohn. Zur „New York Times" sagte sie: „Ich gehe herum wie im Londoner Nebel." Anthony kümmerte sich schließlich darum, dass seine Mutter ihre Augen operieren ließ, diesmal aus rein medizinischen Gründen. Hedy vertrat die Ansicht, wenn sie schon ins Spital müsse, sollten auch gleich andere „Wehwehchen" beseitigt werden. Sie ließ sich die Stirn straffen und die Wangenknochen erhöhen. In „Ecstasy and Me" findet sich der denkwürdige Satz: „Mein Gesicht ist wie eine Maske, die ich nie entfernen kann. Ich muss ständig damit leben. Ich verfluche es."

Nach der Schönheits-OP wirkte Hedy Lamarrs Gesicht nun tatsächlich wie eine Maske. Sie sah „vollkommen" aus, wie eine computergenerierte Manga-Figur, furchterregend künstlich. Obwohl die Ärzte Hedys Augenlicht vorübergehend wiederherstellen konnten, verschlechterte sich ihre Sehfähigkeit später wieder. Als sie starb, war sie praktisch zur Gänze erblindet.

Doch nach der Augenoperation fühlte sich Hedy vorerst besser und voller Tatendrang. Um die Ecke wartete auch schon der nächste Skandal. Im Jahr 1974 verklagte Hedy Lamarr den Schauspieler und Regisseur Mel Brooks, weil er in seiner Westernsatire „Blazing Saddles" einen betulichen Gouverneur mit Namen „Hedley Lamarr" hatte vorkommen lassen. In mehreren Szenen korrigierte der meist mit „Mr. Hedy Lamarr“ angesprochene „Westernheld“ seine Gesprächspartner mit den Worten: „It's Hedley, not Hedy – see? My name is Hedley Lamarr.“ Worauf unweigerlich dröhnendes Gelächter folgte. Wegen „missbräuchlicher Verwendung“ ihres Namens wollte Hedy von Filmregisseur Brooks zehn Millionen Dollar Schadenersatz. Man einigte sich außergerichtlich. Mel Brooks bezahlte Hedy Lamarr 1000 Dollar.

Ein tieferer Fall war für einen ehemaligen Hollywood-Star ihres Formats kaum noch möglich.

## Family Affairs

In jenen schwierigen Jahren traf Hedy ein privater Schicksalsschlag. Ihre Mutter Trude Kiesler starb kurz nach ihrem 83. Geburtstag im Februar 1977. Die altersschwache Frau ertrank in der mit Schaumbad gefüllten Badewanne ihres Enkels Tony, bei dem sie oft wochenlang gewohnt und der sich vorbildlich um seine Großmutter gekümmert hatte. Die Wiener „Grannie“ war in seiner Kindheit viel präsenter gewesen als der dauerbeschäftigte Kinostar Hedy Lamarr. Mutter und Tochter Kiesler sahen sich schon seit Jahrzehnten kaum. Man muss Hedy zugutehalten, dass sie keine Mühen gescheut hat, um ihre Mutter aus dem nationalsozialistischen Wien zu retten. Doch nach Trudes Ankunft in den USA hatten die beiden Frauen kaum noch eine familiäre Beziehung. Gut möglich, das beide nicht wirklich der Typ dafür waren. Eine Generation später funktionierte das Zusammenleben wieder – ein Phänomen, das in Familien immer wieder zu beobachten ist. Welche Art von Zerwürfnis die unüberbrückbaren Differenzen zwischen Trude und Hedy ausgelöst hat, ist nicht bekannt. Es muss etwas Gravierendes gewesen sein, das lange zurücklag und über Trudes Tod hinaus anhielt, etwas, das Hedy nicht vergeben oder vergessen konnte. Bei der Beerdigung ihrer Mutter suchte man Hedy Lamarr vergebens. Hedys Sohn Tony berichtete, Hedy habe ihn später gefragt, warum er einen so teuren Grabstein für seine Großmutter gekauft hatte: „So viel war sie doch gar nicht wert“, sagte die Tochter über ihre Mutter. Tony war fassungslos.

Und Hedy wurde immer einsamer. Beide Eltern tot, ein Adoptivsohn verstoßen, zwei entfremdete Kinder, sechs geschiedene Ehen. Im Todesjahr ihrer Mutter starben ihr zeitweiliger Geliebter Charlie Chaplin und ihr erster Ehemann Fritz Mandl. Mandl wurde auf dem Friedhof Hirtenberg in einem der größten dort vorhandenen Gräber beerdigt. Von seinem Grab aus sieht man heute noch die alten Schlote der Hirtenberger Patronenfabrik.

Ein Jahr darauf konnte man vom Tod des Schauspielers Charles Boyer lesen, an dessen Seite Hedy in „Algiers“ weltbekannt wurde. Hedys zweiter Mann Gene Markey starb 1980, ebenso jener Mann, der sie in ihren Lebenskrisen immer wieder getröstet und mit Rose und Peitsche im Porträt verewigt hatte, der geliebte „Friend with Benefits“ Reginald Gardiner.

Das Leben nach der „schönsten Frau der Welt“ hatte endgültig begonnen.

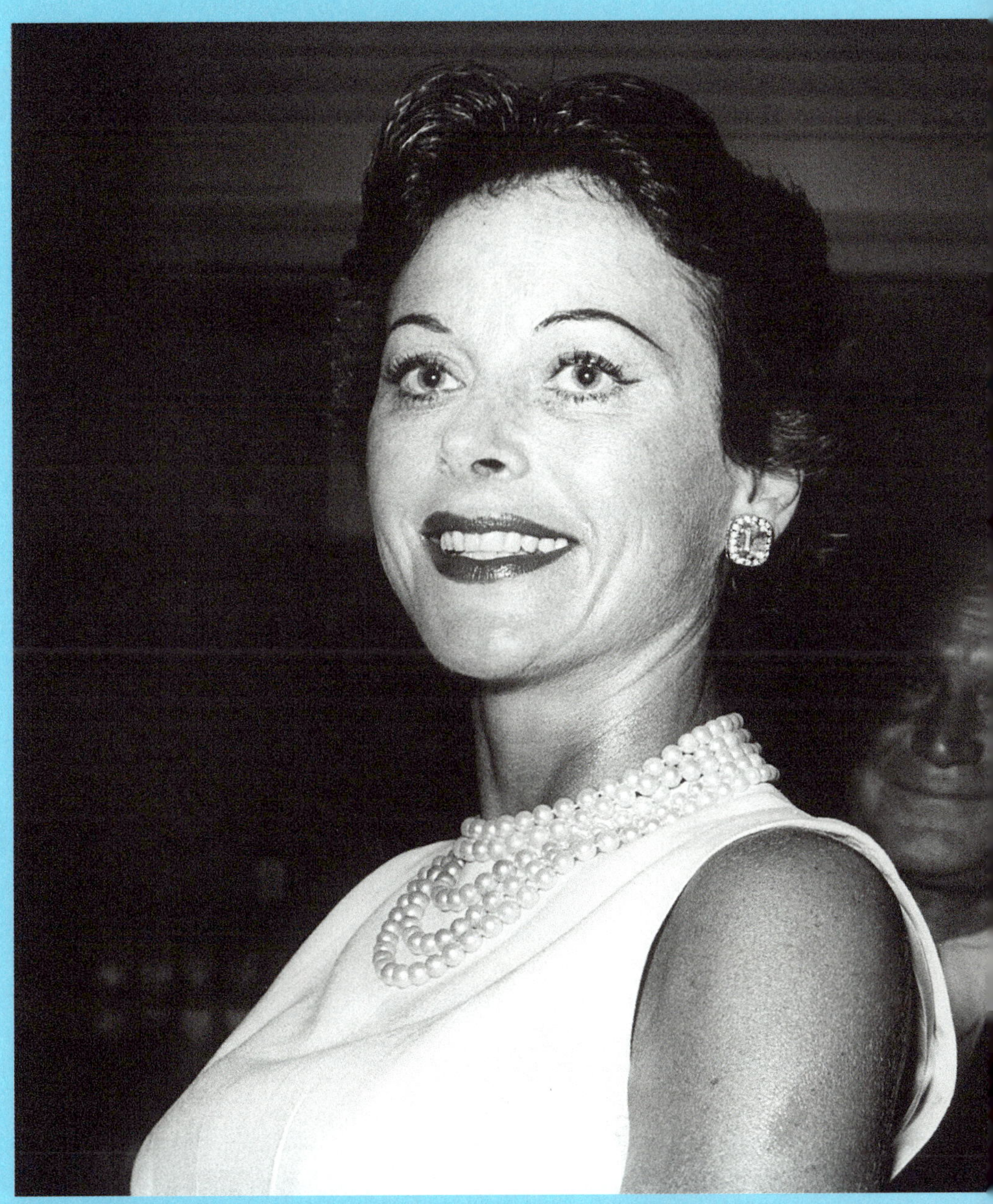

Hedy Lamarr ließ mehrere nicht immer zu ihrem Vorteil verlaufende kosmetische Eingriffe vornehmen. Um 1960 hatte sie längst keine Rollenangebote mehr.

# VIII „Bombshell“

## Vermächtnis

„Technologie ist für immer.“

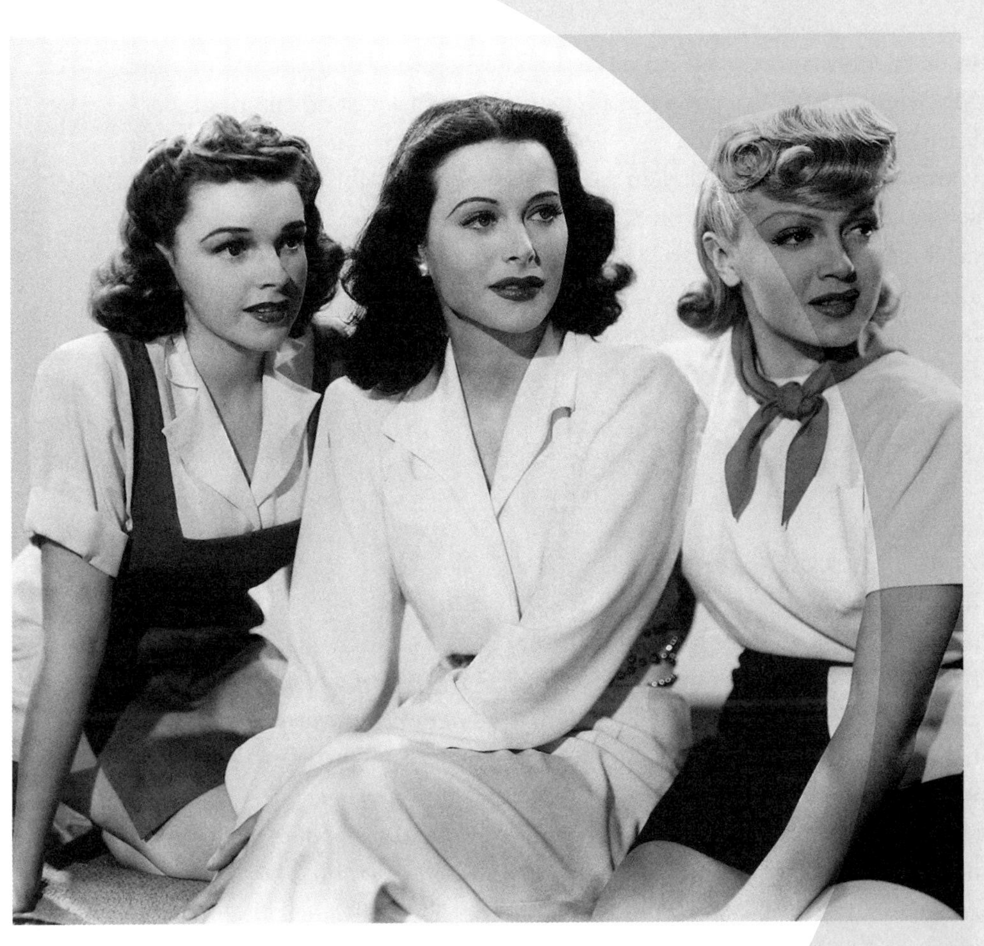

In der deutschsprachigen Ausgabe der 1867 gegründeten amerikanischen Modezeitschrift „Harper's Bazaar“ konnte man im Septemberheft 2018 lesen, dass der Hedy-Lamarr-Look wieder en vogue sei. Abgebildet waren mit Perlen und hellen Steinen besetzte Chanel-Ohrstecker, ein schwarzer Hosenanzug von Karl Lagerfeld, eine schwarze Abendhandtasche mit Federapplikationen, schwarz-silberne Tanzschuhe im Stil der 1930er-Jahre. Man liebe das Motto des Filmstars, hieß es in dem Werbeartikel für die Lamarr-Dokumentation „Bombshell“: „Any girl can be glamorous!“

## Das „Hedy-Project“

Zu Beginn des Films erfährt man dann, was Hedy tatsächlich in einem Interview gesagt hat: „Any girl can be glamorous! All you have to do is stand still and look stupid.“ Eine solche Aussage passt zur forschen Hedy, deren Mutter gemeint hatte, sie wäre besser als Bub zur Welt gekommen, dann hätte sie ihre Gaben besser nutzen können und das Leben wäre vielleicht einfacher für sie gewesen. Dass der glamouröse Superstar aus Wien über „verborgene Talente“ verfügt habe, berichteten zum Start des neuen US-Films über Hedy auch andere hauptsächlich an Leserinnen gerichtete Zeitschriften. In der „Grazia“ stand im August 2018, dass die „bildschöne Schauspielikone auch Technikpionierin und maßgeblich an der Erfindung des Frequenzsprungverfahrens, dem Vorreiter von WLAN und GPS, beteiligt“ gewesen sei.

Auf Deutsch heißt der genannte Film „Geniale Göttin. Die Geschichte von Hedy Lamarr. Ikone & Pionierin“. Dieser Titel geht etwas präziser auf den zu erwartenden Inhalt ein als der amerikanische Begriff „Bombshell“, der im Allgemeinen für (blonde) Sexbomben reserviert ist. „Blonde bombshell“ wird im Deutschen als „blondes Gift“ übersetzt, besitzt nur wenige feministische Konnotationen und bezieht sich meist auf die Ausstrahlung von Marilyn Monroe in der Wahrnehmung ihrer

S. 235: Die Hollywood-Schauspielerinnen Judy Garland, Hedy Lamarr und Lana Turner am Set von „Ziegfeld Girl“ („Mädchen im Rampenlicht“) (1941).

männlichen Fans. „Bombshell“ kann auch eine „Granate“, also ebenfalls eine sexuell sehr anziehende Frau mit gewissen horizontalen Fähigkeiten, beschreiben. Dass ein Film über Hedy Lamarr, der noch dazu über weite Strecken ihre Rolle als Erfinderin im Zweiten Weltkrieg thematisiert, unter dem Namen „Bombshell“ vermarktet wird, war gerade in der heutigen Zeit von „#metoo“ nicht (mehr) zu erwarten. Schon gar nicht, wenn man sich die Liste der Urheberinnen des Films ansieht, der fast ausschließlich von Frauen hergestellt wurde.

Die junge Filmregisseurin Alexandra Dean produzierte Filme und Serien für Bloomberg Television, darunter mehrere Sendungen über Innovationen und technische Erneuerungen. Sie sagte in einem Interview, durch diese Arbeit sei sie auf Hedy Lamarr aufmerksam geworden. Dass diese „auch“ Schauspielerin gewesen sei, habe sie anfangs gar nicht gewusst, denn sie stamme aus England „und dort gibt es keine Sender wie Turner Classic Movies, wo ich ihre Filme hätte sehen können“, so Alexandra Dean in der „Presse“ im September 2018. Ihr Ansatz sei gewesen, Hedy selbst ihre Lebensgeschichte erzählen zu lassen. Dean beschreibt sich selbst als eine kleine, ruhige Frau, die unbedingt Regisseurin werden wollte, was ihre Umgebung ihr nicht wirklich zutraute. Sie könne sich daher gut vorstellen, wie Hedy in den 1930er- und 1940er-Jahren für ihre Selbstverwirklichungswünsche habe kämpfen müssen. Nach langwierigen Recherchen und Gesprächen mit den wenigen noch lebenden Weggefährten der Schauspielerin stieß Dean 2016 auf ein Interview aus dem Jahr 1990, das als Grundlage für die am Anfang des Buches erwähnte Geschichte im Magazin „Forbes“ über Hedy Lamarr als Erfinderin gedient hatte. Die Tonaufnahme mit Hedy ist nie zur Gänze ausgestrahlt worden. Der Nachteil einer solchen Filmbasis liegt auf der Hand: So unterhaltsam es ist, der noch immer mit starkem Wiener Akzent durchsetzten englischen Erzählung Hedy Lamarrs zu lauschen – allzu leicht geht man den teilweise von Hedy und teilweise von ihren PR-Agenten erfundenen Geschichten und Mystifizierungen auf den Leim. Der Film „Bombshell“ bietet kaum Neues, hinterfragt die „Erfindung“ nicht und sitzt längst widerlegten Gerüchten auf, die Hedy in ihrem langen Leben in die Welt gesetzt hat, wie dass ihr Künstlername auf das Meer zurückzuführen sei, dass sie zu ihrer Darstellung in „Ekstase“ gezwungen wurde sowie dass sie kein Geld habe und von Sozialhilfe leben müsse.

Als Produzentin des Films scheint im Abspann die 1946 geborene US-Schauspielerin Susan Sarandon auf, die in Europa durch Ridley Scotts Frauen-Road-Movie „Thelma & Louise" berühmt geworden ist. Sie spielte die ältere der beiden Frauen, Louise, und fuhr in einer unvergesslichen Schlussszene ihr Ford-Thunderbird-Cabrio in den Abgrund des Grand Canyon. Einige Jahre später erhielt sie für ihre Rolle in „Dead Man Walking" 1996 einen Oscar. Susan Sarandon erzählte 2018 in einem Interview, dass sich in Hollywood seit Hedy Lamarrs Zeiten nicht wirklich viel geändert habe: „In meiner Branche werden das Aussehen und die sexuelle Ausstrahlung bewusst eingesetzt – es ist ein Teil von dem, was die Leute ‚kaufen', wenn sie dich engagieren." Sarandon erwähnte zweideutige Angebote, denen sie ausgesetzt gewesen sei, und beharrte darauf, wie wichtig es sei klarzumachen, dass man als Schauspielerin zwar Aussehen und Ausstrahlung verkaufen könne/müsse, aber: „Sie (die Männer im Business, Anm.) kaufen nicht dich." Mit dem der vielfachen Vergewaltigung und des Menschenhandels beschuldigten Hollywood-Produzenten Harvey Weinstein habe sie zahlreiche negative Erfahrungen gemacht, diese seien aber „nur" beruflicher und nicht übergriffiger Natur gewesen.

Die gelegentlich in diesem Zusammenhang erwähnte „Casting Couch" ließ Hedy Lamarr in ihrer Autobiografie folgendermaßen vorkommen. Ein solches Möbelstück finde sich in den Büros vieler Produzenten oder Regisseure. Sollte sich eine junge Schauspielaspirantin in einem Film wiederfinden wollen, wurde von ihr nicht selten erwartet, sich auf der Couch niederzulassen und mit dem männlichen Entscheidungsträger zu schlafen. Vielleicht wollte Hedy deswegen nicht in W. Howard Lees Büro gehen …

Manche Hollywood-Insider behaupten, die Besetzungscouch habe es sicher einmal gegeben, vielleicht in „grauer Vorzeit", üblich sei diese aber schon längst nicht mehr – wovon leider nicht auszugehen ist. Hedy schrieb, sie selbst habe „es" nie tun müssen, aber man habe sie oft gefragt: „Was passiert, wenn ein wichtiger Produzent Sie fragt, ob Sie mit ihm ins Bett gehen?" – „Ich würde ehrlich antworten und einfach ‚Nein' sagen", schrieb Hedy in ihrer Autobiografie. Sie berichtete weiter, zu ihrer Zeit habe es eine „Hinaufschlaf-Hierarchie" gegeben, die sich so abgespielt haben soll: „Pressemann, Schauspieler, Regisseur, Produzent, männlicher Hauptdarsteller. Man ist ein Star, wenn man mit allen Genannten in dieser Reihenfolge geschlafen hat. Geschmacklos, aber wahr", schloss sie ihre Aufzählung. Die bekannte Schauspielerin Natalie Wood, die aus armen Verhältnissen stammte, habe als 16-Jährige mit dem Produzenten und dem Regisseur geschlafen, um eine bessere Filmrolle zu erhalten.

Obwohl etwa 40 Jahre jünger als Hedy Lamarr, musste sich die US-Schauspielerin Debra Winger („Zeit der Zärtlichkeit") zu Beginn ihrer Karriere noch dieselben „guten" Ratschläge anhören, die Hedy ihr ganzes Schauspielerinnendasein hindurch zu ertragen hatte: Die Studiobosse fanden ihre Brüste zu klein. Sie stopfte daher bei jedem Vorsprechen ihren BH aus, um nicht ganz chancenlos zu sein.

Bis heute werden nirgends sonst auf der Welt so viele Schönheitseingriffe durchgeführt wie in den USA: Fast zwei Millionen ästhetische Operationen zählte man im Jahr 2017. Die dabei dominierende Zahl der Brustvergrößerungen stieg von 2016 auf 2017 noch einmal um drei Prozent auf über 300.000 an. Zum zwölften Mal in ununterbrochener Reihenfolge gab es somit in den Vereinigten Staaten die meisten künstlich vergrößerten Brüste.

Dass noch in den 1990er-Jahren (und wohl bis heute) weibliche Karrieren eng mit Nacktfotos oder hüllenlosen Auftritten auf der Leinwand in Verbindung stehen, zeigt eine Aussage der heute über 40-jährigen spanischen Schauspielerin Penélope Cruz. Sie berichtete im September 2018, dass sie in ihren Anfangsjahren „extrem pikanten Nacktszenen" hätte zustimmen sollen. „Ich solle mich doch nicht so anstellen, sagten die Filmleute. Ich habe aber Nein gesagt. Und bin bis heute stolz darauf."

## „Time's up"

Hollywood hält zahlreiche Hürden für Jungschauspielerinnen bereit. Hat „frau" die ersehnte Rolle endlich in der Tasche, folgt in Gestalt der Honorarverhandlungen schon die nächste zu überwindende Herausforderung. Bis heute klafft die Schere zwischen den Gehältern männlicher und weiblicher Hollywood-Darsteller weit auseinander. Star-Schauspielerin Michelle Williams („Brokeback Mountain“) musste 2018 monatelang um die von ihr gewünschte Gage verhandeln, ehe sie einen neuen Vertrag für eine US-Miniserie unterschrieb. Sie setzt sich seit Langem für eine gleichberechtigte Bezahlung ein, aus gutem Grund. Für einen Nachdreh zum Film „Alles Geld der Welt“ bekam sie nicht ganz 1000 Dollar. Ihr Co-Star Mark Wahlberg („Ted“) erhielt für den Extraaufwand 1,5 Millionen Dollar.

Im Jahr 2018 war laut „Forbes“ Scarlett Johansson („Lost in Translation“) die bestverdienende Frau in Hollywood (ca. 40 Millionen Dollar pro Jahr). Auf den Plätzen folgen Angelina Jolie und Jennifer Aniston. Beiden Frauen ist es gelungen, ihre Löhne konstant zu halten, obwohl sie mittlerweile den schwierigen 40. Geburtstag um mehrere Jahre überschritten haben. In der jüngeren Generation der Hollywood-Schauspielerinnen dominiert derzeit Emily Blunt („A Quiet Place“), sie verdiente 2018 zwar fast 13 Millionen Dollar. Doch im Vergleich mit den männlichen Kollegen schneidet sie schlecht ab: Ryan Reynolds Gage lag jüngst bei 27 Millionen Dollar, wie die „Grazia“ im Mai 2019 zu vermelden wusste.

Die Gehälter der Männer bewegen sich also weiterhin in einem deutlich hoheren Segment; an der Spitze liegt momentan George Clooncy mit einem Jahreseinkommen von geschätzten 239 Millionen Dollar – wobei ein Großteil dieses Salärs auf den Verkauf seiner Tequilamarke zurückzuführen ist und nicht auf einträgliche Filmrollen. Scarlett Johansson ist überhaupt die einzige Frau unter den zehn bestverdienenden Filmstars. Im Jahr 2017 suchte man einen weiblichen Namen in den Top Ten noch vergeblich. Obwohl die Filmstudios seit Jahrzehnten Besserung geloben – hier ist für Frauen noch viel Luft nach oben.

Für ihre Rolle im Film „My Favourite Spy“ (1951), einem klamaukigen „James-Bond-Vorläufer“, wie Hedy Lamarr vollmundig Auskunft gab, erhielt sie 125.000 Dollar – nach dem Welterfolg als „Delilah“, wohlgemerkt. Ihr „Leading Man“ Bob Hope bekam die für ihn damals üblichen 150.000 Dollar, ohne Debatten und ohne Probleme. Fast schon unnötig zu erwähnen, dass Hedy für ihre 125.000 Dollar Gage selbstredend kämpfen musste.

Der einzige Beruf, in dem Frauen mehr verdienen können als Männer, ist der des High-Fashion-Models – eine Profession, in der es einzig und allein auf das Aussehen und die Außenwirkung einer Person ankommt. Als Model in Paris begann die damals 15-jährige Deutsche Diane Heidkrüger ihre Karriere, bevor sie Schauspielunterricht nahm und mit geändertem Namen als Diane Kruger in Hollywood Fuß fassen konnte. Die „schöne Helena" aus dem modernen Sandalenepos „Troja" outet sich in „Bombshell" als Hedy-Lamarr-Fan. Sie wurde wohl wegen ihres – kaum hörbaren – deutschen Akzents eingesetzt, liest sie doch immer wieder aus Briefen vor, die Hedy Lamarr an ihre Mutter geschrieben hat. Manche Dinge würden immer gleichbleiben, meint Diane Kruger, als sie über Hedys erste Ehe mit dem Waffenbaron Fritz Mandl spricht. Die junge Wienerin habe wohl in erster Linie als „Arm-Candy" gedient und man könne heute ebenfalls vielerorts sehen, wie sich vermögende Männer mit viel jüngeren, schönen Frauen schmücken. Diane Krugers Gesichtsausdruck nach zu urteilen kann sie vielleicht auf eigene Lebenserfahrungen in dieser Richtung zurückblicken. Dass Hedy die Bewunderung Mandls zumindest zu Beginn ihrer Beziehung wohl gefallen und geschmeichelt hat, vergisst Kruger nicht zu erwähnen. Gerade bei Hedy Lamarr, die fast ihr ganzes Selbstwertgefühl aus ihrer sexuellen Anziehungskraft auf Männer geschöpft hat, ist dies als wichtiger Punkt anzusehen und sollte daher nicht ungesagt bleiben. Extrem polygame Menschen wie Hedy oder auch Marlene Dietrich waren, obwohl (weil?) immer in Gesellschaft von Männern, sehr einsam. Das Gefühl der Einsamkeit nährte sich aus dem des Unverstandenseins. Man bemerkt in den Worten von Diane Kruger, wie verunsichert Hedy Lamarr ein Leben lang war und wie sehr die Selbstzweifel an ihr nagten.

Überhaupt hat Kruger zwar nur wenige und eher kurze Auftritte im Film „Bombshell", doch sind ihre Analysen sehr treffend. Ihr Eindruck von Hedy sei der einer Frau, die ihre eigene Wahrheit kreiert und ihre eigene Geschichte und Realität konstruiert habe. Das sei es, was sie an Hedy Lamarr besonders faszinierend finde. Diese Aussage Krugers „rettet" den Film, denn behält man Hedys Neigung zu problematischen „alternativen Fakten" im Hinterkopf, ist „Bombshell" durchaus empfehlenswert. Es geht zentral um die Frage: „Wie erschaffe ich mir (m)eine Wirklichkeit?“

Als würde Hedys Auseinandersetzung mit der geheimen Kommunikation und den Frequenzsprüngen noch nicht ausreichen, weist der Film auf zusätzliche Erfindungs-Highlights aus Hedys Schatzkästchen hin. So habe sie, ebenfalls im Zweiten Weltkrieg, einen Cola-Würfel erfinden wollen, den man in ein Glas Wasser werfen sollte, um den beliebten Softdrink an jedem gewünschten Ort genießen zu können. Die Cola-Brausetablette war für Soldaten im Zelt gedacht oder für Fabriksarbeiterinnen und -arbeiter, sagte Hedy, denn diese hätten ja nicht jederzeit Zugang zu Limo-Flaschen und sie habe die Absicht, mit der Würfelidee deren Leben zu erleichtern. Die „Cola-Cubes“ wurden nie hergestellt.

## „The f***ing fabulous Aviator“

Besondere Aufmerksamkeit widmet „Bombshell“ der Freundschaft zwischen den beiden exzentrischen Charakteren Hedy Lamarr und Howard Hughes. Der leidenschaftliche Filmemacher und geradezu besessene Flugzeugkonstrukteur Hughes wurde in Martin Scorseses Biopic „Aviator“ (2004) von Leonardo DiCaprio dargestellt, seine langjährige Geliebte, die selbstbewusste, fast immer Hosen tragende Katharine Hepburn, spielte Cate Blanchett. Hepburn stammte aus einem liberalen Umfeld, ihre Mutter hatte sich für die Emanzipationsbewegung und für Geburtenkontrolle stark gemacht. Zu Männern, die Frauen in Röcken bevorzugten, sagte Katharine Hepburn: „Versuch's mal! Versuch mal, in einem Rock herumzulaufen!“

Der mit viel Liebe zum Detail (Interieurs, Mode) gedrehte Scorsese-Film zeigt anfangs den kleinen Howard in einem Wasserschaff stehend, während er von seiner Mutter mit bedrohlichen Ermahnungen zu Reinlichkeit angehalten wird. Ein unüberwindbarer Waschzwang, angeborene Schwerhörigkeit sowie spätere Medikamentensucht charakterisierten das abenteuerliche Leben des Fliegers, der 1976 in einem sich in der Luft befindenden Flugzeug an Nierenversagen starb. Seine Finger sollen mit Zellophanfolie umwickelt gewesen sein. In den 1940er-Jahren schloss sich der als reicher Erbe aufgewachsene Multimillionär Hughes wochenlang in einem Kinosaal ein, um ununterbrochen Filme zu schauen. Auf Waschen und Körperpflege habe er in dieser Zeit verzichtet, seine Fingernägel sollen sehr lang gewachsen sein. Umgeben war er von unzähligen Boxen voller Papiertücher („Kleenex"). Howard Hughes galt als Playboy, der häufig in wechselnder Begleitung der schönsten und begehrtesten Filmschauspielerinnen gesehen wurde. Zu ihnen gehörte Hedy Lamarr, die später behauptete, Hughes' berühmte Konstruktion, das riesige Flugboot „Spruce Goose" (Hughes H-4 Hercules), sei in Wirklichkeit nach ihren Vorschlägen gebaut worden. Hughes habe davon gesprochen, das schnellste Flugzeug der Welt konstruieren zu wollen, welches er dann der US-Airforce zwecks Einsatzes im Zweiten Weltkrieg zu verkaufen gedenke. Der Himmel gehöre ihm, sagt Howard Hughes im Film „Aviator".

Fast schon überflüssig zu erwähnen, dass die Supermaschine erst nach Ende des Krieges fertig wurde und außerdem nur als Prototyp vorhanden ist. Serienmäßig produziert wurde das Luftgefährt nie. Hedy Lamarr wollte sich zusammen mit Howard Hughes seine Flugzeugfabrik ansehen – einst durfte sie als Madame Mandl trotz Interesses die Hirtenberger Patronenfabrik nicht besuchen. Fritz Mandl war der Meinung, sie würde nur die Werktätigen ablenken. Vom gemeinsamen Ausflug mit Hughes inspiriert, kaufte Hedy, wie sie berichtete, zwei Bücher: eines über die schnellsten Vögel und eines über die schnellsten Fische. Man müsse nur, erläuterte sie dem gespannten Hughes, den Körper des schnellsten Fisches mit den Flügeln des schnellsten Vogels kombinieren. Howard Hughes habe die Logik dieses Vorschlags sogleich eingeleuchtet. „Hedy, you are a genius", habe er begeistert zu ihr gesagt. Überhaupt sei der Flugzeugexperte brillant und „fabulous" (Hedy) gewesen – und – genauso wie sie – vollkommen missverstanden.

So sehr sie voll des Lobes war für ihren zeitweiligen Freund – es gab auch ein Gebiet, das der waghalsige Flieger nicht mustergültig beherrschte. Er sei der schlechteste Liebhaber gewesen, den sie je hatte, plauderte Hedy unverdrossen aus. Vielleicht ließ er deswegen um viel

Geld eine Gummipuppe nach Hedys Aussehen und ihren Maßen herstellen, um dem Vorbild aus Fleisch und Blut weitere Enttäuschungen zu ersparen. Denn Hedy hatte seinen Heiratsantrag abgelehnt. In ihren Memoiren beschreibt sie ihren Schrecken, als sie das Fetisch-Objekt erstmals zu Gesicht bekam. Die Puppe habe rot lackierte Finger- und Zehennägel gehabt und auch die Brüste hätten in ihrer Akkuratesse ganz den ihren entsprochen. Hughes – in der Autobiografie erscheint er unter einem Pseudonym – habe ihr die Puppe mit den Worten „Meet Hedy the Inferior" vorgestellt. Sie könne „alles, was Hedy auch kann, außer sprechen" – was seiner Ansicht nach durchaus ein Pluspunkt sei. Hedy schrieb, sie sei sprachlos gewesen.

Auch nach dem Tod des ziemlich durchgeknallten Hughes und allen Misserfolgen zum Trotz gab die alte Hedy ihre Lust am Erfinden nicht auf. Ihren über 80 Lebensjahren gemäß erfand sie Ende des 20. Jahrhunderts eine Einstiegshilfe für Badewannen, wie sie ältere Leute gut gebrauchen könnten, meinte sie. In die Packung integrierte, aufklappbare Behältnisse für gebrauchte Kleenex gehörten ebenfalls zu ihren Projekten – das wäre durchaus etwas für den vom Sauberkeitszwang geplagten Howard Hughes gewesen. Dann hatte sie noch Ideen für „intelligente" Verkehrsampeln, ein Hundehalsband, das im Dunkeln leuchten sollte, und – vielleicht wieder im Gedenken an Hughes: verbesserte Designs für Düsenjäger.

Keine ihrer „Erfindungen" wurde je umgesetzt.

Wäre Hedy Lamarr nicht eine so weit über dem Durchschnitt liegende Schönheit gewesen, würde sich höchstwahrscheinlich auch heute noch niemand für ihre mehr oder weniger bahnbrechenden Leistungen auf dem Gebiet der Technik interessieren. Alexandra Dean und Susan Sarandon nannten ihren ambitionierten Film schließlich „Bombshell"; und nicht „Inventress". Auf dem schwarz-weiß gehaltenen Filmplakat sieht man die junge Hedy mit rot eingefärbten Lippen und Nerzjäckchen. So desillusionierend es klingen mag: Sie wird immer eine Frau bleiben, die aufgrund ihres Aussehens und umwerfenden Sex-Appeals weltweit Berühmtheit erlangt hat. Dass der Tag der Erfinderinnen und Erfinder im deutschsprachigen Raum an ihrem Geburtstag gefeiert wird, ist vor allem ein Schlag ins Gesicht all jener Frauen, die sich ernsthaft und wissenschaftlich fundiert auf (noch immer) männlich dominierten Gebieten wie Mathematik, Physik, Chemie und Technik im weitesten Sinn hervorgetan haben.

## Lise Meitner anyone?

Die ebenso in Wien geborene Physikerin Lise Meitner hat einige Gemeinsamkeiten mit Hedy Lamarr aufzuweisen. Auch sie stammte aus einer jüdischen Familie und wie Hedy lebte die noch im 19. Jahrhundert geborene Lise länger in Berlin, wo ihr eine beispiellose Karriere gelang. Meitner war die erste Universitätsassistentin in Preußen, eine der ersten Physikprofessorinnen in Berlin und die zweite der drei Physikerinnen, die sich vor dem Zweiten Weltkrieg in Deutschland habilitierten. Sie leitete ihre eigene Abteilung am Kaiser-Wilhelm-Institut für Chemie in Berlin-Dahlem und bewohnte die dortige Direktorenvilla. Von Albert Einstein wurde sie „unsere Madame Curie" genannt. Dass sie bereits seit 1908 protestantisch getauft war, schützte sie vor den Nationalsozialisten ebenso wenig wie die versuchten Interventionen ihrer Kollegen Max Planck und Otto Hahn. Die Lehrbefugnis wurde ihr entzogen. Im Juli 1938 gelang ihr die riskante Flucht über die Niederlande und Dänemark nach Schweden. Dort erhielt die Forscherin eine befristete Stelle am Nobelinstitut. Um ihren Erfolg wurde sie betrogen. „Mein ureigenstes Leben hat den Inhalt = Null", schrieb die 60-Jährige an eine Freundin. Das stimmte nicht ganz, denn ihre wichtigste wissenschaftliche Entdeckung gelang Lise Meitner zusammen mit ihrem Neffen Otto Robert Frisch im Winter 1938. Die beiden fanden die theoretische Erklärung der Kernspaltung.

Im Vergleich zu Hedys kometenhafter Karriere in Hollywood hatte Lise Meitner das Nachsehen. 48-mal wurde sie zwar für verschiedene Nobelpreise (Physik und Chemie) vorgeschlagen, bekommen hat sie die Auszeichnung aber nie. Ihr „Problem" war tatsächlich das „falsche" Geschlecht. Lise Meitner starb wie Hedy Lamarr im Ausland. Die Wiener Pionierin der Kernspaltung beendete ihr beinahe hundertjähriges Leben im britischen Cambridge.

Wenigstens gibt es seit dem Jahr 2000 den „Lise-Meitner-Preis", der alle zwei Jahre von der Europäischen Physikalischen Gesellschaft mit Sitz in Frankreich verliehen wird. Eine Frau befand sich erst ein einziges Mal unter den Preisträgern. Der 2018 von der Stadt Wien erstmals ausgelobte „Hedy-Lamarr-Preis" wird hingegen ausschließlich an Wissenschaftlerinnen für Leistungen im Bereich der Informationstechnologien vergeben. Im Beisein von Hedy Lamarrs bei solchen Ehrungen allgegenwärtigem Sohn Anthony Loder erhielt die studierte Pädagogin und Psychologin Verena Fuchsberger-Staufer aus Salzburg im Oktober 2018 als Erste die Auszeichnung. „Leider kann ich heute nicht bei Ihnen sein, weil sich eine junge Dame dazwischendrängte", ließ die frischgebackene Preisträgerin damals per Videobotschaft verlauten. Sie war nur wenige Stunden vor ihrer Bekanntgabe als Geehrte Mutter einer Tochter geworden.

Viele Zeitungen berichteten über den neu geschaffenen IT-Preis für Frauen und den Besuch des Lamarr-Sohnes in Wien. Hochemotional, wie es seine Art ist, erläuterte Anthony Loder unter Tränen im Hotel Imperial: „Meine Mutter war ihrer Zeit voraus, doch niemand nahm sie ernst. Daran ist sie zerbrochen!" Im Marmorsaal des Luxushotels sei auch die junge Hedy Kiesler öfter gesessen, so der mit einem Cowboyhut ausstaffierte Loder weiter: „Es ist so berührend zu wissen, dass sie hier war! Sie war im Herzen immer Wienerin. Ich freue mich so sehr, dass ihr sie weiterleben lasst! Ihr vergesst sie nicht. Nicht nur wegen ihrer Schönheit, sondern auch wegen dem, was sie geleistet hat. Die Wissenschaft war immer ihre große Leidenschaft", verkündete Loder. Offenbar hat der Senior aus Amerika bei seiner Wiener Stippvisite auch beim Lugeck vorbeigeschaut und sich an einen alten Wunsch seiner verkannten Mutter erinnert: „Gutenberg hat eine Statue in Wien, weil er die Verbreitung von Worten als Buch möglich gemacht hat. Warum hat meine Mutter keine Statue? Sie hat es möglich gemacht, das digitale Wort zu verbreiten!"

Für die Wiener Kulturstadträtin Veronica Kaup-Hasler ist der Hedy-Lamarr-Preis nicht zuletzt ein Instrument der Sichtbarmachung von Frauen in den Feldern der männlich dominierten technischen

Wissenschaften. „Frau Fuchsberger-Staufer, die Informatik und Sozialwissenschaften in ihrer Arbeit zu verbinden sucht, ist ein Role-Model für junge Mädchen", verlieh die Politikerin ihren Hoffnungen Ausdruck.

Und so passiert es alle paar Jahre wieder, dass die Wiener Ikone Hedy Lamarr in die Schlagzeilen kommt, ob wegen einer Preisverleihung, einer Ausstellung oder eines Films. Gerade ihre glamourösen Film-Looks sind nie wirklich aus der Mode gekommen und werden beständig neu interpretiert. Jüngst griff der soeben nominierte Designer von Escada, Niall Sloan, für seine A/W-Kollektion 2019/20 auf den Stil der ihn faszinierenden Frau zurück. Mit glitzernden Pailletten und Silhouetten der 1930er-Jahre, grafischen Prints, Faltenröcken und bestickter Abendmode versucht er gerade, dem etwas in die Jahre gekommenen deutschen Label frischen Esprit einzuhauchen. Man sah sogar mit mathematischen Formeln verzierte Jersey-Kleider. Sloan erklärte zu seinen Designs, er wolle „die zwei Seiten von Hedy Lamarr ins Textil übersetzen". Für ihn verkörpere die österreichisch-amerikanische Filmschauspielerin mit ihrer Feminität und ihrer zielstrebigen Unabhängigkeit genau die Vielschichtigkeit, die auch die Escada-Kundinnen auszeichnen würde. „Was ich an Hedy liebe, ist, dass man in einer Person den Inbegriff von Glamour und diesen Geist findet. Warum sollte jemand, der einen unglaublichen Intellekt hat, nicht schön sein, nicht glamourös? Wenn man ihr Raum gegeben hätte, sie selbst zu sein, ist kaum vorstellbar, wie viel mehr sie noch hätte tun können", meinte der Modedesigner über seine Muse. Solche Worte hätten Hedy zugesagt.

Das Stück von Peter Turrini im Theater in der Josefstadt vielleicht weniger. Im Jahr 2017 konnte man dort Hedy Lamarrs Rückkehr auf die Bühne erleben. Kammerschauspielerin Sandra Cervik spricht in ihrer Rolle als Hedy die denkwürdigen Worte:

*„Ich bin die schönste Frau der Welt.*
*Ich bin eine große Erfinderin.*
*Wenn jemand mein Leben erfindet, dann bin ich es."*

Das Stück heißt „Sieben Sekunden Ewigkeit".

Sieben Sekunden dauerte der Take, in dem Hedy Kiesler nackt in einem Film zu sehen war, der ihr gesamtes Berufs- und Privatleben bestimmt hat. Es war gleichzeitig mit großem Abstand ihr bester Film. Ein beinahe feministisch zu nennender Film, der die Story aus der

Perspektive der weiblichen Hauptfigur erzählt, die aktiv aus verschiedenen Lebensentwürfen auswählt. Und sich nimmt, was sie will. Ein Film, der Frauen ein Recht auf ihre eigenen Entscheidungen und eine eigenständige Sexualität zugesteht. Ein Film, der für Hedwig Kiesler so wichtig war, dass sie den Namen ihrer Filmfigur, Eva, als zusätzlichen Vornamen annahm.

Ein Film, der von Hollywood-Normen sehr weit entfernt war.

„Ekstase" blieb Hedy Lamarrs Schicksal.

Danke, Hedwig Eva Maria Kiesler.

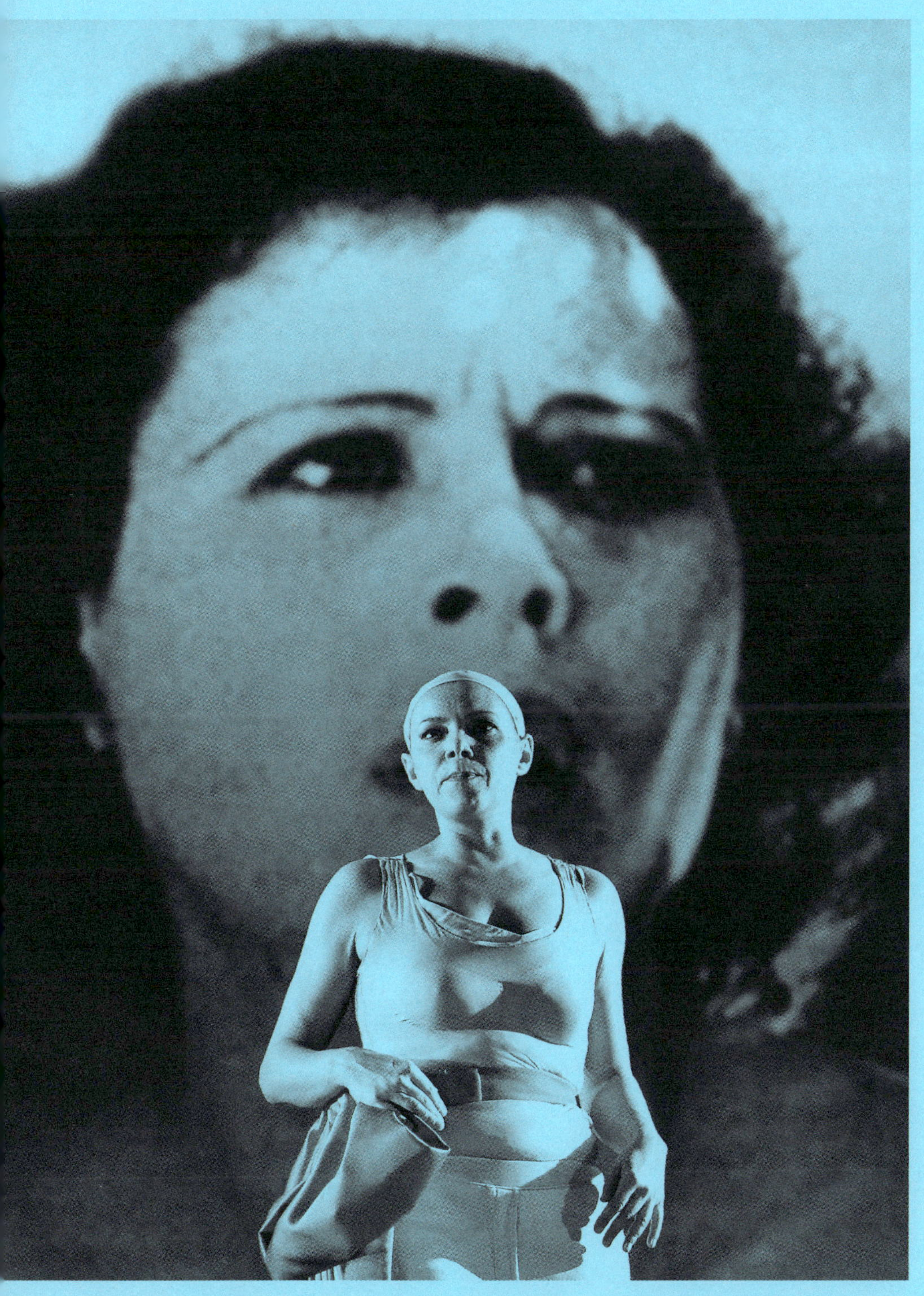

Kammerschauspielerin Sandra Cervik als alternde Hedy Lamarr im Theater in der Josefstadt. Im Hintergrund ein Szenenfoto mit Hedy Kiesler in „Ekstase".

# Abspann

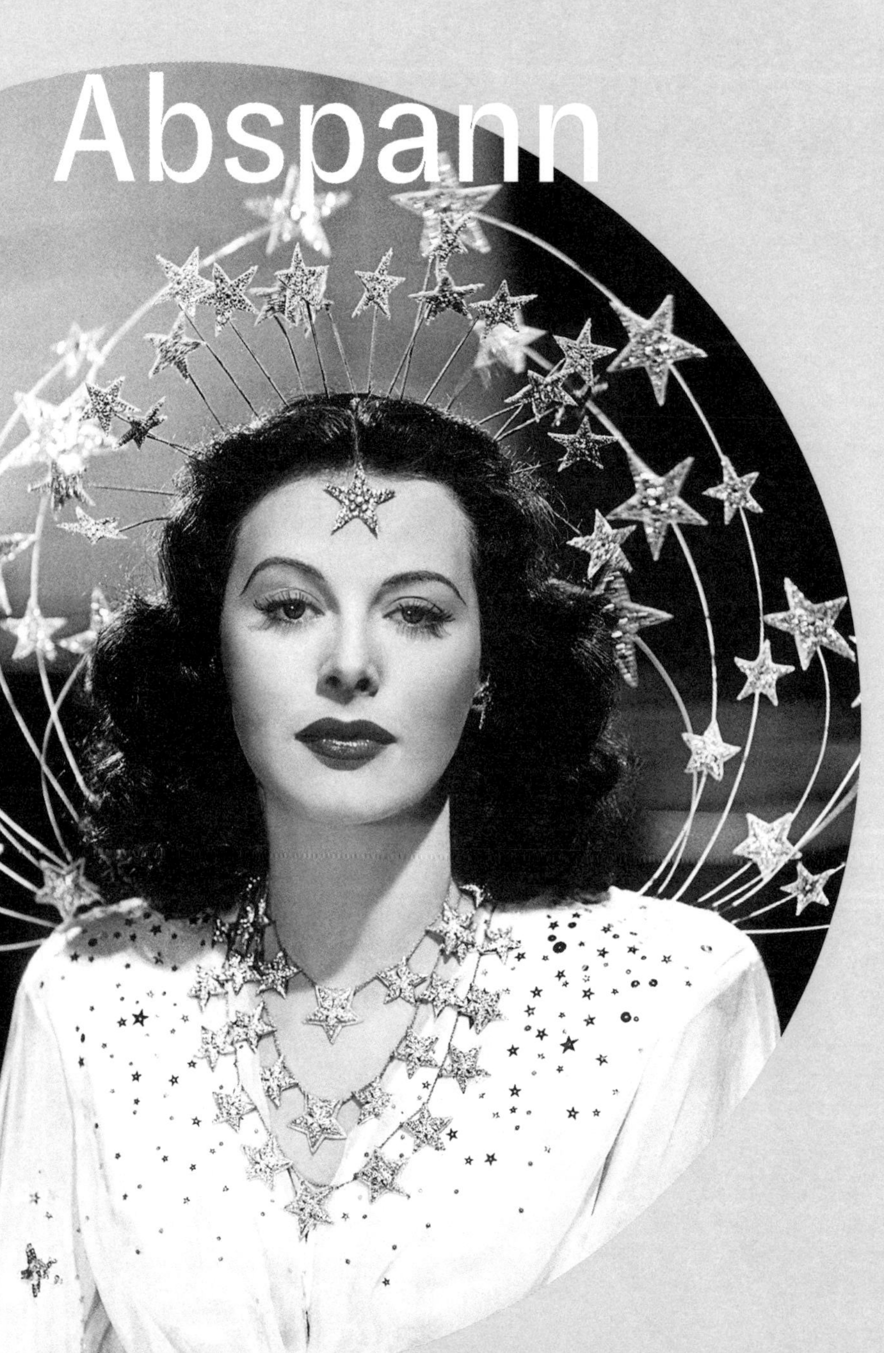

Das englische Wort „Glamour" geht auf den schottischen Ausdruck „gramarye" zurück und bedeutet „Zauber" oder „Zauberspruch" im vorchristlichen Sinn. Im Werk des schottischen „Nationaldichters" Sir Walter Scott (1771–1832) steht das Wort für „magische Schönheit, bezaubernde Ausstrahlung", also für etwas, das nur in der Einbildung des Betrachters existiert, hervorgerufen durch die okkulte Handlung einer „Hexe" oder eines „Magiers". Der Ausdruck steht auch in Zusammenhang mit der Nekromantie, also der Totenbeschwörung – in vielen alten Kulturen das größte aller denkbaren Verbrechen.

„Glamour" existiert nur in der Fantasie. Oder im Film. Die Celebrity-Kultur erfand den Glamour, um dem Publikum eine Illusion vorzugaukeln, einen Zaubertrick oder eine Sinnestäuschung – den „schönen Schein" weitab vom schnöden Sein. Die Magie des Glamours – wer könnte sie besser verkörpern als Hedy Lamarr? „You stepped out of a dream …"

li.: Hedy Lamarr („Ziegfeld Girl") zwischen „Königin der Nacht" und Franz Xaver Winterhalters „Sisi" als Inbegriff des 1940er-Jahre-Glamours.

# Verwendete Literatur

George Antheil: Bad Boy of Music, Hamburg 2000

Ruth Barton: Hedy Lamarr. The Most Beautiful Woman in Film, Lexington 2010

Jochen Förster/Anthony Loder: Hedy Darling. Hollywood-Ikone, Technik-Pionierin, gefallener Stern. Das filmreife Leben der Hedy Lamarr, erzählt von ihrem Sohn, Hollenstedt 2012

Rena Giefer/Thomas Giefer: Die Rattenlinie. Fluchtwege der Nazis. Eine Dokumentation, Königstein 1992

Anton Holzer/Frauke Kreutler (Hg.): Trude Fleischmann. Der selbstbewusste Blick, Ausstellungskatalog des Wien Museums, Berlin 2011

Ernst Klee: Persilscheine und falsche Pässe. Wie die Kirchen den Nazis halfen, Berlin 1991

Volker Kutscher: Der nasse Fisch, Köln 2008

Hedy Lamarr: Ecstasy and Me. My Life as a Woman, Fawcett Crest 1967

Viktoria Lehner: Das Leben der Hedy Lamarr. Kindheit und Karriere, München 2017

Tomás Eloy Martínez: Santa Evita, Frankfurt am Main 2010

Tomás Eloy Martínez: Der General findet keine Ruhe, Frankfurt am Main 2015

James Monaco: Film verstehen. Kunst, Technik, Sprache, Theorie und Geschichte des Films und der Medien, Reinbek bei Hamburg 1985

Ignacio Montes de Oca: El Fascismo Argentino. La Matriz Autoritaria des Perónismo, o.O. 2018

Josef Mötz: Hirtenberger AG. Die ersten 150 Jahre, Festschrift anlässlich des Firmenjubiläums 2010, Wien 2010

Joseph A. Page: Perón. Una biografia. Estudios de Politica Exterior, Buenos Aires 2005

Ursula Prutsch: Eva Perón. Leben und Sterben einer Legende, München 2015

Richard Rhodes: Hedy's Folly. The Life and Breakthrough Inventions of Hedy Lamarr, the Most Beautiful Woman in the World, New York 2012

William Roy/Sylvain Dorange: Hedy Lamarr. An Incredible Life (Graphic Novel). Los Angeles, 2018

Ann Saddlemyer: William Butler Yeats, George Antheil, Ezra Pound. Friends and Music. In: Studi Irlandesi/A Journal of Irish Studies, Nr. 2/2012, Florenz, S. 55–71

Stephen Michael Shearer: Beautiful. The Life of Hedy Lamarr, New York 2010

Nadine Sieger: Coco Chanel. Paris der 1920er und das bewegte Leben einer Modeikone, Freiburg/Basel/Wien 2018

Emmerich Tálos/Wolfgang Neugebauer (Hg.): Austrofaschismus. Politik, Ökonomie, Kultur 1933–1938, Wien 2012

Peter Turrini: Sieben Sekunden Ewigkeit. Ein Spiel, Innsbruck 2017

Stefan Zweig: Die Welt von Gestern. Erinnerungen eines Europäers, Frankfurt am Main 1982

Verschiedene Zeitungen und Zeitschriften der 1930er- bis 1950er-Jahre (ÖNB, Datenbank „ANNO")

Bestände zu Hedy Lamarr im Filmmuseum und Filmarchiv, Wien

Materialien zu Hedy Lamarr aus dem Multimedialen Archiv des ORF, Wien

## Filme über Hedy Lamarr

Calling Hedy Lamarr, Regie: Georg Misch, 2004

Hedy Lamarr. Geheimnisse eines Hollywood-Stars, Regie: Donatello und Fosco Dubini, 2006

Bombshell. The Hedy Lamarr Story, Regie: Alexandra Dean, 2018

# Bildnachweis

S. 2: ÖNB/Hielscher

S. 5: ullstein bild/Ullstein Bild/picturedesk.com

S. 8, 13, 60, 80, 92, 152, 155, 158, 173, 174: Fotosammlung/Ronald Butler's Hedy Lamarr Collection im Österreichischen Filmmuseum, Wien

S. 17, 73, 76, 195, 212: Ullstein Bild/picturedesk.com

S. 25: https://patents.google.com/patent/US2292387

S. 33, 179: akg-images/picturedesk.com

S. 40: Alexander Tuma/picturedesk.com

S. 45: Scherl/SZ-Photo/picturedesk.com

S. 49, 51: AP1942/AP/picturedesk.com

S. 55, 67 o.: Hilscher, Albert/ÖNB-Bildarchiv/picturedesk.com

S. 59 (2), 99, 107, 227, 228: Karl Bach

S. 62, 91, 205: Interfoto/picturedesk.com

S. 67 u., 85: Wide World Photo/ÖNB-Bildarchiv/picturedesk.com

S. 83, 134, 145, 164, 207, 235: Everett Collection/picturedesk.com

S. 86: Anton Ziegler, „Ekstase" (Wien, Papier u. Blechdruck-Industrie, 1933/184 x 186 cm; 4 Teile)/ Wienbibliothek im Rathaus, Plakatsammlung P-41833

S. 101, 183, 188: Personalities/TopFoto/picturedesk.com

S. 112: Votava/Imagno/picturedesk.com

S. 123: Roger Viollet/picturedesk.com

S. 140, 170: Courtesy Everett Collection/Everett Collection/picturedesk.com

S. 143: Walter Wanger Productions/Mary Evans/picturedesk.com

S. 169: Mars Film Group/Mary Evans/picturedesk.com

S. 219: Friedrich/Interfoto/picturedesk.com

S. 225: Coverdesign (Quelle: https://mysticmedusa.com/sun-signs/scorpio-sun-signs/hedy-la-marr-super-scorpio, Download vom 18.03.2026)

S. 233: Cermak, Alfred/ÖNB-Bildarchiv/picturedesk.com

S. 249: Herbert Neubauer/APA/picturedesk.com

# Dank

Karl Bach
Roland Fischer-Briand, Österreichisches Filmmuseum
Gemeindeamt Schwarzau im Gebirge
Michael Goldrei
Arnold Klaffenböck
Walter Moser, Albertina Wien
Otmar Moritsch, Technisches Museum Wien
Wolfgang Pensold, Technisches Museum Wien
Gerald Piffl, IMAGNO
Rebekka Reuter, WestLicht
Marie Röbl, WestLicht
Johannes Sachslehner
Gerd Zillner, Österreichische Friedrich und Lillian Kiesler-Privatstiftung

# Die Autorin

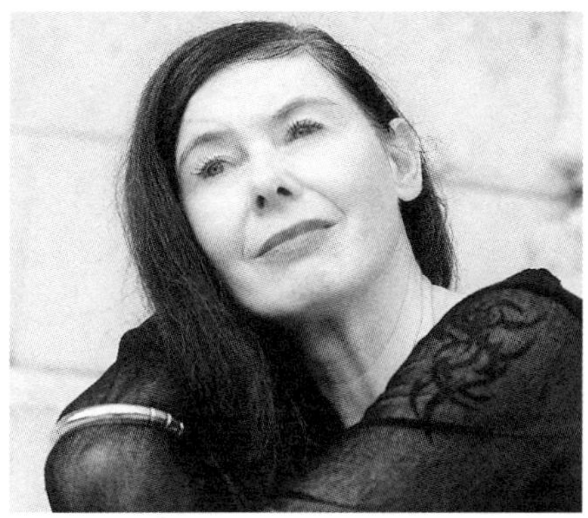
© Sabine Hauswirth

**Michaela Lindinger** studierte Publizistik- und Kommunikationswissenschaft, Politikwissenschaft, Ägyptologie, Ur- und Frühgeschichte. Die Autorin und Kuratorin arbeitet für das „Wien Museum". Neben der Wiener Stadtgeschichte und Frauengeschichte begeistert sie sich für die Themen Tod und Mode, die immer wieder in ihre Bücher einfließen.

Hat Ihnen dieses Buch gefallen?
Dann würden wir uns über Ihre Weiterempfehlung freuen.
Erzählen Sie darüber im Freundeskreis, berichten Sie Ihrem Buchhändler oder bewerten Sie beim Onlinekauf.

Möchten Sie weitere Informationen zum Thema? Möchten Sie mit der Autorin in Kontakt treten? Wir freuen uns auf Austausch und Anregung unter
post@styriabooks.at

Mehr Inspiration, Geschenkideen und gute Geschichten finden Sie auf
www.styriabooks.at

STYRIA
BUCHVERLAGE

Wien – Graz

in der Verlagsgruppe Styria GmbH & Co KG
Lobkowitzplatz 1, 1010 Wien, Austria
E-Mail: office@styriabooks.at


ISBN 978-3-222-15039-5

Bücher aus der Verlagsgruppe Styria gibt es in jeder Buchhandlung und im Onlineshop
www.styriabooks.at

*Cover- und Buchgestaltung:* Bleed Vienna
*Coverfoto:* ÖNB/Hilscher
*Layout:* Burghard List
*Lektorat:* Arnold Klaffenböck

Druck und Bindung: Finidr
Printed in the EU
7 6 5 4 3